そんな人生の寄り道もある——V365 若者たちの物語

1年間のボランティア

三原 聡／著
社団法人日本青年奉仕協会(JYVA)／協力

はる書房

1年間のボランティア●目次

Ⅱ部 〝想い〟をかたちに

Ⅲ部 あらたな出会いを求めて

Ⅳ部 今、だから伝えられること

プロローグ――3年前の僕

僕が『1年間ボランティア』を知ったのは、大学卒業を間近に控えた2月だった。

僕は島根から上京し、従兄のアパートに転がり込んだ。〝シューカツ（就活：就職活動）〟のためである。とにかく都会での生活に憧れが強かった僕は、年が明けたら上京し、どこか会社を探そうと考えていた。同級生が次々に就職を決めていくのを横目で見ながら、その資金づくりのため、それまでバイトに明け暮れたのである。

だが、その考えは甘かった。シューカツするには何もかもが、遅すぎた。

結局僕は、履歴書を書くことも、面談のアポを取るわけでもなく、ほとんどボーっとして毎日を過ごしていた。僕はこの先いったいどうなるのだろう?という不安だけが大きくなっていた。

瞬く間にひと月が経ち、何もしないでいる僕は、従兄のところにいるのさえ辛くなった。とにかく何か情報を求めていた僕は、そのとき何を思ったのか、インターネットで「ボランティア」というキーワードを打ち込み検索をした。そして映し出された「1年間ボランティア募集」という文字に目が止まった。その瞬間、《これだ！　これっきゃないよ！》と心の中で叫んでいた――。

「1年間ボランティア」とは、社団法人・日本青年奉仕協会（ＪＹＶＡ《ジバ》）が運営する長期ボランティアプログラムであり、文字通り1年間、ボランティア活動をすることから、ボランティア365、略してＶ365《ブィさんろくご》と呼ばれてもいる。１９７９年に1名のボランティアが派遣されたのがそのはじまりである。

ボランティアの派遣先・分野としては、病院や福祉施設、フリースクールなどの教育施設、それに文化施設や行政といった分野があげられる。ボランティアは、現地に住み込みフルタイムで活動するが、住まいの費用や光熱費の負担はなく、月々数万円の生活費（活動費）が支給される。ボランティア経験の有無などの応募条件はないが、参加できるのは18歳から30歳の若者である。

1年間ボランティアに応募すると、活動先を決めるための面接があった。僕が行くことになったのは、札幌にある福祉施設「アンビシャス」。身体に障害のある人たちが集まる施設だった。

養護学校を出たばかりの若い人たちとは一緒にパソコンを勉強したり、障害のせいで身体が硬くなっている人とは体操をやったり、喫茶店で売るクッキーやケーキを作ってみたりもした。特に高齢の人が多いデイサービスでは利用者の送り迎えをしたり、その話し相手になったり、食事の介助や入浴の手伝いもした。すべてのことが初めての経験であり新鮮だった。

ところが、活動を始めて3カ月、僕は体調を崩した。体が火照る感じがする…。全身の神経がピリピリと痛む感じもする…。こぶしを握ってもうまく力が入らない…。とにかく体がだるくて仕方がなかった。病院にも何度か行き検査をしたが、原因はついに分からなかった。毎日付けていた日記は、秋の始まりから飛び飛びになって年が明けると書かなくなった。

体調を崩す前から、スタッフとの関係はどこかぎこちなく、衝突することもたびたびだった。毎夕のミーティングにしても、スタッフと何気なく話をするにしても、折に触れて僕は施設の改善などについて話す機会が多くなっていた。

そんな発言は、「言われたことだけやっているのだったら、バイトと変わらない」「1年間ボランティアの役割とは何なのか?」を自分なりに考えてのものだった。

僕は焦っていた。なんとか1年間ボランティアで、はっきりとした結果を残さなければならない。1年間こんなに充実していました、がんばりましたと証明できるものがほしかったのだ。

しかし、そういった想いとは裏腹に、不満ばかりが募っていった。果たして自分は必要とされているのだろうか? 札幌まで来た意味はあったのか?とさえ思うようになっていた。

結局、その後も体調は回復しないまま、活動の終わりを迎えた。3月に1年間の活動を締め括る報告会が東京で行われた。報告会では、同期41人のうちから選ばれた者数人が自分の体験について発表する。僕もそのうちの1人に選ばれて発表した。発表しながら、1年間が不完全燃焼に終わったのだということを痛いほど感じた。

皆と別れ、僕が向かったのは故郷の島根でなく、札幌だった。その4月から、今度はアンビシャスのスタッフとして働くことになっていたのだ。僕は活動中に施設長から「来年は一緒に働かないかい？」という誘いを受けていた。いったんはその誘いを断ったものの、悩みに悩んだあげく、残ることに決めていたのだった。

島根は僕にとって小さすぎ、逆に東京だと大きすぎる。札幌はちょうどその中間の大きさで、僕にとって居心地のいい街だった。札幌という街を僕はいつしかとても気に入っていた。

そうして、また1年が経った。

「アンビシャスを辞める」と告げに行った僕に、施設長は言った。「アンタにはいつも迷いがある」と。

見抜かれていた。確かにこの2年間、迷いと不安の中で日々を過ごしていたように思う。参加することで何かが得られる、自分を変えられるかもしれないと思っていた僕自身の甘さを、見抜かれていたのだと知った。

こうして僕は、わずか1年で仕事を辞めたのだった。

東京に戻り、従兄のところに再び転がり込んで、いくつか面接を受けてみたりした。しかし、なかなか自分の進むべき方向を決められなかった。そんな僕に、（後に転機とも言える）変化をもたらしたのは、1年間ボランティアの同期からの連絡だった。

神戸に住んでいたその同期は、ボランティアの会議で上京してきていた。彼から「久しぶりに新宿でご飯でもどう？」と誘われたとき、正直会うのが億劫に感じられた。失業中のうえ、先の見通しもまったく立っていなかったからだ。

「ちょっとだけだからさ」という彼の誘いに乗り、出かけてみると、彼は「せっかくここまで来たんだし、オリンピックセンター*まで行こうよ」と言い出した。

行けば他の同期のメンバーもいるにちがいない。《弱った。会って何を話せばいいワケ？会って何になるのだろう…》と彼と会ったことを後悔したが、すでに遅かった。最後は彼に引っ張られるようにしてオリンピックセンターに着いた。そこには、やはり同期が何人か集まっていた。

たまたま同期の中でも気の合った仲間の姿があった。1年数ヶ月ぶりの再会に僕たちは盛り上がった。僕はそのままオリンピックセンターに泊まることになり、皆と夜遅くまで語り合った。

——そのときだ。

全国に散っている1年間ボランティアのOBやOGは今どうしているのだろう……1年間ボランティアの体験はその後の人生にどんな影響を与えたのだろう？……ふとそんな考えが浮かんだ。OB・OGを訪ね全国を旅する——考えるだけでワクワクした。

一方で、自分自身を熱しやすく冷めやすいタイプと思っていた僕は、どうせまたいつもの

＊国立オリンピック記念青少年総合センター……東京都渋谷区にあり、JYVA事務所が入っている。東京オリンピックの際、選手村として使われていたのがその名前の由来であり、研修施設・スポーツ施設・宿泊施設が充実している。

思いつきだろうと思ってもいた。

　しかし数日後、僕はある決意のもとに再びオリンピックセンターを訪ねていた。あの夜の考えがここ何日間か幾度となく脳裏に浮かんで、その熱は冷めることがなかった。「やるべきか、やめておくべきか」さんざん自問自答していたのだ。

　そして考え巡らしたことをＪＹＶＡのスタッフに打ち明け、意見を求めた。すると、協力してくれるという。おまけに、ホームページに掲載する枠を設けてもらえる話にもなった。やはり、発表できる場があるというのは励みになった。ただし、お金にはならない。それでもよかった。僕としては取材にかかる費用はすべて自分で賄うつもりだった。

　ＪＹＶＡのスタッフから、「君たちはもっとここ（ＪＹＶＡ）を利用してもいいんだからさ」と肩をポンとたたかれた。

　それからというもの僕は、頻繁にオリンピックセンターに通い、ＪＹＶＡのスタッフからＯＢ・ＯＧの情報を得たり、ボランティアが活動を終えたときに提出するレポートを参考にしながらリストアップし、取材の了解をとっていった。すべてが手探りの中、最初のインタビューにこぎ着けた。

　始めてまだ間がない頃、東京で小さな会社を経営している親戚にインタビューのことを話したことがあった。

「そういうことは学生時代にやっておくべきことではないのか!?　どんどん年がいって就職できなくなるぞ」

インタビューを始めたばかりで、張り切っていた僕の胸に深く突き刺さる言葉だった。

僕自身にも危ぶむ気持ちはあった。1年間ボランティアに応募したときと同じことを繰り返しているのではないかという恐れだ。1年間ボランティアへの参加はあのときの僕にとって、「体よく就職を回避する」にはうってつけのプログラムだったかもしれない。だから今度も、インタビューを就職から逃げる口実にしているのではないか……といった思いがないわけではなかった。

一方で自分自身を叱咤する気持ちもあった。それまで僕には、趣味でも、学校の部活でもひとつの事をトコトンやり抜いた経験がなかった。だから、その先にある達成感というものを味わったことがない。おそらく、今度逃げたら僕はこの先もずっと逃げ続ける、そういう人生を送るんじゃないか？　という危惧があった。だから、自分の意志を貫くことで過去の自分を振り払いたいという気持ちもあったのだと思う。

インタビューを始めるときから引っかかっていたのは、《1年間ボランティアとは何だったのか？》ということだった。

僕はこう考えていた。1年間ボランティアは南米・ペルーのナスカの地上絵のようなものかもしれない、と。地上に立って眺めただけではただの線にしか見えないものが、空中から俯瞰するとひとつの絵に映る。それと同じで、1年間ボランティアも時間が経過するとともに、何か見えてくるのではないかと考えたのだ。

この先どんな出会いが、どんな物語が待っているというのか——。期待と不安を抱えながらも、僕はインタビューを進めていった。

1部 ほんとうに？　自分がやりたいこと

ボランティアが派遣された活動先に関する記述は、派遣当時の話に基づいています。現在は、活動や組織の形態が異なっている場合もあります。

01 目標はバス運転手だったから

おはなし ▶◀ 馬場謙介さん

出会いと別れのある場所

出会いと別れのある場所が好きだ。一方的ではなく、そのどちらもあるから、いい、と思う。たとえば、駅。そこにはきっといろんな出会いもあれば別れもあるんだろうなと、つい勝手にドラマを想像してしまう。きっと1日いても飽きないで見ていられると思う。

そう。僕が札幌で活動していたとき、いつも《分からない》と思っていたことがある。札幌駅の前に立って大きな駅ビルを見上げると、そう思わずにはいられなかった。なぜここに立っているのだろうか――と。

家族や親戚がいるわけじゃない。本当に誰一人として知る者のいないところになぜ立っているのか？　縁もゆかりもない風景をなぜ眺めているのか？　なぜ、東京駅じゃなかったのか？　なぜ大阪駅じゃなかったのか？　別に札幌駅じゃなくてもいいはずなのに。そんな《なぜ？》がたくさん湧いてくるのだった。

それに札幌は、僕が生まれ育った土地からは、飛行機で飛んでしまえばなんてことのない距離だが、地図を広げてみるとソウルの方がずっと近いし、北京に行くのとそれほど変わらない。そんな距離感がいつも僕に笑いをもたらした。

もちろん、1年間ボランティアの活動先が札幌で、そこを選んだのも僕の意思に違いないのだが、それがどうも不思議で、どこか腑に落ちずにいた。〝縁〟という言葉を使ってしまえば簡単に済ませられそうだけど、それだけではないような気もする。

そういえば、今僕の前にいる馬場謙介さんの仕事場も僕の好きな場所のひとつなんだ、と気がついた。バス停――そこは出会いと別れのある場所だ。

「僕、もともと声が小さいんですよね」と言う馬場さん。性格はおとなしそうで、温厚そう。気取ったところがないごく普通の若者という感じだった。いや、年齢よりは少し若く見られるかもしれない。

麺類が好きだと言った僕を、ラーメン屋に連れて行ってくれた。店の狭い駐車場を前に、「僕だったらこんな大きな車絶対入れられないですよ！」と言いかけて、あわててその言葉を呑み込んだ。そうだ、今となりにいるのは運転のプロで、しかもこの車より何倍も大きい車を操っている、ということをそのとき思い出したからだ。

馬場さんは現在、福岡県北九州市でバス運転手として働いている。運転する距離は1日約200キロ。日々、何本かのルートを運転して回る。今年で5年目だから、走った距離は合計すると地球4周分くらいになるという。

拘束される時間が長いことが辛いところだ。それでも乗客からあめ玉などお菓子をもらったりして触れ合えたときは心が和むし、降りしなに乗客から「ありがとう」の一言をもらった瞬間はやっぱり一番うれしい、と話す。

帰省客だろうか。大型連休になると決まって、若い人たちが大きな荷物を抱えている姿をバス停で見かけるようになる。道ですれ違う子どもたちから運転席へと憧れの眼差しを向けられると少し照れるけれど、悪くないな、とも思う。終点に着いても、まだ降りたくない、と駄々をこねる幼い子どももいる。お盆の時期になると、乗り込む小さな子どもと見送るおばあちゃんという光景もよく見かける。

運転手は一本のルートの中でたくさんの乗客と接することになるが、乗客にとっては運転手は自分ひとり。だから接し方は大切にしようと思っているんです、と馬場さんは少し照れながら言うのだった。

——なぜバスの運転手なの?

それは会社に入ってからも、よく聞かれる質問だ。馬場さんが運転手になろうと思ったのはどんなきっかけだったのか——。

教師志望を変えたもの

馬場さんは最初、学校の先生になりたかった。小学校のとき、担任の先生は少し遠くから見守ってくれた。どんなときも、「子ども主体で動けた」ところが他のクラスとは違っていた。「先生は厳しかったけど、子どものことを考えてくれているのが分かった」という。それから先生という職業に憧れるようになった。

大学は教育学部に入った。しかし、学んでいくうちに教育現場の現実と自分の能力に失望してしまった。3年生の秋の教育実習でそう実感した。

授業の前には、その授業の「指導案」と呼ばれる台本を作る。まずこの台本作りにあまりに時間をかけすぎてしまっていた。「自分の中で『パシッ』とこないと進めない」ところがある。それに、学校の体質も自分にはしっくりこないような気がした。

「与えられた環境の中で自分の色を出していく、そういう道もあったんでしょうけど、結局は要領が悪かったんだと思う。僕は自分の思ったことしかできないんですよ。だから、形を変えて合わせることはできなかったんです」

教師になるという目標が色あせると、学校の授業から足が遠のいていった。代返、代筆を繰り返し、卒業のために仕方なく単位を取っているようだった。

教育実習が終わってしばらくしたある日、ふと大学の横を見るとバスの営業所が目に入った。それまでほとんど気に留めたことはなかったが、その瞬間、「これがいい！　バスの運転手になろう！」とひらめいた。

しかし、先生を目指していたはずが、いきなりバスの運転手とは唐突な気もする。

「僕はね、あんまり行動的ではないんですけど、何かひらめいちゃったらもう衝動にかられるというタイプなんです。直感は信じるようにしているんですよ」。そう言う馬場さんであるが、こんな体験も話してくれた。

自然が好きで、大学時代はワンダーフォーゲル部に所属していたという。テントで野営しながら5日間、四国の山中を移動したこともある。別に危険な目に遭ったというわけではないが、無事下山して麓からバスに乗ったとき、ほっとしたそうだ。「そのときバスっていいなって思ったんですよね」。

屋久島に行ったときは、バスが停留所ごとに新聞の束を下ろしていった。バスは新聞配達も兼ねていたのだ。バスが地域に根ざしていることを実感したという。

北海道の富良野では友人と2人で登山をしたあと、市内の循環バスに乗った。夜だったこともあるが、他に乗客がいないことを確かめると、運転手は親切にもガイドを務めてくれた。そのまま2時間ほど巡った。

「そういう体験があったからバスの運転手になろうって思ったのかもしれませんね」

バス運転手になるための2年間

それからは、バスの運転手になることだけを目指した。

しかし調べてみると、運転手としてバス会社の入社試験を受けるためには、普通自動車免許を取得してから3年以上という条件が付けられていた。普通免許を取得したのは大学4年生の初めであったから、大学を卒業してからもあと2年待たなければならない。同級生が就職活動にいそしむ中、馬場さんの頭の中はその2年をいかに過ごすかということだけに占められた。

いたずらにダラダラと無駄な時間の使い方はしたくなかった。どう過ごそうかと思案しているとき、インターネットで1年間ボランティアの記事を見つけ、「これしかない！」と直感した。自分のためにある企画のように思えた。過去にボランティア経験などがあったわけではない。しかし、就職したらできないことを今のうちにやっておきたかった。

1年間ボランティア参加に対しては、迷いがなかったわけではない。「周りから置いていかれるかも」とは思った。しかし、そうした葛藤よりも直感を信じる気持ちの方が強かった。

「ボランティア、イコール人のためっていう意識はなかったんです」

自分を変えた1年間

活動先は山梨県にある知的障害者入所施設「そだち園」。入所者は30人ぐらいで、多くが自閉症者だった。

食事や入浴の介助を行うというよりは、藍染めやお茶に始まって、乗馬、散歩などの野外活動や、ビーズや木のレリーフ製作といった作業に加わり、一緒に活動することが1年間ボランティアに与えられた役割だった。

「そだち園はボランティアには頼らないというスタンスでやっていますから、ボランティアの人は自分で考えて自分で行動してほしいというような感じだったんです。だから、自分がどこまで踏み入っていいものか、ここは手を出していいのか、というジレンマみたいなものがありましたね」

そだち園では、〝人と正面から向きあう〟ということについて考えさせられた。

「なぜボランティアに参加したの？」と、ある利用者の親から聞かれたときのことだ。馬場さんは、

「自分の世界とは違う世界を見たかったから」と答えた。ところが、その人は「障害者と健常者を分けたような考え方はやめてほしい」と言った。そうか、自分の方から壁を作ってしまっていたんだ、無意識のうちに違うものとして考えていたんだ、ということに気づかされた。

初めて自閉症の人と接したことで正面から人と向き合うことを教えられたような気もする。自閉症の人には、ひとつのものやことにこだわる人が多い。そういうとき、相手の言うがままに動いているのでは物事が前に進まない。摩擦も生まれるが、ときにはそれを承知で反対の立場をとったり、自分の意見をはっきりと主張することも必要だった。

そんな日々も、馴染んでしまえば、あとは楽しいことしかなかったように思う。

1年間ボランティアに参加後、そのまま活動先に残るという参加者もいるが、馬場さんは逆に《自分が進むべきは福祉の道ではない》と思ったという。その理由をたずねると、「福祉を専門にするよりも、1年間ボランティアの経験を活かしてまったく違うバスの運転手という仕事の中で、それを活かしていきたいと思ったんです」という答えが返ってきた。1年の間に、バスの運転手になる！という想いが醒めることはなかった。ボランティア後は地元・福岡に戻り、パートで市内配送のトラック運転手として働いた。

地元で過ごすと、何もないところだなと思っていた北九州の街がそれまでとは違って見えた。日常の何でもない風景が楽しめるようになったという。「いろんな発見もあって、全然違う景色に見えましたね」。

聞き慣れているはずの方言がなんだかとても心地よく耳に響いたり、家族や友人から当たり前のようにしてもらっていたことは、実は大いに感謝すべきことだったのでは？と思ったりした。

「自分の考え方が変わったことで、心にゆとりができたんだと思います」と馬場さんは言う。

その後、馬場さんは無事バスの運転手として就職を果たした。教職からバスの運転手へと進路を変えたことについては……「後悔はない」。

最後に撮った写真

活動修了から5年。馬場さんのこころの中で1年間ボランティアの記憶はどのように残っているのだろうか？

「記憶ですから薄れてはいきます。でも遠くはならない。いつも近くにありますよね。1年間ボランティアのことは、日常的に思い出すんですよ。全然関係ないことでも、ふとしたきっかけでこういうことがあったなとか、こういうこと言われたなとか、あとはやっぱり障害のある人がバスに乗ってきたときに思い出しますよね」

最後に、馬場さんのこれからについて聞いてみた。

「今ちょうど、会社の方でキャンペーンが企画されているんですよ。一般の人を呼んでもっとバスに興味を持ってもらおうとか、そういうキャンペーンをやっているので、その中に自分のやりたいことを盛り込んでいければと思っています。いろんな人が乗れるバスにしたいですね」

では、どんなことをやりたいのだろうか？

「それを明日話し合うんですよ」

馬場さんは今日のために、アルバムを持ってきてくれた。20センチはあろうかという分厚いものだった。1年間ボランティア当時の写真だけでこんな厚さになったという。

活動中は、何かあると必ずカメラを構えた。特にカメラに凝っていたわけではなかったが、とにかくこの1年間に起こった出来事をすべて収めておこうと、あらゆる場面を撮った。ボランティアの事前研修に始まって、活動先でのさまざまな出来事、活動先のスタッフたちと旅行に行ったときの写真、そして中には自分の家族の結婚式の写真などもあった。

僕は、活動中の姿をよく表しているような写真はないかなと探していたら、最後のページで手が止まった。もう一度よく探そうとして最初のページからまためくった。でもやっぱり最後のページで手が止まった。

「ははっ、お気に入りですね」と同じところで手を止める僕に馬場さんは笑いながら言った。

それはなんの変哲もないそだち園の〝玄関〟の写真だった。靴箱と何足かの靴、他に玄関のガラス戸。人の姿はどこにも、ない。

——どうして?

「全部に愛着が湧いてたんです。だから最後に撮っておこうと思って」

最後のページに貼られたその写真が、馬場さんの1年間を表しているのかもしれないと僕は思った。そういえば、その場所も出会いと別れのある場所だったんだと僕は気づいた。だから僕の手がそこで止まったのだろうか——。

▼馬場謙介（ばば・けんすけ）さん▲

1978年　福岡県生まれ
1999年　大学在学中にバス運転手になることを決意
2001年　大学卒業後、1年間ボランティア〈23期〉参加。山梨県の障害者施設『そだち園』で活動
2002年　トラック運転手のアルバイトをして過ごす
2003年　鉄道バス会社に就職

▼活動先およびボランティアの活動内容▲

そだち園——障害者の生活および地域との交流

活動内容…小規模で家庭的な雰囲気の中で生活する障害者の日々の作業（農園、工芸、木工など）および日常生活の援助、また施設と地域をつなぐプログラムの企画（お花見会、夏祭り、コンサートｅｔｃ）などの活動を行う。

所在地…〒404-0012山梨県山梨市牧丘町室伏1861

02

ボランティアの先にあった看護師

おはなし ▶◀ 唐澤直子さん

すべてに理由なんてないよ

健康的に日焼けした肌とアジア風の服装でなんとなく察しがついた。どこかエスニックな雰囲気が漂う。話をしてみるとやはり唐澤直子さんはアジアが好きで、特にタイが好きなのだという。

タイが好きな理由は？と聞くと、「なんでも理由が必要なんだね。看護師みたい。根拠が必要だって」と、なぜ？どうして？を繰り返す僕に業を煮やしたのか、唐澤さんはそう言って笑った。

唐澤さんは現在、神奈川県内の病院で看護師として働いている。

「私は言葉にできないいんだけどね。なんだろう、看護師の魅力って。頭で考えるだけがすべてじゃないってことだと思う。私はどっちかっていうとそれを信じてる方だから。体感って大事だよ。というか、私は体感ばっかりだからね」と理屈で考えようとする僕にそう言った。

病院ではがん患者が多く、ホスピスと謳われているわけではないが、最期を看取ることが多い。そんな終末期の人たちのケア、ターミナルケアが主な仕事だ。今いるところは希望した部署だったし、看護学生時代から一番興味を持っていたのも終末期医療だった。

「どうせなら究極のところでやりたいっていう感じなんじゃないかな。極端なんだよね、私」

僕にとっては興味のある内容だった。だから、「最後に人は死をどのように受け入れていくのか？」「人は最後に何をしようとするのか？」、「そういう仕事で辛くなることはないのか？」などと質問を続けた。しかし唐澤さんは、「う〜ん」と少し考えたり、「なんだろう……」と考え込む場面が増えた。

「仕事の話ってすごい難しいよね。1年間ボランティアのこと思い出して話すより今の話をする方が難しいかな。内容的に簡単に話せるものでもないしね」

それは単純にデリケートな話題だからだろうか？

「それもあるし……。振り返ったときに上手に振り返れてないのかな。消化不良の感じはないにしても、どうしたら伝わるんだろうみたいなところで……多分、難しいです」

唐澤さんが1年間ボランティアが終わる直前に書いたレポートの中に、僕にはいくつか引っ掛かる部分があった。

・この1年間の意味なんてものは分からずにいる。すごく問うている

・この生活が直接的に何かの結果を生むということではないのだろう

・私に確実に何かつかませてくれた。それはこれからの方向性といったものなのか、私個人という人間に関してなのか、それともそれとも……

＊各文は筆者引用

「消化できてないからこういう書き方なのかもしれないね。真っ最中のときって消化できてないじゃない。だから今答えられないのも、そのときと同じなのかもしれない。だから言葉にするのが難しいな」

仕事の話はさておき、1年間ボランティアでの経験は唐澤さんに限らず参加した者の多くが、消化などできていないと僕は推測する。それはやはり、その後の長い時間の中で見えてくるものなのかもしれない。1年間ボランティアとはそういう性質のものなのだろうと、僕は改めて考えた。目に見えた結果や結論めいたものがあれば格好は付く。だけど、ない場合はどこか格好が悪いと人は思うかもしれない。みんなそれを密かに恐れているのではないかと思ったりもする。

その点、唐澤さんのレポートはそのときの想いを率直に表現しているように思えた。だから、それを読んで僕は会ってみたいと思ったのかもしれない。僕が話を聞いて歩く理由もそんな〝格好の付かない〟僕自身の1年間ボランティアに何かを見出そうとしているのだから。

どこか満たされない大学生活

1年間ボランティアを知ったのは大学時代。夜間の大学に通っていた。昼はアルバイトをして夕方から学校に行き、友人やボーイフレンドと過ごすという大学生活。ただ、どこか満たされないものを感じていた唐澤さんは興味のあることを積極的にやってみた。その中にボランティアがあった。もともと子どもやアウトドアにも興味があった。子どもたちとのキャンプや、海外交流を手がけている団体で初めてボランティアを経験し、3年間続けた。

４年生になり、そろそろ就職を考えなければならない時期になった。キャンプのボランティアはその後ももう少し続けてみたいとは思ったが、現実的に考えると周りと同じように就職しなければ……と考え直した。

「1回は普通に社会に出て働くのも悪くないと思ったから就職活動始めたよね。書くことに興味があったから、新聞社の説明だけでも行ってみたり出版社を受けてみたり。マスコミ関係とか旅行会社とか、そういう華やかそうで自分も楽しめそうな職種ばかり。だけど就職難の時代だったし、そんなレベルの高いところばっかり受けてたから全然決まらなかった」

就職活動に対しての意欲もそれほど強いものではなかった。果たして本当にやりたいことは何だろう……と改めて考えてみると振り出しに戻った。学生時代ずっとボランティアとして関わってきた、子どもやアウトドアといった分野へ進みたいという気持ちがやはり膨らんでくるのだ。

そんなときに、先輩が1年間ボランティアに参加していたことを知った。ボランティアをしていた団体と同じ建物に事務所を構える、ＪＹＶＡの名前は前々から知ってもいた。先輩から詳しい話を聞くと、その活動ぶりがリアルに感じられて自分の中で気持ちが盛り上がった。就職も決まらずうつうつとしていた唐澤さんは、「やっぱりそういう選択もアリだよな」と思ったという。

こうしてまたボランティアと関わることになるのだが、もともとボランティアが目的ということではなかった。

「キャンプのボランティアにしても、大学時代求めていたことがそのボランティアにあって、それはただ楽しいからやってたんだよね。それが1年間ボランティアにもつながっていったんだと思う」

漠然としていたものに光が当たって

活動先の「あるきんぐクラブ『山の家』」は、リンゴ畑の中に丸太小屋の建物があるという大自然の中にあった。トレッキングやスキー、川遊び、ハイキングなど、自然との関わりを通して子どもたちにその楽しみと学びの場を提供するのを目的としていた。

山登りやキャンプにも付き添った。キャンプでは2週間ほど電気なし水道なしの山中でテント生活をした。昼間は青い空、緑の大地、迫る山々のふもとのだだっぴろい牧場で牛や羊にエサをやった。畑に出て草むしりをしながら、収穫の喜びをかみ締めた。味噌を作るといった体験もした。

そんな不便だが田舎暮らしというスローライフを送りながら、唐澤さんは考えた。《生活するって何だろう?》とか、《働いてお金を稼ぐってどういうことだろう?》という問いが湧いてきた。

また、自然の中で暮らしたいと思っていたが、《それはいいとこどりの都会人が望む田舎生活じゃないか?》とも考えた。子どもと関わる中では、《ずっと子どもに関わって本当にそれを仕事としてやっていく気持ちがあるか?》とも。

1年間ボランティアをしている間は、簡単に答えの出ることのない数々の問いに向き合う時間だったと唐澤さんは言う。一方では、現実的な問題、ボランティア後の進路についても考えた。活動後は、就職するつもりではいたが、どういった職種に就くかまでは考えがまとまらないでいた。

そこでこれまでを振り返ってみると、大学時代のボランティアにしても1年間ボランティアにしても、主に人を相手にする活動だったことに気づく。しかし、それはあくまでボランティア。仕事となると、ボランティアとは立場も責任も違う。《仕事ってなんだろう?》、《働くってどういうことだろう？》、そんな問いについてもう一度考えてみた結果、《やっぱり人と関わる仕事をしたい！》という想いに至った。

「さっき、『極端なんだよね、私』って言ったけど、このときも、トコトン人と関われる仕事って何だろうって考えたんだと思う」。それが、〝看護師〟だった。「職業にするならなおさら『ああこれだな!!』と思って」。

その決意のうちには、かつて大学時代に出会った多くの看護師たちの姿がある。唐澤さんが通った大学の夜間部には社会人入試で入ってきた年上の女性が多かった。また、社会福祉が学べる学部のためか看護師が大勢いた。

「その頃出会った看護師たちがみんなすごいパワフルだった。家庭を持っている人もいれば、夜の10時くらいに講義が終わってから夜勤に行く人とかね。人生の先輩としてキラキラしていた人たちがそういう職業に就いてたんだよね」

どこかキラリと輝く看護師たちの姿は、その後も唐澤さんの意識にあったようだ。「それと打算的なところでは、喰いっぱぐれがないのならベストじゃないと思って」。

「……なんとなくこういう分野に興味があるのかなと思って1年間ボランティアに行ったんだけど、1年間を通して光がピカーンと看護師に当たった。それまでは方向性がすごく漠然としてたけど、もうこれだなーと思って。だから多分私の1年間ボランティアの意味ってそれだと思うの」

活動修了後は看護学校への進学の準備に取りかかった。

看護学校の入試では国語から数学まで全教科が課される。理数科目が大の苦手だった唐澤さんにとって、活動直後の受験は高いハードルだった。そこで昼間は、大学時代ボランティアとして関わっていた団体の職員として働き、夜勉強に励んだ。理数科目は中学レベルからやり直した。

「光が見えちゃうとそこからは人間って強いよね。看護師って決めると力が湧いて、苦手な理数系も『やるか！』ってなった」

そして翌年、看護学校に見事合格し、3年後の卒業とともに現在の病院に勤めることになった。今看護師をしているのは、1年間ボランティアに参加したから——唐澤さんはそう言う。

ベターというよりベスト

「1年間ボランティア当時のことは、忘れていかないけど色濃くもならないかな。発酵されていくんだと思う。普段取り出してそれを眺めて考えるわけじゃないけど、自分の中でおいしいワインになっていく、そういう感じだね。自分の中に溜まってるんだろうね、きっと」

お酒が好きだという唐沢さんらしい表現なのかもしれない。

「参加してなければ？」と僕は聞いた。

「その選択肢はないねぇ。考えられない」と唐澤さんは言い切った。

「考えられないっていうことは、それだけ意味があったんだろうね。……まぁたまに考えるのは、普通に大学出て就職活動して働いてたら、すごいバリバリ仕事やってたかも。

でも、やっぱりどっかで立ち止まっているんじゃないかっていう気もするよね。ストレートに社会に出て、モロに社会の荒波に揉まれたとしたら、20代半ばくらいで立ち止まって、やっぱりこれでいいのかなって思いになったんじゃないかなぁ。

昔は漠然としていたものがだんだん一個に集約されていって、それを自分で選んで、いま日常を歩んでいるからね。一番いい選択してると思ってる。ベターよりベストっていう感じかな」

1年間ボランティア当時に、答えの出ないような問いと向き合い、苦労して進むべき方向性を導き出したその過程があるからこそ、《この道で間違いない》という確信が持てるのだと僕は思う。だから、立ち止まることもなかったし、これでいいのかな？という迷いもないのだろう。

そんなことを考えていると、僕はひとつのことが少し分かったような気がした。悩むことや立ち止まることに意味はあるのか？ということだ。時間ばかりかかってちっとも前に進まず、〝ムダ〟のように思えるときも多い。

しかし、悩んだことは裏切らないのかもしれない、と思えた。むしろ、何かをもたらしてくれるものなのではないか？　迷って悩んだ末に自分で選び取っていくことの意味や大切さがそこに隠されているような気もするのだ。

確かに日々の生活や仕事上の小さな迷いはいくつもある。しかし、どう生きるべきかという生き方に対する迷いは時間を経るごとに小さくなっていっていると唐澤さんは言う。そして、迷い自体が少なくなっていることがまた自信になっていく、とも。

「友だちからは『やりたいことやれていいね』とか言われることもあるけど、私はホントにそのときそのときの想いに従ってやってきたらこうなったという感じ。夢に向かってすごい頑張ってきたとか、やりたいことだけをやってきたっていう感覚ではないんだよね」

そう言われると何か簡単に選んできたという感じに聞こえるが、その裏には絶えず自分と向き合ってきた唐澤さんの姿がある。

今、1年間ボランティアのことは消化できているのだろうか？

「消化してると思うよ。消化した結果が今。でも消化しなきゃいけないことでもないしね。蓄積してもいいんだよね……」

そして唐澤さんは、僕に念を押すように言った。

「はっこぉですよ、はっこお」

※2008年12月より中米・ニカラグアに青年海外協力隊員として赴任が決まった。協力隊は3回目の受験だった。これまでの経験を活かして、ストリートチルドレンの施設などで心や身体のケア、保健指導といった活動にあたるという。「これまでやってきたことのまとめが協力隊、という感じです」——唐澤さんはそう言う。

▼唐澤直子（からさわ・なおこ）さん▲

1977年　神奈川県生まれ
1995年　大学の夜間部に進学
1999年　1年間ボランティア〈21期〉に参加。群馬県にある、「あるきんぐクラブ『山の家』」にて活動
2000年　青少年教育団体に就職
2001年　看護学校に進学
2004年　神奈川県藤沢市内の病院に就職
2008年　12月、青年海外協力隊として中米・ニカラグアに赴任

▼活動先およびボランティアの活動内容▲

あるきんぐクラブ「山の家」——自然体験活動、都市と農村の交流

活動内容…「森と子ども（人間）に関係すること」をテーマとしているだけに、内容は多岐にわたる。有機農業、育林、炭焼き、家畜の世話、牧畜業の手伝い、定例会や自然体験を目的とした合宿、サマーキャンプの企画・準備・実施、宿泊事業の受け入れなどの補佐的な活動を行う。
所在地…〒378－0105群馬県利根郡川場村小田川18
その他…現在は法人化し、NPO法人あるきんぐクラブ・ネイチャーセンターと名称を変えている。

03
施設で唄って三線職人を目指すまで
おはなし ▶◀ 和田信一さん

信じるままに

名前は「信一」。「『信じることに一筋になってほしい』という意味が込められて名づけられたと聞かされています。今は自分の鳥肌を信じて一筋にやってる状態なんです」と和田信一さんは言う。色白で面長。体格はすらっとしている。同じ苗字の、プロ野球ソフトバンクホークスの和田毅投手に似ていると僕は思った。

そんな和田さんの好きな言葉は、「believe your 鳥肌」。

「施設で最初に三線《さんしん》を聴いたときも鳥肌が立って、いま通う教室の先生の三線を聴いたときもそうだったんです」――そう語る和田さんは目下、沖縄にて三線職人を目指して修行中の身である。

和田さんが通う、半地下になった工房は昼間でも薄暗い。雑然とした工房には三線の棹が何十本と並べられていた。その傍らで和田さんは、作業台に向かい棹を削る作業に没頭する。「ちょっと見ていてください」と一言告げると、一瞬にして職人らしい鋭い目つきに変わるのだった。

最近は、自分の作った三線が店に並ぶこともある。しかし、そこから得られる収入はあくまで小遣い程度。当然それだけでは生活できない。そこで、夜は那覇市中心部の料亭でアルバイトをしながら三線職人を目指している。

僕が行くには高級すぎるような、その料亭。法被を着て頭にはねじり鉢巻、足には雪駄。注文をとり酒を出しつつ、ここで三線を弾きながら地元の民謡を歌い上げる。その音色に合わせて踊り子が舞う。

三線に興味を持ったのは1年間ボランティアで沖縄に来てからだ。幼い頃から人見知りするタイプだったというが、その1年間ボランティアを境にきちんと〝線引き〟がされたような人生になったという。

「同じ人には思えないぐらいですね。ボランティアに参加してから人間が変わりましたから」

料亭での姿は堂々の一言だ。人前で唄うなんて僕なら絶対できないですよと言うと、「絶対できないと思っていてもできるもんですよ、こういう経緯を踏めば」と和田さんは言った。

話は1年間ボランティア当時にさかのぼる。派遣されたばかりの高齢者施設「特別養護老人ホーム大名《おおな》」でのこと。自己紹介でいきなり「唄ってください」と言われた。「『じゃあ、おタク何唄う？』って具合だった」。人前に出るのは苦手だったが、そう言われて断れる雰囲気でもなかった。

デイサービスは毎日来る利用者の顔ぶれが異なる。自己紹介を終えるのに1カ月ほどかかったが、その間、和田さんは毎日一生懸命唄った。石嶺聡子の『花』を唄ったりすると、ボランティアの前任者がこの歌の手話を教えていたらしく、みんなが手話で合わせてくれた。その光景は今でも印象に残っている。

今、人前で三線を弾き民謡を唄うことに照れや恥ずかしさはない。店には著名人もやってくるが、自民党の大物代議士が来たときも、巨人軍のエースが来たときも、それは関係ない、という。

「誰が来ても〝ここは僕の家〟みたいなところだと思ってますから」

店での様子を見ると、かつてを知る家族や友人たちは一様に驚く。そしてこう言うのだという。

「お前が唄うとは思わんかった」と。

打ち込める何かを求めて

和田さんは、幼い頃は人見知りが激しかった。

「声も小さかったし喋らなかったし、野球やってなかったら絶対いじめられていたという確信があります」

それくらい内気だった和田さんに変わるきっかけを与えたのは、野球だった。父親は社会人野球で活躍する選手。和田さんも小学2年生のとき、母親から野球を勧められて始めた。

「普段はこれをやりたいとか言うような子じゃなかったんですけど、たまにこれをやりたいって飛びつくときがあったんですよ」

大学までは野球一筋の生活。4年生の最後の大会が終わるまでは、将来のことはまったく考えていなかった。だから、就職活動では、深く考えずに職を探した。

「野球しかやってなくて就職活動も短かったから、どんな職業があるのかが分からなかったんです」

とりあえずそれまでのアルバイト経験を活かそうと、接客業を中心に面接を受けた。

「僕の狭い経験の中から見つけようと思ってもね、スーパーしか出てこなかった。本当は違うぞと思いながらも、『いや、これは本気でやりたい仕事だ』と思い込ませてた。とりあえず就職したかったし、入りたい会社の面接を受けるんじゃなくて、入れそうな会社を見つけてきて、『ここに入りたいんだ！』っていうふうに自分自身に思い込ませて決めたんです」

やがて、京都市内にある食品スーパーに内定。そして就職した。

職場では人間関係も良く、特に不満はなかった。ただどこか違和感が抜けなかったという。

「仕事は楽しくやってたんですけど、野球みたいにこれだけをやるっていうものじゃないと落ち着かないというか。野球がなくなってからはやりたいことがない状態で……」

野球をやっていたときは、うまくなりたいと素振りもしたし、筋トレもした。

「分かりやすかったんですよ、どこに目標を置いて何をすればいいのか」

野球のように打ち込める〝何か〟が欲しかった。

「一応スーパーで働くっていうのがやりたいことだって思いながらも、『本当は何がやりたいんかな？　なんか面白いことないかな』っていう感じだった。思いっきり何かをやりたかった。『これだけに！』っていうのを見つけたかったんです」

ふとこんなことを考えたこともあった。

「『何年後にはこうなって店長になってこうなんねんやなぁ』っていうのを考えたときに、『別になりたくないなぁ』って思った。それで、『この先は？』って思ったんです」

そんなある日、雑誌で1年間ボランティアの記事を読んだ。「あっ！　これ行こう！」とその瞬間に思った。

「多分雑誌見るまでにぼんやりと、こういう感じのことがしたいっていうのがあったんだと思う。ぼやーっと見えてきたところで、ハッキリしたものがあったから『あぁこれ！』って思ったんでしょうね」

同僚や上司には「絶対受かる！」と言い切った。そして1年間ボランティアに応募した。

三線との出会い

話は1年間ボランティアのときに戻る。

派遣された施設の事務室で三線を弾いているスタッフの姿を見たとき、《すごいなぁ》とただただその姿に惚れた。鳥肌が立つほどの感動だった。

小学校時代から、音楽は5段階評価で3。そんな自分に楽器ができるとは思えなかった。ただ、もともと好きだったTHE　BOOMの『島唄』だけはどうしても覚えて帰りたい、そう思った。そこで、スタッフに弾いてもらうと、ますます自分で弾きたくなった。

手始めに民謡を教えてもらいながら1曲ずつ覚えた。そのたびにみんなの前で弾くと褒められ、《これはいいぞ》と調子に乗ってきた。普段はあまり反応しないデイサービスの利用者も三線の音に合わせて身体をゆすってくれた。「次はあれを覚えてきてね」というリクエストに応えているうちに徐々に民謡のレパートリーを増やし、三線にのめりこんでいった。

夏祭りでは、櫓《やぐら》の上で三線を披露。何百人もの人を前にして緊張でガチガチになった。ぎこちなく三線を弾いていると、見かねた施設のスタッフや利用者が踊ってくれてやっとリラックスできたのを覚えている。

「三線はおじぃ、おばぁに育ててもらったようなところがありますからね。あの人たちがすごく受け入れてくれたから、僕は調子に乗れたし、自信を持たせてもらった。『あんた京都から来たのに、すごいねぇー』っていうのを繰り返し言ってくれたんです」

ボランティア修了後は、《まだ帰ってはいけない》と思った。やっと何かがぼんやりと見え始めたところだった。

弟子入りを志願

沖縄に残りイベント企画会社で働いている頃だった。求人情報誌で知った民謡スナックに、素人同然にもかかわらず、「歌を唄わせてください」と売り込みに行ったことがあった。

「基本的に目立つこととかしたくないし、常に自信ないんですけど、たまに自信満々になるときがあるんです。今考えるとなんでこんな自信満々なことをやったんだろうっていうのが何回かあるんですよね」

スナックでは同年代の女の子の弾く三線に圧倒された。三線以外にも目を向けようとしていた頃、ライバル心が芽生えた。ところが、働き始めてからわずか3カ月でスナックは閉店。京都に帰ることも考えたとき、その彼女が現在の料亭を紹介してくれた。「もうちょっと三線やろうかな」と思って再び沖縄に残ることにしたという。

三線職人への道を歩み始めたのは、一度辞めたイベント会社で再びアルバイトをするようになっていたときだった。

「お前の本当にやりたい企画をやれ！」とイベントの企画を任されたときのことだ。そう言われて考えてみると、どんどん三線のことが頭に浮かんできた。「どうにかして三線に関わりたいなっていうのが気持ちとしてだんだん固まってきたんです」

ボランティア時代、施設のスタッフから「三線を弾いているときが一番イキイキしているね」と言われたことも頭に浮かんでいた。そうした出来事も思い出しながらまた考えていると、あるときパッと閃いた。《ああそっか！　作ったらええのか！》と。

「《なんでこんな簡単なこと考えんかったんやろ。作ったらええやん！》っていう感じだったんです。あのときは、《作れるかな？》ではなく、《作れる！》と思ってましたね」。再び自信満々になった。

「今考えると、よく決断したなって思う。厳しい世界だっていうことも、誰もができることではないっていうのも分かってたんですけど、《ま、できるやろ》みたいに思ったんです」。そう言って和田さんは笑った。

「三線の音を初めて聞いたとき鳥肌が立った。それくらい三線が《好きなんだ》って思ったんですね。三線を作ろうと決めたときも、絶対に誰よりも好きだろうなっていう自信があったんですよ」

三線工房に通い始めたのは3年前から。工房の師匠は、1年間ボランティアのとき最初に三線を聴かせてくれたスタッフの兄である。そのつてを頼り、弟子入りを申し入れたが先の見通しはまったく立っていなかった。しかも師匠は「ないちゃー（＝本土の人）の弟子はとらない」という考えだった。それにすでに何人か弟子もいた。ただ、弟の紹介ということもあってか、週1回だけ工房に通うことを許された。それ以外の日は道具を買って自宅で練習することにした。

最終的に弟子と認められたのは、ある日工房の中を掃除していたときのことだ。「野球やってたら、グラウンド整備とかやるじゃないですか。その感覚で当たり前にやってたんですよ」。その行いが師匠を動かしたのか、「やる気があるんだったら毎日来い」と言われ工房に通うようになったのだ。

三線のような存在にあこがれて

和田さんにとって三線とはどんな存在だろうか？

「三線ってね、僕みたいなやつなんですよ。というのは、唄い手を邪魔する三線はあまりいい三線じゃないっていうのが僕の中にあるんですね。あまり三線が目立ちすぎると全体として良くないんです。僕も同じ、主役には向いていない。2番目くらいに控えているのがベストなんです」

三線が好きなところは？と聞くと、鳴らしたときのその「音」だという。

「どこかで音がしている……賑やかな感じではなく静かに音が響く、そういうところがいいんですよね。三線を舞台でやるとね、なんか違うんです。やっぱり自然の中とか、こういう普通の家で鳴っているのを聞いたりすると、目立たないけどなんかいいし、存在感がある」

和田さんは、アルバイトや工房での修行の合間を見ては誰もいない浜辺で三線を弾くことがある。僕はその姿を想像してみた。

「僕もそんな人になりたいんです。目立たないけどあの人いい味出してる、そういう人にね」

三線にこだわる理由、それを和田さんはこうも語ってくれた。

「僕は伝統あるものが好きなんです。長い間修行してきた人に魅力を感じるし、古い地域の文化が好きなんですよ」。それは古都、京都育ちならではの感覚なのかもしれない。

沖縄にいる理由

今年で沖縄に来て7年が経つ。

1年間ボランティアではあらかじめ派遣先の希望を出すことができるが、和田さんの中で沖縄は第3希望、行きたい気持ちは1パーセント程度だったという。にもかかわらず、和田さんが沖縄に居続ける理由が僕は気になった。実際、なぜ沖縄にいるの？　そんな質問を投げかけられることも少なくない。そのときは三線が好きだから、と答えることにしているが、それだけではないようだった。

「三線が好きということだけじゃなく、三線を中心とした流れが好き。人とのつながりとか」——そう語る和田さんの後ろには、いつも節目節目に現れる〝ひと〟の存在がある。

「名前を挙げたらきりがないくらい人に会いましたからね。毎日会うわけじゃないけど、会えばなんでも話せる人が周りにいっぱいできた」

「……あ～そういうのもあるんでしょうね……僕が沖縄にいる理由」。自分でも初めて〝そのこと〟に気づいたように和田さんは言った。

そのこととは、和田さんに連れられて、沖縄をドライブしていたときの出来事だ。あるドライブインに立ち寄ると三線を売っていた。三線を眺める和田さんに、おばちゃんが手に取るよう勧める。和田さんは何も言わず、手に取った三線を弾き始めた。「おにいちゃんうまいねー」と誰かが言い、他の店のおばちゃんたちは引き寄せられるように音に合わせて自然と手を動かし始めたのだった――そんな光景を目にした僕は、和田さんが言うところの三線を中心とした流れや、人とのつながりの自然な感じに見とれてしまった。そして、この楽器ひとつで和田さんは本当に世の中を渡っていけそうな気がした。

――トンネルの向こうに見える光

和田さんのアパートに行くと、壁に一枚の紙が貼ってあった。見ると、それにはこれから先の当面の目標が書かれていた。コンクールに出場して技術を磨くことや、古典音楽の教師免許を取得することがこれからの目標らしい。もちろん、修行も続けながらだ。

「35歳くらいには、作れて教えられて弾ける人になってるんです」。和田さんらしく自分の未来を断言した。その未来について、不安はあるが迷いはない、という。

「不安があるぐらいで僕はいいと思いますけどね。不安があるから頑張れるみたいなところがある。恐怖心や不安があっても、ちょっとずつそれに打ち克っていければと思うんです。《ホントにやっていけるのかな？》ぐらいがまたいいんじゃないかな」

和田さんは、その心境を民謡を引き合いに出して説明してくれた。民謡の中に、「満月の一歩手前がむしろ美しい」ということを歌った唄があるという。

「それと同じで、花もこれから咲くつぼみの状態が一番美しいよね……」

しかし、僕にはその感覚が分からなかった。月は満月、花は満開がやはり一番きれいだと思う。だが、次に和田さんが言った言葉を聞くとなんとなくその気持ちが分かるような気がした。

「成功したいけど、あともうちょっとのところがいい。満たされたいけど、満たされていないところがあるのがいい。三線作りもこれで満足、というところはないんですよ。作った三線はそのときはよくできたと思うけど、やればやるほど粗《あら》も見えてくる。そこが面白いんですよ」

昨年出会った、三線教室の先生ははるか彼方の存在。

「雲の上にある存在が、今は見えているだけがいい。後で、あの頃はこんなこと想像できへんかったけどなぁって思いたいな」

今は〝その先〟がはっきりと見えているわけではない。しかし、その不安を楽しんでいるかのようなところがあるのかもしれない、と僕には思えた。


ボランティア参加までは、「やれそうなことからやりたいことを見つける」生き方だった。沖縄に来てからは、「やりたいことの中から本当にやりたいことを見つける」生き方に目覚めた。

もちろん、やりたいことの中には三線以外のものもある。沖縄の伝統芸能エイサーも踊りたいし、舞踏にも憧れはある。他にもいくつか興味のあることを挙げてくれた。

「沖縄に来てからは、本当にやりたいことだらけですね。なんか生きている感じがするんです。思うままに生きてるっていうか。今ホンマやりたいことやらしてもらってるんで、この巡り合わせにも感謝だなって思うんですよ」

それまでの生き方とはきちんと〝線引き〟されたような1年間ボランティア。それをきっかけに和田さんの性格はガラリと変わった。そしてまた、それ以上に大きかったのは打ち込める〝何か〟に出会えたことだった。

1年間ボランティアを振り返って和田さんはこう言う。「印象に濃い部分がどんどん濃くなっていく感じはありますね」。

ステージで演奏したり人前で唄うときは、自己紹介代わりに毎日唄ったこと、緊張でガチガチになった夏祭り、三線に合わせて踊ってくれたおじぃ、おばぁの姿、そうした思い出深い場面が次々と甦る。繰り返し思い出すことで、そうした場面はさらに印象を強くしていくのだという。

「沖縄には何があっても1年しかいられないって思ってましたから、やれることは断らず全部やろうと思ってた」。冷や汗もかいた1年だったが、和田さんは逃げなかった。それはそこに受け入れてくれた人たちがいたからだ。

「三線はおじぃ、おばぁに育ててもらったようなところがあるからね」という和田さんの言葉は今でも僕の印象に残っている。沖縄で出会った人たちは遠い京都からやってきたひとりの若者を育てたとも言えるのではないか？　僕はそう思った。

和田さんにとって1年間ボランティアは、自分らしい生き方ができるようになるまでの、〝トンネル〟のようなもの。ずっと先にわずかな光が見える。

今も和田さんは同じトンネルの中を進んでいるのかもしれない。しかし、見えている光は一歩一歩その明るさを増しているに違いない。

▼和田信一（わだ・のぶかず）さん▲

1979年　京都府生まれ
2001年　大学を卒業し、京都市内の食品スーパーに就職
2002年　1年間ボランティア〈24期〉に参加。沖縄県にある高齢者施設「大名」で活動
2003年　アルバイトで収入を得る傍ら、イベント企画会社でインターンシップ。アルバイト先の料亭で三線を弾き始める
2005年　三線工房で修行を始める
2006年　三線教室に通い始める
2009年　沖縄県立芸術大学音楽学部入学

▼活動先およびボランティアの活動内容▲

特別養護老人ホーム大名（おおな）——高齢者の生きがいづくり、生活支援

活動内容…主にデイサービス事業において利用者の送迎、レクリエーション活動、地域交流行事への参加のサポートを行い、またホーム内においては、入所者の生活援助全般、クラブ活動への参加の際の介助などを行う。

所在地…〒903−0802沖縄県那覇市首里大名町1−43−2

04
もう一度教壇に立つ日

おはなし ▶◀ 菅真由美さん

小規模高校の教師として

「昨日両親とたっぷり飲んだから、バスの中ではぐっすり眠れました」

「僕も夜行バスで帰省することありますけど、あれだとやっぱり寝つけないですよね」と言うと、菅真由美さんは少し東北の訛りがある話し方で、そう答えた。長旅の疲れはみじんも感じられなかった。

今日、菅さんが東京にやってきたのは、友人の結婚式のためだ。昨夜、夜行バスで盛岡を出発し8時間かけて東京にやって来た。

昨日の夕方までは、高校総体県予選を生徒たちとともに戦っていたという。菅さんは高校で生物を教える教師である。そしてアーチェリー部の顧問でもある。

「昨日もそこに負けたんですよ……」と微妙に語気が強まったのは、相手が自分の通ったかつての母校だったからだ。それにもう少しで佐賀で行われるインターハイに出場できた。「団体戦でホンっと惜しいところで負けて、もーう悔しくてホント残念でしたね。佐賀行きたかったなぁ」と言って笑った。

岩手県住田町という山間にある学校は、全校で200人ほどの小規模校。受け持っているクラスの生徒は24人。その規模だからこそ生徒との距離も近い、という。

「まぁぱっと見は寂しいですけどね、机が少なくて。でもだいたい一言、二言声をかけられますから、すごくいい人数ですよ」と菅さんは言った。

「実は来週も東京に来るんです」。教員になって今年で4年目。この4月からは3年生の担任で進路指導の担当になった。進路は進学と就職がほぼ半々に分かれるため、企業説明会にも顔を出して、情報集めに奔走しているのだ。

「まだ何したらいいんだか分からないっていうのがあるんですけど、今はいろんな進路相談会や説明会に自分が行って勉強しているような感じですね」

恩師との出会い

教師に興味を持つようになったのは、大学時代。家庭教師のアルバイト経験がきっかけだった。

「私の中に人を変えたいっていう気持ちが芽生えたんですよね。なんでこの子は努力しないんだろうとか、努力すれば自分のことを好きになって満足感も得られるのに、とか思ったんです」。努力して、前向きに生きること——それは、高校時代に教わったことだった。

クラス担任ではなかったが、ひとりの先生に出会った。先生はクリスチャンで、特に女性には教養や生きる力がないと、子どもをしっかり育てられないという信念から、菅さんがいた女子高に赴任したらしかった。

「すごく熱心に『自分のためにちゃんと勉強しろ！』といつも叱ってくれました。自分に目標があるんだったらそれをかなえるためにコツコツ努力をしなさいって。ビシビシ言う先生でした。でもちゃんと愛情を込めて」

先生は煙たがられることも多かった。

「今教員やっていても、口うるさくすると、やっぱり煙たがられたりするんです。叱る方も正直イヤですしね。だけど、それを言い続けてくれたのは、ちゃんと私たち生徒のことを思っていたからだなってすごく思うんですよ。先生のことは教員になってからそれまで以上に尊敬しましたね。ビジビシ言える方だったたから」

菅さんには先生の想いが伝わったのか、それまで以上に受験勉強に励むようになり、手の届きそうになかった志望大学へ進学することができた。今でも目指すべき教師であるその先生と出会えていなかったら、合格は難しかっただろうと菅さんは言う。

「合格したとき、あぁ、努力って自分も成長できるしいいもんだなって思いましたね。だから、私が教師を目指した目的も、努力したら誰でも成長を感じて自分のことを大事に思ったり好きになったりできる、そういうのを経験してほしいからなんです。それは今教師をやっている上での一番の目的でもあるんですよ」

辛かった1年間ボランティアの経験

就職活動では、学習教材を出版している会社に内定を得た。教員になるにしても、「学校しか知らない教師にはなりたくない」と思ったからだ。子どもと関われるような仕事に就いて社会経験を積もうと考えた。

ところが、内定を得てから1年間ボランティアを知ってしまった。

それも突然の休講で空いた時間を持て余したとき、何気なく入った美容院に置いてあった雑誌に1年間ボランティアの小さい記事を見つけたのだ。食住保証されて、「なんてお得なプログラムだろう」と思った。

1年間ボランティアは、《ちょっと怪しいかな?》という気もした。ただ、ボランティアという行為は馴染みもあったことであり、抵抗はそれほど感じなかった。通っていた高校はミッション系の学校。そのためもあって、ボランティア活動が盛んだった。菅さんも気が向いたときなどに、障害者施設のイベントの手伝いに行ったことが何度かあったのだ。

美容院は行きつけではなかったし、なぜこんな小さな雑誌の、しかもその片隅に載っていた記事に目が行ったのか不思議だった。それがまた運命的なものを感じさせた。「神様が『行け』って。『勉強してこい』って」、そう言ってくれているような気がした。そして、内定を辞退し、1年間ボランティアへの参加を決意した。

派遣されたのは、静岡県にある「デンマーク牧場子どもの家」(以下、デンマーク牧場)。牧場の中にフリースクールを併設していた。施設には中・高校生を中心とした引きこもりや不登校の若者がいた。

この活動先を選んだのは、10代の若者たちと関われると思ったからだった。

「私、ここしか行く意味ないなって思って、『絶対ここにしてください』ってお願いしたんです。将来教師になりたいと思っているのに、介護の仕事とかだったら畑違いかなと思ってて。そのときの考えはすごく狭かったですね」

デンマーク牧場では、若者たちと一緒に自給自足に近い生活を送った。米や野菜を作ったり、牛の乳搾りや乳製品の加工もしていた。鶏も羊も馬もいる。生き物だったらなんでもいた。

農業に関われるのもデンマーク牧場の魅力だった。菅さんの祖父母の住まいは岩手の中でも田舎の方にあった。子どもの頃、祖父の畑の野菜をとって近所の川で冷やして食べたことを今でもよく覚えている。どこでも売っている野菜なのに、それは本当の食べ物の味がしたように思った。「将来はこうやって田舎で生活したいなぁって思いましたね」。

それに幼い頃は父親が転勤族だったため、北海道・東北を転々とした。住まいはアパートやマンションばかり。食物や植物を育てられるのは、小さなベランダにあるプランターでしかなかった。農業に興味を持つようになったのは、そういった背景も影響しているのかもしれない、と菅さんは言う。

ボランティアの活動は基本的に若者たちとの関わりがメイン。一緒に食事を作ったり畑作業をしたり、牛にえさをやったり、鶏舎で卵をとったりした。日中、彼らが勉強している間は牛乳配達に出かけた。興味のあった教育や農業とつながる活動先ではあったが、現実は厳しいものだった。若者たちの状況が分かってくると、「自分の知らない環境、状況で生きている人がたくさんいるんだな」とショックを受けた。

毎日のようにトラブルと格闘もした。だから、1年間は今思えば「辛かった」という印象を菅さんに残している。

「施設が取り組んでいる問題が重いじゃないですか。だから、ワクワク楽しいなっていう生活じゃなかったんですね」

子育てへの関心と不安

活動修了後は、高校で常勤講師をしながら教員採用試験に挑み、3度目で合格を果たした。それから5年が経った。

生徒たちと関わる中で1年間ボランティアのときを思い出すこともある。たとえば、クラスで何か行事などをするときには、1年間ボランティアで活動した施設のイベントを思い出して参考にする、というように。また、生徒がトラブルを起こしたとき、1年間ボランティアで経験したことと似ているケースもある。「修羅場を経験した」という菅さんだが、そんなときも思い出したりする。

しかし、担任を持つようになって変わった。クラスの中にもデンマーク牧場にいた子どもたちと似た境遇の生徒もいたからだ。

「そういうのが分かってくると、だんだん1年間ボランティアの話も、結構気をつけて話さないといけないんだなって思うようになりましたね」。教育はデリケートで難しいということも身に染みて分かるようになった。

菅さんは最近結婚した。だから今、一層強く子育てに関心がある。が、折に触れ、「子育てがしたい」と話す菅さんに同僚の先生は言う。「子どもほど自分の思い通りになりそうでならないものはないよ」と。

いろんな家庭の状況を垣間見る中で、共働きの難しさについても知った。そんなとき、では自分だったら、教師として働く中で、子どもときちんと向き合い、うまく育てられるだろうか？と考えてみることもある。

「正直、教師をやりながらうまく子育てができる自信はない……」。だから、と続ける。「せめて子どもが小さいうちはある程度そばにいられるような生活をしたいなっていう気持ちがあります。子どもときちんと触れ合える自分の家庭を作ってみたいんです」

考えた結果、いったん教職から離れることに決めた。

いつかまた教壇に

数カ月後。菅さんから突然僕に連絡があった。今東京に来ているが、あのとき話したことについて考えたことがあるから会えないか、ということだった。

菅さんは、埼玉で開催された、インターハイの応援に来たという。3月まで指導にあたってきた、アーチェリー部の応援だ。つまり、今年は県予選を突破したのだ。驚くのはそれだけではない。予選ラウンドも通過し、決勝ラウンドに進出したという。

東京にやって来た目的はそれだけではない。東京の方に就職した教え子たちも少なくない。菅さんによると、仕事を辞めてしまう割合が高いのがこの夏の時期らしい。そこで、様子を見に来たということだった。

「教え子たちと会って、『頑張ってるよ』って言うその姿を見るだけでパワーをもらいました。今回、生徒たちの様子を見られて本当に来て良かったですね」。さらにその足で、1年間ボランティアの活動先、「デンマーク牧場」にも寄ってきたという。

「今、仕事から離れて少し心の余裕ができたからか、考えられるようになったのかもしれませんね……」と、ここ10日余りで考えたことを菅さんは話し始めた。前回会ったときはどこか話しにくそうな印象を僕は受けた。しかし、今回は菅さん自身の話したいという感じが伝わってきた。それは、自らに言い聞かせるという意味もあったのかもしれない。

「1年間ボランティアの1年間と教師の5年間を通して思うんですが、人を変えたりするっていうことはとても難しくて、簡単にできることじゃないんですよね。実際、デンマーク牧場で活動したときも、すべてのケースで好転したり、子どもたちに変化が見られたわけではなかった。

だけど教育という分野は、とにかくいつか変わってくれると信じてやらなくちゃならないんだということが、今ようやく分かったんです」

そのためには、言葉だけでは足りないと菅さんは強調する。

「相手との距離を縮めるためには、足をつかって体をつかってコミュニケーションをとり続ける必要があると思うんです。でもそれは本当に精神的にも体力的にも骨が折れることなんですね」。だから、どこからそのエネルギーを得るか?というのも本当に難しい……と続ける。

「人と関わる仕事はすぐに答えが出ないし、もしかしたらずっと出ないかもしれないし、出ても気づかないままかもしれない。教師というのも自分がやったことが良かったのか悪かったのかが分かりづらい仕事なんですよ」

そして気づいた。「謙虚な姿勢で、一生学び続けていくしかないのだ」と。「同じパターンはないだろうし、油断してかかっちゃいけない。でも私は人と関わる仕事をやり続けたいし、続けなければならないと思ってるんです」と菅さんは語ってくれた。

1年間ボランティアに対する想いも少し変わってきたようだ。

「1年間ボランティアのことは、その後忙しくて思い出すことがなかったんです。それと、活動が辛かったから思い出したくないっていうのも正直あったんじゃないですかね」

話しづらそうに見えたのはそんなことが関係していたようだ。だが、それだけではなかった。

「私は、自分が1年間でハッキリとした結果が何か得られると思って参加したんです。だけど、この前1年間ボランティアで得たものは？って聞かれたときに久しぶりに思い出したんですけど、結局何も答えられなかったことは結構ショックで……。私は当時、何してたんだろう？という感じでした。実は結論が出なかったことは、教師をしている5年間ずーっとモヤモヤしていたことでもあるんです」

今回、デンマーク牧場に行ったり教え子と会ったりして考えたことが、菅さんに気づきをもたらした。

「あの1年間だけで結論とか結果を言えるというのは、なかなか難しいことだと思うんです。さっき言ったように教育という分野は成果がはっきりしないところがあるので、1年でこれが分かりました！　できました！みたいなことが言えるはずはないのかなって思ったんです。きっと、これから先ずっとそういうふうな想いでやっていくと思います」

そして菅さんは、最後にこう言った。「ホント、スッキリしたんですよ。なんで自分は何かを得たってハッキリ言えないいんだろうという葛藤はなくなりましたから」。

菅さんは結婚とともに山形に移住した。結婚した相手の実家は牛を飼っている農家。繁殖農家といって、母牛に子牛を産ませてそれを市場に出し収益を得るのだそうだ。また、米を出荷し野菜は自分たちで食べる分を生産しているという。

「自分たちの食べるものは自分で作りたい」――それは以前から思い描いていた夢だった。しかし、教師という仕事に対する想いも少なからず残っている。高校時代に影響を受けた先生の姿がそこにはある。

近い将来、子育てと教師という仕事を両立できないだろうか?と考えてみることがある。だから今は、《いつかもう一度教壇に立ちたい》という想いを胸に秘めて、新しい人生を菅さんは歩み始めた。

▼菅真由美（かん・まゆみ）さん▲

1978年　岩手県生まれ
2001年　大学（農学部）卒業。1年間ボランティア〈23期〉として静岡県にある「デンマーク牧場子どもの家」にて活動
2002年　高校の常勤講師として勤務
2004年　教員採用試験に合格。岩手県の高校に勤務
2007年　結婚
2008年　山形県に移住

▼活動先およびボランティアの活動内容▲

デンマーク牧場子どもの家――不登校、引きこもりからの自立を目指す共同生活寮

活動内容…主に牧畜・農業に従事して共同生活体験の中で「生きる力」を身につけ自立することを目指す青少年たちとともに、家畜・乳牛の世話や野菜作りなどに取り組む。また、彼らの学習指導を手伝ったり、良き相談相手となったりといった役割も担う。

所在地…〒437-1311静岡県袋井市山崎5914-367

05 あの子たちをアジアへ!!

おはなし▶◀磯田浩司さん

オレンジ色が似合うNPO法人代表

オレンジ色というのが僕の磯田浩司さんに対する印象だ。後から考えてみると、その色は太陽の色だし情熱的な色でもあって似合っていると思う。磯田さんにはこれまで何度か会っているが、そういえばいつもオレンジ色のフリースを着ていたような気もする。

ＪＹＶＡ40周年記念パーティーのこと。連合の高木会長が祝辞を述べるなどかしこまった雰囲気が漂っていた。数百人いた出席者は男女ともみなスーツか、あるいはそれなりに装った格好をしている。ところが、少し遅れてやってきた磯田さんはいつものオレンジのフリースにジーンズというい でたちで、「それがどうした！」と言わんばかりの雰囲気でスタスタと列席者のテーブルについたのだった。

磯田さんはワークキャンプを主催するＮＰＯ法人「ｇｏｏｄ！」の代表を務める。「ｇｏｏｄ！」とは“the Global Organization Of Dreamers”の頭文字を組み合わせた名前。事務所は東京・池袋にある。

ワークキャンプとは、アジア諸国などの貧しい村や国内の農山村などを訪れ、共同生活をしながら農作業や井戸掘り、学校づくりなど、その場所が必要としていることを行う活動のこと。未知の文化や新しい人々との出会いの中で、人間的な成長を目指すのだという。

ｇｏｏｄ！ではこれまでに、スリランカの農村での井戸掘りやタイの山岳少数民族が住む村での幼稚園建設、モンゴルでの学校補修や韓国の過疎農村での援農など、多岐にわたる活動を行ってきた。国内では路上生活者の支援や牧場での手伝い、農山村での活動を行っている。

募集はインターネットが中心で、参加者は20名前後。参加費は自己負担だが、リピーターも少なくない。

ワークキャンプの参加者は20代が中心だが10代から40代まで幅広い。学生やフリーターもいれば、一般企業に勤めるサラリーマンや教師、医師や看護師、変わったところではホストやレースクイーンなど、参加者の顔ぶれは実に多彩である。参加条件などというものは特になく、「基本的に誰でも」参加できる。

ｇｏｏｄ！の大きな特徴は、不登校や引きこもり経験があるなど、過去に対人関係に問題を抱えたことのある若者や、現在まさに悩んでいる最中の若者の参加を念頭に置いている点だろう。そこには、磯田さん自身の過去の体験が色濃く反映されているようだ。

生きにくさが原点

「ある時期まで僕が感じ続けていた生きにくさみたいなもの、多分それがあったから人の気持ちや心の動きにすごく興味があったんだと思うんです。だからきっと悩める若者とも関わろうって思ったんじゃないのかな」

磯田さんが生きにくさを感じ始めたのは小学生時代からだった。磯田さんは4月2日生まれだ。つまり学年で一番の〝お兄さん〟であったことも大きな理由のひとつだという。現在、1歳半になる愛娘の成長を見ながら磯田さんはこう言う。「今も子ども育てていて思うんだけど、子どもの1年って大きい。1カ月、2カ月違うだけでかなり成長違うんだよね」。一番の〝お兄さん〟であったせいで、周りがどうしても幼く見えることが多かった。

当時クラスでかなり派手に行われていたイジメは、特に幼く見える象徴的な出来事だった。いじめられている子を見ると、どうしても放っておけなかった。いじめられている子を自宅まで送って帰ることもあった。するといじめる側からは、「イイ子ぶりやがって!」と疎まれる。それでも、「自分は間違ったことなどしていない」という自信があった。そして、なぜそんなことも分からないのか、と周りが幼く見えてしまったのだ。それにはこんな背景がある。

姉に知的障害があった。「多分、社会的弱者が家の中にいるということで、姉に対する社会の眼差しに違和感があったと思うんです。学校でいじめられる友だちを見て、その姿が社会的弱者である姉の姿とかぶって見えたんでしょうね。それできっと放っておけなかったんです」と磯田さんは言う。

それまで仲のよかった友だちたちと、そのことでうまくいかなくなることもあった。「自分のやっていることは絶対間違ってないはずなのに、なんでコイツら分かんないんだろう」と思うようになり、やがて〝理論武装〟することになる。「『自分はこうでこうだから絶対間違ってない』とか、『アイツらこうでこうだからおかしい』と、かなり理屈で物事を考えるようになっていたので、そのあたりでしんどかったんだと思います」。

高校・大学と成長するにつれ、悩める者、弱い立場の者の存在は、常に気になっていたという。《将来は、若者の力になれるような仕事をしたい！》という想いを抱くようになったのもその頃からだ。

一方で「将来は社長になる！」と豪語してもいた。もともと人を引っ張るのが好きなタイプ。大学では「人間関係についてもっと知りたい」という思いから、自らサークルを立ち上げた。メンバーはピーク時で150人くらいいたという。学内でも最大のサークルのひとつだった。

アジアの実情を知って

2年生のとき、アメリカに留学した。現地には「とりあえず来た」と口を揃える日本人学生が目立った。磯田さんも、《英語が喋れるようになりたい》くらいの感覚だったという。

しかし、ひとりのタイ人留学生と話したときショックを受けた。「僕は愛する祖国をどうにかして発展させたい。この国で学んだモノすべてを持ち帰るんだ。このチャンスを絶対に無駄にはできないんだ」。彼の家は貧しかった。当時、裕福でないタイの若者がアメリカに留学する機会を手に入れるのは奇跡に近かった。だから「とりあえず」などとは絶対に言わない。同じ留学生の身でありながら、あまりの意識の差にショックを受けた。《それほど彼が愛する国とはどんなところだろう？》以来、それまでまったく興味のなかったアジアの国々へ興味を持つようになった。

帰国後、アジア関連のゼミをとり、そこで実施された調査旅行でタイ、ラオス、ミャンマーの少数民族を訪ねて回った。そこでまたこころを揺さぶられた。

「山岳少数民族の生活はとてもシンプルだった。家は竹でできていて、屋根は草葺きで電気もガスも水道もない。床下には豚やニワトリが走り回っていた。

行くまでは、《貧しくて可哀想な人たち》だと思っていた村人たちは、みんなとても魅力的でイキイキしてた。キラキラした眼をしていたし、楽しそうに暮らしているし、なんと言ってもすごく自然だったんだよね」

この旅でアジアにハマった。「人がすごい一生懸命だし、ある部分ではとてもいい加減。のんびりしているし、基本的に笑っているし、そんな空気が自分に合っていたのかな」とアジアの魅力を語った。バブルの余韻で、肉体労働の日雇いのアルバイトであれば、一日働けば2万円近く稼げるという時代だった。それを軍資金にたびたびアジアを旅行した。

卒業後も仕事の傍ら、NGOの船に乗ったり、バックパックを背負ってアジアの国々へ何度も足を運んだ。そして25歳のとき、初めてワークキャンプに参加した。「今度は、自分のためだけではない旅をしてみたい」と参加した理由を話してくれた。

フィリピンの村で3週間の井戸掘り体験をした。「それがすぅ～ごい気持ち良かったんだよね」と磯田さんは感情を込めて言った。

「電気も水道もないようなところだったんだけど、仕事して水浴びに川へ行って、帰りにわらが積んであるところでひっくり返って夕日見たり。夜はすごい星空で、それを眺めながらみんなでビール飲んで語ったり……」

村の生活にどっぷりと浸った。そして、ひとつのことに気付いた。「現地の住民やNGOとの関係があれば、外から人が入っていける。これは面白いなと思って。それが今ワークキャンプやっている原点だよね」。個人旅行だとどうしても入っていける場所が限られた。それがひとつのプロジェクトとして現地の団体と一緒に行われると、当然なことに相手の取り組み方も変わってくるのだった。

その後、営業マンとして働くが、会社の事業縮小をきっかけに辞めることにした。さて、どうしようかと思っているときに1年間ボランティアのことを思い出した。

実は以前参加した旅の仲間が、1年間ボランティアに興味を持っていた。帰国したあと、頼まれて一緒に説明会を覗いてみたものの、1年間ボランティアのことはそれっきり記憶の片隅に追いやっていた。

これまで職業が変わるたびに考えたのは、「若者の心に関わるような仕事をしたい」ということだった。カウンセラーになろうと考えたこともあった。ただ、心理系の仕事に就くためには大学で学ぶことが必要。また大学に行くのは億劫だった。

それでもどうにかして若者と関われる現場に出てみたいと考えていたとき、ふっと1年間ボランティアを思い出したのだった。

「ボランティアをするのが目的じゃなくて、現場に入りたいっていう想いだけだったんですよ。現場に出れば、《お前になんかに分かるわけねーだろ！》と思わされてやっぱり無理だなと思うか、《あぁこの若者たちのために勉強しなければ！》と思うか、どっちかに転ぶだろうと思って行ったんだよね」

意外な生徒たちの反応

派遣されたのは大分県竹田市の「竹田南高等学校」。「興味があったのは、悩みを抱えた若者たちと自分がどれくらい関われるのかっていうところだった」と磯田さんは言う。当時は、全校生徒300人の中に元不登校だった生徒が大勢いたが、そのほかに軽度の知的障害や発達障害のある生徒たちも多くいた。

学校にはいろいろな生徒がいて、驚かされる毎日だった。「まぁ非常に面白かったとも言えるね。自分には想像を超えることばかりだったから」と磯田さんは笑った。昼は授業の手伝いをしたり、先生の代わりに生徒の指導にあたることもあった。夜は校内にあった寮の監督者（舎監）として生徒たちの面倒を見た。

その中で気になったのが、生徒たちの諦めたような態度や発言だった。「どうせ自分なんて……」、「絶対ムリ」、「ダルイ」などなど。覇気というものが感じられなかった。そんな彼らを《どうにかしたい！》という想いは日増しに強くなっていった。

担当していた授業で、自分の旅の体験を話したことがあった。パスポートの取り方、税関の通り方、バックパッカーのやり方……。好きなアジアの話もした。すると、意外にも喰いついてきた。生徒の目の色が変わるのが分かった。「すごく興味を示すんだよね。それで、この子たちを連れてアジアに行きたいなと思うようになったんです」。

生徒たちにあの空気を吸わせたい！　あの人たちに会わせたい！と強く思ったという。磯田さんの脳裏には、あのフィリピンでの井戸掘りの光景が浮かんでいたのかもしれない。自分にも衝撃だったアジアでの体験は、生徒たちにもまた何かを与えてくれるはずだと考えたのではないだろうか。

人が変わっていく瞬間

1年間ボランティアを終えると、ＪＹＶＡで働きながら団体立ち上げの準備を進めた。ＪＹＶＡではアジアからボランティアを受け入れるプログラムを担当。そこでいろいろな国の団体や人と知り合った。

そしてついに２００１年1月、「ｇｏｏｄ！」を立ち上げた。ワークキャンプの受け入れ先は、これまでの旅で知り合った各国の友人や、ＪＹＶＡで培った人脈をフルに使って開拓した。現地の人たちに「こういう子たちをこういう環境に置いてみたい」とその趣旨を説明すると、賛同してくれて、惜しまず協力してくれた。若者に対する眼差しに国境はないのだ。

２００１年3月。初めてのワークキャンプをタイで開催した。実際に行ってみると、生徒たちの顔つきがみるみる変わっていった。

「そんなの絶対ムリ！」が口癖で、「勉強なんか絶対にしたくない」と言い続けていた生徒が、2週間のプログラムが終わる頃に「どうやったら英語喋れるようになるの？」と聞いてきた。「先生がみんなと喋れているのがすごくうらやましかった！　僕もあの人たちと話がしたい」というのだ。「モチベーションが出てくる子たちの姿を見て、これは面白いと思った。これは間違ってない、自分がやりたいと思っていたことはこの方向だなって確信したんです」。

すでに50回を超えたワークキャンプ。毎回、若者が変わっていく様を目の当たりにする。それが一番うれしい瞬間、と磯田さんは言う。

参加している若者たちは、トイレに紙がなければ水がめの水でお尻を洗って出てくる。スプーンがなくてもやがて手で食べられるようになる。どんな「ムリ!」と思える状況に直面しても、途方に暮れてあきらめてしまうようなことは、ない。

そこで彼らが使うのは、知力でも体力でもない。「生きる力」だ。磯田さんが旅で訪れたアジアで一番感じたのもその「生きる力」だった。「そうか、生きる力っていうのは日本では使う機会がなかっただけなんだと。それはずっとしまい込まれていただけで、出せば使えるようになる! きっかけがなかっただけなんだ!」と思った。

人間関係を学ぶ場として

若者の変わっていく姿はうれしいが、ｇｏｏｄ!を運営していく上では課題もたくさんある。現在は有給スタッフが2人いる。笑顔で働いてくれるスタッフにはもちろん給料を払っていかなければならない。しかし、現状は非常に厳しい。

また、海外でのワークキャンプは特に今、〝向かい風〟だという。以前は積極的に学生に働きかけてくれていた各大学の学生部なども、相次ぐテロや拉致等の国際情勢を受けて、海外で行われるプログラムに対し、これまで以上に慎重になってきている。さらに、原油高により、飛行機のチケット代が高くなっただけでなく、現地での物価や輸送費、建築費などの費用も高騰し続けている。

　そんな今、不安や迷いはないのだろうか？

「支えてくれる人や一緒にやろうと言ってくれる人がいる。財産と思える素敵な仲間たちが周りにいてくれているので、まぁ大丈夫だろうと、そこまで不安になってはいません。楽観的なんですよね、昔から」。それも問題なのかもしれないけど、と付け加えて苦笑いを浮かべた。

「社会のために！とかそんな大それたことをしたいというよりは、少なくとも、自分が関わった人たちが笑っていられるような状況にしたいなと思ってるんだよね」

　池袋にあるｇｏｏｄ！の事務所は、磯田さんの親戚が昔住んでいたという普通の民家を利用したもので、看板などは出してない。それにもかかわらず、いつの間にかいろいろな人たちが集まって、事務所とは思えないくらいに賑やかだ。みなインターネットやｇｏｏｄ！が参加するイベントなどで知り、訪ねて来るという。そして、ここを居場所にして人間関係を学んでゆく。

「ｇｏｏｄ！って、目の前のことを必死でやってきたら、うっかりここまで続いてきてしまった、という部分もあるんだけど、それでもここを大事な場所だと思ってくれている人たちがたくさんいるんですよね。だから、いい加減にはできないな、と思っているんです」

「不思議な時間」1年間ボランティア

　きっかけによって、人が変わる方向には２つある。いい方に出る場合もあれば、そうでない場合もある。ワークキャンプに参加した若者が見違えるように輝くのはもちろんいい方向だ。一方、磯田さんが竹田で出会った生徒のうち、不登校や引きこもりの生徒たちは、みな小さなきっかけがあって学校に行けなくなったり、親とうまくいかなくなったりしていた。

　磯田さんも1年間ボランティアに参加する前、引きこもりや不登校の子たちはどんな様子だろうと身構えているところがあったという。しかし実際は、「自分の高校時代の風景と変わらなかった」と振り返る。

「元気な子もいるし、もちろん内向的な子もいるし、変わらなかったよね。不登校や引きこもりって、もっと病的で特別な感じだと思っていたんだけど、全然そうじゃなかった」

　さらに知的障害のある生徒たちのイメージもがらりと変わった。

「障害のある子とそうじゃない子が同じクラスにいるなんてありえんのかなって思ってたけど、全然違和感がないいんだよね。できない子はできる子がフォローするし、できない子たちにもたとえばムードメイクをしたり何かしらできることがあった。

　そんな風景を見たときに、自分のいた学校やクラスの方が不自然だったんだなって思った。障害があったり、強烈すぎる個性があったり。いろんなタイプの人たちが全部混ざっているのが本当だったんだなって。竹田に行って一番感じたのはそこ。これってとてもいいなって思って微笑ましかったし、問題も起こるけど面白かった。それはすごく印象的だったな」

　それは、何度も訪れた、あのアジアの国々の風景とも重なっているのかもしれない。

「ｇｏｏｄ！に来る若者たちを見ていると、結局、普通でいなきゃいけないっていうことで苦しんでいる若者がすごく多いんだよね。学校では、明るくて元気でイイ子を演じようとし続けている。こういうふうであらねばならないと思い続けて、自分を枠にはめようとするばっかりに、本当の自分が分からなくなってる若者がすごく多いような気がする。だけど竹田では、ありのままでいる生徒たちがたくさんいて、それが非常に新鮮だったな」と磯田さんは語った。「1年間ボランティアは、やっぱり不思議な時間だった。通過点といえば通過点なんだけど、でもそんなに簡単にはまとめられないな」。不登校や引きこもりの現実と出会ったのもその1年だった。「価値観がブワっと広がった……自分のストライクゾーンみたいなものがぐっと広がった1年だったのかなぁと思うんだよね」。

振り返って磯田さんはこう言う。「とても気持ちのいい時間だった。思い返してみると面白かったことが山ほどある。とても新鮮な毎日だったし、自分も成長できた」。

ｇｏｏｄ！にはかつての教え子たちもときどき遊びにやってきたり、突然電話をかけてくることもある。「あの子たちのこと思い出すとウキウキするんだよね、今でも」。

僕には、その一言が磯田さんの中に今も残る1年間ボランティアなのだろうと思えた。

「あの子たちをアジアへ！」、そう思わせてくれた1年間ボランティア。そのきっかけがなければ、ｇｏｏｄ！はいま存在していたかどうか、分からない。

▼磯田浩司(いそだ・こうじ)さん▲

1972年 東京都生まれ
1991年 大学入学
1992年 ワシントンDCに留学
1993年 大学のゼミでタイ、ラオス、ミャンマーを3週間かけて回る
1995年 大学卒業後、就職
1996年 退職し、NGO主宰の船で世界一周の旅
1997年 初めてのワークキャンプに参加(フィリピン)
1998年 人材派遣会社に就職
1999年 1年間ボランティア〈21期〉に参加。大分県の「竹田南高等学校」で活動
2000年 JYVAでアルバイト
2001年 1月、good!設立。3月、初めてのワークキャンプを開催
2008年 NPO法人化

▼活動先およびボランティアの活動内容▲

竹田南高等学校——ハンディのある子も積極的に受け入れる教育

活動内容…学力偏重教育の中で取り残されようとしている子どもたちを県外からも広く受け入れる高校の寮に住み込んでの生活指導、授業や実習の補助活動のほか、地域の福祉施設等での活動なども行う。

所在地…〒878-0013大分県竹田市竹田2509

06 福祉のまちづくりに静かな情熱をもって

おはなし ▶◀ 島田聡さん

超多忙な一日

改めて「今日はよろしくお願いします」と言おうとすると、島田聡さんは席を立って名刺を差し出した。これまででそんな対応をされたのは初めてだったから、一瞬戸惑って僕も思わず立ち上がった。島田さんの雰囲気や風貌からは、もの静かな印象を受ける。実際、性格的にはひとりが好きで、外にいるよりは部屋にいる方が心地いいのだという。話す内容からは、研究者系の人柄がうかがえた。たとえば、「こぢんまりとした集まりが好きなんですけど……」というその理由も島田さんはこんなふうに話す。

「飲み会も5人以上の会はあんまり好きじゃないです。5人以上になると必ず話を聞かない人がいるんですよ。4人くらいまでだったらひとつの場を共有している感じがしますけど、5人以上になると絶対3対2とかに分かれる。それがあまり好きじゃないんです。大勢で集まってワイワイやるのは、それはそれで楽しいんですけど、一体感が壊れるのがあんまり好きじゃない。4人がいい数だなって思います」

島田さんは現在、「全国コミュニティライフサポートセンター」（以下、CLC）というNPO法人で働いている。地域でいろいろな問題を抱える人を支援する団体やそうした団体のネットワーク組織を、さまざまな研修会や出版物を通して支援するNPOだ。現場に入って直接助けるのではなく、〝間接的に〟というところがこの組織の特徴である。

島田さんが担当しているのは、調査研究事業と、調査報告書や雑誌の執筆・編集だ。もともと本を読んだり文章を書いたりすることが好きだったという。小さな頃から百科事典を読むのが好きで、高校生のときは、国語便覧や歴史の資料集を授業のさなかに読むこともよくあった。国語便覧とは中学や高校で使う副教材のこと。日本語の使い方や古典などについて書かれているものだ。なんとなくイメージは湧いたが、もうひとつ掴みきれない。

「あれ、なかなか楽しいですよ。一回読んで見てください」と島田さん。

「じゃあ『イミダス』とかも？」とたずねると、「あ〜！　『イミダス』大好き！」と少し調子を強めて島田さんは言うのだった。

大学時代は、学内の情報誌を作るサークルに所属。教授や学生を取材して、「思いついたことを適当にまとめる」という活動をしていた。

読み書きが好きな島田さんにとって、最近取材や執筆の仕事が少なくなっていることは少々寂しく感じられる。以前は一日フルに仕事をしたあと、夜中に原稿を2本書いて、翌日また朝から取材に出かけて……というようなスケジュールをこなしていた。想像するとしんどそうだが、「もう少しそちらにシフトしたい」と島田さんは言う。

「セミナー」と呼ばれる集会や研修会の企画運営も主な仕事のひとつだ。たとえばＣＬＣでは、「全国校区地域福祉活動サミット」という住民主体の地域福祉を考える集会などに関わっている。島田さんはその窓口となり調整や連絡を一手に引き受けている。僕が島田さんに会ったその日もセミナーの準備で大忙しの様子。話を聞いている間にも携帯電話がしきりに鳴った。

現在は大阪事務所に所属。事務所といっても、所属しているのはひとり。所長であるとともに小間使いも兼ねる。最近でこそパートが１人補充されたが、それでも役割はさほど変わらない。カレンダーどおりに休めることはほとんどなく、忙しい月は、月の半分も事務所にいない。あとは、取材やセミナーの打ち合わせなどで出ずっぱり。今日も名古屋で助成事業の打ち合わせをして帰ってきたばかり、というタイミングだった。

ボランティアしたいと思ったわけではないんです

島田さんの福祉との関わりは大学時代のゼミが最初だった。まちづくりの分野などで耳にする「地域資源マップ」の作成プロジェクトに携わっていた。ここにこういう特技を持った人がいる、ここには観光資源としてこういうものがある、ここにはこういう歴史がある――そういったことを取材して地図に落とし込む。そのうえで、地元住民の想いや希望をさらに書き込んでいく。そうしたプロセスを経ながら、地元住民と一緒にまちづくりを考えた。

ゼミで２年間プロジェクトに携わったところで、翌年から始まる新たなプロジェクトの話が持ち上がった。《今、就職するのはもったいない》、《もう少しプロジェクトに関わっていたい》と思った島田さんは、大学院に進学することに決めた。そして大学院1年目のとき、偶然新聞で1年間ボランティアを知った。「面白そうだな」と思った。

「大学のプロジェクトで関わっていたところが、市街地じゃなくて、京都でも田舎の方でした。そういうところに行くと、若い人がいないとか、高齢化が進んでいて、お年寄りが多いのが問題だって、どこへ行っても言われます。

確かにいろんな世代の人がいないということは社会の構造としておかしいとは思いますけど、普通に生活して、その結果として高齢化していく人たちを問題だっていうのは一体何だろうかっていうのがすごく気になってたんです。

だから、高齢化が進む中で、お年寄りが実際にはどういう暮らしをしているのかを見てみたいと思ったのが、参加した一番大きな理由ですね」

まちづくりの中で重要な位置を占めている高齢化という問題を語るのに、高齢者の暮らしやそれを取り巻く環境をまったく知らないのでは限界がある……そういう発想だったと島田さんは言う。

「ボランティアをしたいと思ったわけではないんです。ボランティアが特別いいことだとは思ってないし、奇特な人だけがやることだとも思ってません。社会に参加するひとつの方法だと思うんです。ボランティアとして参加することで、自分が見たいものを見ることができるなら、いいなと思ったんです。そういう意味では肩に力を入れずに参加できたんじゃないかと思います」

現場への違和感

島田さんがボランティアとして活動した「せんだんの杜《もり》」は、特別養護老人ホーム、デイサービス、ショートステイ、ケアハウスといった高齢者の介護施設を中心に、保育園やボランティアセンターなど福祉に関わる機能もあり、規模も大きかった。

介護の現場をこの目で見て、肌で感じたい、そう思って活動に臨んでいた。が、実際にその現場にいられたのはわずかだった。「5分の2くらいは……」デイサービスなどでお年寄りの介護や話し相手をしたという。

そして途中からは、当時せんだんの杜に事務局のあった、宅老所*・グループホーム全国ネットワーク（以下、宅老所全国ネット）のニュースレターの編集・発行や、現在も携わっているようなセミナーの準備など、事務的な仕事を手伝った。それは受け入れ担当者の指示だったが、担当者も島田さんの性格を見抜いていたのかもしれない。もっとも島田さん自身もそれは分かっていた。

介護の現場にいたときの感想はこうだ。

「お年寄りと食事したり話をしたりすることは全然苦ではないんですけど、あの違和感からは抜け出せないというか……。お年寄りが集められて、一日中囲われた中で生活しているということに違和感を覚えて仕方がなかったんです」。そんなことを考えながら、介護現場と事務仕事を行ったり来たりして活動を終えた。

「やっぱり、現場は向かないんだなぁとは思いましたね」と島田さんは言った。

福祉的発想に基づいたまちづくり

ボランティアを終え、大学院を修了すると、宅老所全国ネットが実施する調査研究事業に関わり、その縁から再び仙台に戻ることになった。もともとせんだんの杜が宅老所全国ネットの事務局機能を担っていたが、組織強化の意味もあり、事務局を担う団体が新たに設立された。それが現在のCLCである。

しかしもともとは、現在のような社会福祉という分野に関わろうとはこれっぽっちも思っていなかった。今でも狭い意味での福祉には関心がないという。

「関心があるのはまちづくりとか、まち全体をどうするか、そこに暮らす人の環境をどうするか、ということなんです。だから、お年寄りの抱える課題とか障害のある人の抱える課題を解決すること、それはそれで必要だと思いますけど、それだけじゃない。対象を限定してしまう福祉施策には限界を感じます。むしろ、まちづくりには福祉的な要素が多分に含まれていますので、まちづくりの視点から福祉を考えればいいんじゃないのか、と思ってるんです」

福祉的な要素とはどういう意味だろうか?

「たとえば商店街の活性化という言葉をよく耳にします。商店街を活性化するのは、別にその商店街

＊宅老所……一言で言えば高齢者の小規模デイサービス。施設のデイサービスでは落ち着かない人や認知症の人を対象に、民家などを使ってデイサービスを行うもの。託児所の高齢者版と言えばイメージしやすいかもしれない。

の人たちだけのためじゃないんですよ。

普段、私たちの世代は郊外にある大型スーパーに、気軽に車などで出かけたりしますね。でも、移動手段を身近に持たないお年寄りにとって、それはやっぱり大変なことです。ベビーカーを押しながら買い物をするお母さんにとっても、わざわざ車に乗って遠くのスーパーに買い物に行くのは大変なことかもしれません。

だから、身近な商店街が、お客さんの声に応えて変化し、その周辺に住む住民もお客さんとして商店街を支えるということは、子どもからお年寄りまで含めた、地域に住む人たちの暮らしを支えることにつながります。それは広い意味で言えば福祉的な発想ですよね」

直接的にではなく間接的に……それは出版事業やいろいろな集会などを通して現場を支援していこうとするCLCの理念とも通じる考えだと思う。それは島田さん自身の性格とも関連があるようだ。

「多分、欲張りな性格なんでしょうね。今も、福祉の現場で働くわけではなくて、研究や出版、集会を通じて、現場の人たちに働きかけることで目的を実現させようとしています。

目の前の人と関わることの重要性は理解しているつもりですけど、その人とだけ関わることが、なんだかもったいないような感じがするんです。もっといろんな人と関わっていろんな人の可能性を広げる方が、性に合っている。これはどっちが偉いとか、役に立つとかそういう話ではなくて、そういうことが好きだ、ということなんでしょう」

僕は2番手が好きなんですよ

現場を見たいという想いで参加した1年間ボランティア。事務仕事が多く、お年寄りと接するという参加前の希望に沿った活動はできなかった。

「だから当初の目的からすると、成果は微妙でしたね」。そう話す島田さんにとって、1年間ボランティアに参加して何か影響を受けたのだろうか？

「でも結果としてCLCに就職しましたから、そういう意味では非常に大きな影響を及ぼしているのだと思います」

1年間ボランティアに行ってなければ？と聞くと、「もう少しまっとうな仕事をしていたと思いますよ」と島田さんは静かに笑った。

今は普段の生活の中で、1年間を思い出すようなことはないし、1年間ボランティアは1年間で完結していると島田さんは言う。

「私の1年間は、特別美化されたりしないし、悪い思い出になっているわけでもない。思い出を取り出してあれこれ言うのは、1年間ボランティアの同期と会ったときくらいのものです。記憶が薄れていく部分はありますけれど、まぁそんなもんだろう、という感じがしますね。

今やっていることには、仕事も含め、当然影響を及ぼしています。でもそれが全部あの1年間の影響かというとそんなことはない。いろんなことに関わっていく中で、そこからまた影響を受けていきますからね。仕事のうえでは、確かに続いている部分もあるけど、1年間ボランティアが続いているという感じではないですね」と島田さんは語った。

これからのことを聞いてみた。すると、今後やってみたいことも、自分でビジネスをすることではない、という。

「事業の立ち上げに最初から関わりたいとは思っています。ただそれも自分で商売をするのではなくて、商売を始めたいとか、新しく福祉の事業を立ち上げたいという人と一緒に、その人の想いを一からフォローしていくということをやりたいと思っているんです」

僕はね、2番手が好きなんですよ——島田さんはそう言う。

「人を説得したり魅力で動かしたりという、そういうカリスマ性みたいなものはないんです。だから、それで勝負するよりは、カリスマ性を持った人と一緒に何かつくっていく、そういうことの方が性に合ってるのかなって思うんです」

総理大臣よりは……「官房長官！」。島田さんと僕の声が揃った。

静かな雰囲気の島田さんだったが、〝まちづくり〟という大きな志がその胸には秘められていた。

▼島田聡（しまだ・さとし）さん▲

1975年　奈良県生まれ
1995年　阪神大震災のとき、神戸市内の避難所にボランティアとして関わる
1998年　大学（政策学部）卒業後、大学院へ進学
1999年　大学院1年のときに、休学して1年間ボランティア〈21期〉に参加。宮城県にある「せんだんの杜」にて活動
2000年　大学院に復学
2001年　NPO法人「全国コミュニティライフサポートセンター」に就職。現在は大阪事務所に所属

▼活動先およびボランティアの活動内容▲

せんだんの杜（もり）——高齢者福祉の総合サービスとまちづくり

活動内容…市民・ボランティア活動応援センターで、市民・ボランティアの応援・支援、情報の提供、イベントの企画、準備運営の補助など地域福祉の推進のためのさまざまな活動を中心に行う。

所在地…〒989－3201宮城県仙台市青葉区国見ケ丘7－1－141－9

07
これから描く世界地図
おはなし ▶◀ 島田亜美さん

一匹オオカミ

スーツをまとった島田亜美さんは、1年間ボランティアに参加した人らしくない雰囲気だった。営業でバリバリ働いている人だとは聞いていたが、スーツの着こなしを見ると、まさにそのとおりといった感じがした。

「どうぶつ占い、オオカミなんです」と島田さんは言う。何年か前に流行った、人間の性格を12の動物にたとえて分析するどうぶつ占い。僕も一時期興味を持っていたことを思い出した。

「そういえば僕もどうぶつ占い、オオカミなんです」。とっつきにくいとか、ひとりだけの時間と空間が好きとか、そういう性格だ。

昼時ということもあって店内は混んでいたが、僕と待ち合わせるために店の隅にひとり座っている島田さんの姿には、周囲の人とはどこか違った雰囲気があるように思えた。あとから思えば、その光景が一匹オオカミらしい性格を象徴しているように感じた。

そんな島田さんはとても忙しい人だった。「土日はどうですか？」と聞いても、いや、土日もわりと予定が立ちにくいんですという返事。だから、平日のわずかな時間の合間を縫って会ってもらった。島田さんは現在、大手人材派遣会社の営業として働いている。雇用の形態として派遣需要が増大する中で、派遣社員として登録している人の求職の手伝いをするのが仕事だ。そのために、求人を出す企業側と折衝し、必要な人材の人物像はどんな人か？や雑誌やネットなど、どのメディアで募集をかけるのが一番か？を一緒に考える。そして、最終的には求職者と企業の間に立ちすり合わせを試みる。

入社した当初はやるべきことをやって楽しければいいと思っていたが、やがて相手が期待していたよりもひとつふたつ上のサービスを提供するようになった。すると必ず相手は喜んでくれる。そんな瞬間、仕事をやっていて良かったと思えるようになった。

しかし、そのためには他の社員より確実に仕事は増える。他の社員が3日かけるような仕事を1日でこなしているのではないかと思えるときもしばしばある。すると、営業成績優秀で約400人が所属する関西地区の支店の中で毎月表彰されるようになった。同僚や後輩からアドバイスを請われることも多くなり、全国で表彰されるようにとさらに頑張った。そしてとうとう数人しか受賞できない全国表彰を受け、関西では年間MVPに輝いた。

当然のことながら、その裏には壮絶な努力があった。表彰を受けた年は、1年間土日もほぼ休みなく働いた。平日働いて土日に東京へ出張、すぐに大阪に戻って月曜日からまた仕事という生活を5カ月も続けた。営業用の携帯電話は毎晩遅くまで鳴りっぱなしだった。ハードワークがたたってついに身体を壊してしまったこともあったというが、その頑張りで得られた自信も大きい。

「今まではとにかく突っ走ってきて、自分はここまでできるんやなってことに気づいたから、今は、じゃあ次何やろうっていうのを考える段階。家庭を持つのか新しい仕事に活路を見出すのか海外に行ってしまうのか、とかいろいろ考えるけど全然まだ分からない。考える時間がまずなかったから。その時間が今やっと出てきた感じかな」

就職を前におぼえた迷い

大学では商学部に在籍し経営を学んだものの、もともとそれに興味があって選んだわけではなかった。興味はもっと別なところにあった。海外に強い関心を持っていたのだ。海外に惹かれたのは、中学2年生のとき。英語の授業が大嫌いだった彼女を、母親は無理やり親戚のいるアメリカへ連れて行った。

ニューヨークの国連本部を訪れたときのこと。本部の建物の前には、世界各国の旗がずらりと並んでいた。そのテレビでよく見かける光景に、なんともいえない感動を覚えた。《将来は国連で働いてみたい》と強く思ったという。

「世界にはこんだけの国があるんやと思って。世界の平和を国連ってのが守っててすごいなって。ホンマに黒人の人がいて白人の人もいて、いろんな人がすごい目まぐるしく働いて、それぞれの人生を生きているのを見たときに、世界って日本とこんなに違うんやと思ったら、すごい視野が開けたの」

本で調べていくうちに、途上国の現状も知った。同時に苦手の英語を猛勉強し、高校は英語科に進学した。

大学受験では当然、国際関係の学部を受験したが思うようにいかなかった。実家が酒屋だったこともあり、それならばと経営やマーケティングが学べる商学部に切り替えたのだった。

大学時代は学校が長期休みに入ると必ずといっていいほど海外にひとりで出かけた。世界が抱えている問題は、日本にいただけでは分からない。実際に自分の目で見てみないと、本当に必要なものは何なのか？　そのために自分には何ができるのか？を感じることはできない……と思ったからだ。

アジアをはじめ40カ国くらいは巡っただろうか。関わりのあったＮＧＯに付いて、紛争の続くコソボやボスニアに出かけたこともあった。やがてそれぞれの国でボランティアに身を投じるようになっていった。国連に行って以来、〝人の役に立ちたい〟という想いは学生時代もそして今も変わらないという。

「自分にできることをやって、それが人の役に立つならいいなっていうのは常に思ってたね。だけど、学生時代は人のためになることはお金をもらっちゃいけないっていう感覚だったから、ボランティアとしてやってた」と島田さんは言う。島田さんにとってボランティアとは人の役に立つための〝手段〟ということなのだろう。

海外でボランティアをするうちに「もっときちんと腰を据えて活動してみたい」と思うようになった島田さんは、青年海外協力隊へ応募しようと考えた。しかし、協力隊の説明会に行ってみると専門的な知識と経験が要求されるため、自分には難しいことが分かった。

協力隊は諦めたが、就職活動の時期になっても就職しようという気持ちにはなれなかった。《何をやりたいんだろう？》と改めて考えてみた。国連の前で感動を覚えて以来、「海外」と「ボランティア」がキーワードとしていつも自分の中にあった。しかし今進もうとしているのは「ビジネス」の世界だった。

「このまま学校でやってたことを活かしていくと普通に会社員になるんやろうなって。でも自分が興味を持ってやってきたこととは全然違うやん。そこに違和感があったな」。学んできたことを活かすべきか？　興味のあることにこだわるべきか？　どちらに進んだらいいか分からなくなったという。

そんなとき、図書館で〝再び〟1年間ボランティア募集のポスターを見かけた。大学3年の秋だった。実は、その存在を初めて知ったのは、協力隊の説明会でのことだった。

「偶然見たの。これから就職活動が始まるっていうときになってもやりたいことが分からなかったからすごい迷ってた。で、そういうこと考えるためにも図書館に行っていろんなもの調べたり本読んだりしてた。とにかく何かしないと！って焦りはあったんやと思う。そのときに、ポスターが……」

《とりあえず応募してみよう》と思った。「日本だったらできるかもって」。

意地でもやろうと思った

派遣された先は、香川県の身体・精神障害者授産施設「善通寺希望の家」。

JYVAからは、新しく1年間ボランティアの活動先になった施設であること、それゆえすべて一からやっていかなくてはならない、と言われた。他に行きたい活動先もあったが、それもいいかなと思って香川行きを決めた。

しかしながら、受け入れる施設側としても初めてのボランティア。1年もいるボランティアというこの存在をどう扱うか戸惑いがあった。結果、島田さんはとても曖昧な立場に置かれた。

なんとなく居場所のない日々を過ごし、耐えきれず大阪に帰ってしまったことも何度かある。そしてJYVAのスタッフに相談した。

「散々泣いた。だからこそ乗り越えたっていう感じ。『辞めたいです』って言った気がする。でもここで逃げたら意味がないなって何回も思って、意地でもやろうと思った」。この、「話を聞いてもらった」という経験が後に仕事で活かされることになる。

「うれしかったこととか楽しかったことはなかったんですか?」と聞くと、「うれしかったこともたくさんあるねん」と、少し興奮したような答えが返ってきた。たとえば、障害のせいもあるのか、なかなか自分のことを覚えてくれなかった人が自分の顔を見て喜んでくれたりすると格別うれしかった。そうして徐々に、利用者やスタッフと関係を築いていった。

「距離が縮まって親密になれたっていうのはうれしかったなぁ。そういう日々の小さなことが毎日の喜びだった。頑張ってたら、周りで認めてくれる人や支えてくれる人がちょこっとずつ出てきたこと、話を聞いてもらったことで乗り越えられた感じかな」

義務感で人のために働くことはできない

東京で1年間ボランティアのまとめの研修を終えるとすぐに大阪に帰った。帰ったその日にリクルートスーツに着替え、企業の説明会に参加したことは今でもよく覚えている。

それから島田さんは就職活動に奔走した。1日に5社の面接を受けた日もあった。《自分は同級生より1年遅れている……》、《4月なんて就職活動の時期としては遅い！》。そうした焦りを抱えたまま走った。しかし、迷いはすっかり消えていた。

香川での1年を過ごした島田さんは、働くということについて考えさせられた。人の役に立つ仕事がしたくて、海外に出てはボランティアをしてきたが、それは《人のためになることは、お金をもらっちゃいけない》というもともとの考え方と相反しない。しかし、仕事をすることで人の役に立ち、お金をもらうようになったときのことを想像すると、島田さんの中で葛藤が生じたのだ。

1年間ボランティアのとき、職員の人たちと接すると無理に笑顔を作っていたり、毎晩遅くまで働きながらも空元気とも思える様子がうかがえた。話す中で、「私たちはお金をもらっているから」、「これ〝仕事〟だから」と口にするのを何度も耳にした。

「私には仕事やからとか、お金をもらっているからやらなくちゃっていう義務感で働くのはすごいシンドイなって思ったの。きれいな気持ちで人のためになることをする方が自分にとっては満足感が得られるなって」

施設で働くというのは、島田さんがやってきたボランティアのように人の役に立つ手段だった。しかし、ボランティアとは違う立場がそこにはあった。《お金をもらって働くとはどういうことか？》、《ボランティアをするとはどういうことか？》という問いを突きつけられたのかもしれない。

「それやったらもう分けて考えようって。お金は仕事をして稼ぐ。人のためになるようなことがしたいのであればお金を貯めて、もしフリーな時間があれば、やればいいことやし。だから分けよう！って。それに気づいたのはすごいかけがえのないことやった」。3つのキーワードのうち、ボランティア、つまり人の役に立つ仕事はまず考えからなくなった。同時に、海外へ行くという選択肢もなくなった。海外へ出るのであれば、できれば人の役に立つ仕事がしたかったからだ。

「だから就職活動がしやすくなったよね」。3つの中で残ったのは「ビジネス」だった。

世の中は不景気だったが、商社、メーカーなどたくさんの内定を得た。その中で現在の仕事を選んだのは、1年間ボランティアのとき「シンドイ！」とJYVAのスタッフに相談したことがきっかけだった。

「仲立ちという間に入る立場が存在意義の高い仕事やなって思えたのも、あのことがあったから。それで興味を持った。やってみてもいいかなって。今でも自分で当事者とは違った視点から見られるっていう感じはあるなぁ」

現在担当している派遣社員の数はだいたい150人。それぞれが何らかの悩みを抱えてもいる。新しく働きたいという人もいれば、辞めたいという人もあとを絶たない。聞くからに大変そうだ。それでも仕事を続けられているのは、その仕事に価値を見出しているからだ。

ボランティアの優先順位

「土曜日からインドに行くんです」。今回はボランティアではなく旅行。今年は少し自分にご褒美をあげたい、そういう心境らしい。

行くと決めたのはわずか1週間前。出発の土曜日とはあさってのことだ。その行動力にまず驚くとともに、海外には一度しか行ったことのない僕にはそんな短期間で海外旅行の準備が整うものなのかと思ったが、そこはこれまでの経験のなせる技なのだと納得した。

１週間以上海外にいくのは学生のとき以来。内定式も卒業式も欠席して出かけた頃が懐かしい。５年ぶりの海外、もちろん今回もひとり旅だった。

――３週間後。

僕は再び大阪を訪れた。前回、時間が少し短かったこともあって、もう少し話を聞こうと思った。しかし、今回もうまく調整がつくか分からないということだった。僕はまたもや忙しい仕事の合間に時間をとってもらうことになった。

インドから戻った島田さんは微妙な心境を語ってくれた。「学生のときって無限に時間があるから、海外にいても結構のほほんとやってられたんだけど、今回は帰ったら仕事があるっていうのもあるし、なんか意外と仕事したいなと思った」。あまりに自由すぎた1週間。いつもと勝手が違ってかえって落ち着けず意外にシンドかったという。

「メリハリをつけて月から金まで仕事して、土日遊ぶ方がいいのかも」と島田さんは言った。かといって、《もっとやさしい社会になればいいな》とか、《平和でみんなが幸せになれたらいいな》という想いがなくなったわけではない。ただ、「学生時代は人のためになることはお金をもらっちゃいけないっていう感覚しかなかった」が、社会人となりお金をもらって働くようになったことで、考え方が変わってきた。「会社で働くことでも、社会のためになることとか、人を幸せにすることってできるんや」と思えるようになった。

「去年はすごい成績も良かったけど、それは別に、自分の給料を上げるためとか、昇進したいとかではないんよ。会社を良くしたいと思っている企業の人が喜んでくれたり、『将来こんなふうになりたいからこの仕事頑張りたいんです』って言う派遣スタッフの人が喜んでくれたりすることがうれしかったから。そんな人たちの役に立てるっていうことは、すごく価値の高いことだと思ってる」

僕は、大学時代のボランティア、1年間ボランティア、そして会社員として働くという流れの中で、「人の役に立つ仕事はお金をもらっちゃいけない」から「お金をもらう仕事でも人の役に立つことはできる」という島田さんのボランティア観や職業観の移り変わりに思いを巡らした。その転換は、何かをきっかけに一瞬にして変わったわけではなかった。時間をかけて思い至ったものだ。だからこそ価値のあるものなんじゃないか?という気がした。島田さんが意識していたかどうかは分からないが、《自分にとって働くとはどういうことか?》という本質的な問いとずっと向き合ってきたのではないか?と僕には思えるのだった。

島田さんは考えだけでなく、手段も柔軟になってきた。「それに小さいところからできるやん。使用済みの切手を集めるとか、古本を寄付するとか、水や電気の無駄遣いをやめるとかさ。できることをやろうって思って選択肢が増えたんよ」

しかし、そう思う一方でふと考え込んでしまうこともあるという。「あれだけ興味があってボランティアやってたのに、いま全然接点を持っていないことに罪悪感があったりする。実はそこまでの情熱が私になかったのかなって思うと、やっぱり落ち込んでしまう……」。

この5年間、特にボランティアらしいことはしなかった。前回会ったときは、ホントはやりたいけど今は余裕がないと苦笑いを浮かべていた。今回は、そうした状態に少しいらだっている胸の内を打ち明けてくれたのだろう。

「ボランティアっていうのは優先順位が下がってしまったのかも。1番手とか2番手とか日々の生活の中で結構エネルギー全部を使ってて、そこまで力を注げない現状がある」。そう認めた上で、島田さんは自身の〝いま〟をこう分析する。

「働くこと自体も嫌いではないから、あえてボランティアをすることにこだわらなくてもいいかなって今は思ってるねん」。テンポのよい関西弁が僕の耳には新鮮に聞こえた。

▼島田亜美（しまだ・つぐみ）さん▲

1980年　大阪府生まれ
2001年　大学3年生のとき、休学して1年間ボランティア〈23期〉に参加。香川県にある「善通寺希望の家」にて活動
2002年　大学に復学
2003年　人材派遣会社に就職

▼活動先およびボランティアの活動内容▲

善通寺希望の家——障害者が地域で暮らす

活動内容…地域から通ってくる障害者が日々行う、さをり織りやハガキ作りなどの作業や、音楽や陶芸、書道などの創作活動の補助を行い、またプールなどでの訓練や余暇活動をサポートする。

所在地…〒765-0040香川県善通寺市与北町1332

08 自分の好きな自分で生きる

おはなし ▶◀ 工藤奈津さん

同期生のなっちゃん

電車に乗っていても、街を歩いていても、黒い髪の女性を見かけることが少なくなっている。なっちゃん、こと工藤奈津さんは今どき珍しく、黒い髪が印象的な女の子だ。

「なっちゃん」というあだ名で呼ぶのは、僕よりひとつ年下ということもあるけれど、もうひとつは彼女と僕は1年間ボランティアの同期生だから、である。

この企画を始めたのも、僕が1年間ボランティアの活動先だった札幌を離れて上京したとき、たまたま同期と再会したことがきっかけだった。1年半も会っていなかったのに、昨日までずっと一緒に過ごしていたような、そんな不思議な感覚に包まれた。

《一体この感覚はなんなのか？》そんなことにこだわりだしたのが、このインタビューの出発点だった。友だちとも違う。同級生とも違う。家族でもない。一緒の時間を過ごしたことはほとんどなくても、ともに1年間を「闘った」という意識がどこかにあるのかもしれない……と僕は思った。「闘い」

といったのは、知らない土地で、経験のないことに関わることで、参加者は皆まさに奮闘したからだった。

しかし、僕たちはボランティアとして派遣される以前に、すでに闘っていたと言えるのかもしれない。たとえば、参加にあたって親や先生、友人から「どうして？」との疑問の声を投げかけられる人もいる。そんな社会や世間とのやりとりは、闘いだったのではと想像する。また、学校を卒業してもすぐに就職をしなかった人や、会社を辞めて参加したという人もいる。そんな大きな〝決断〟から生まれる不安や迷いと葛藤するという闘いもあったのではないか……と僕は思うのだ。そんな共通項が僕らにはあって、それが同期との間に特殊な感情を引き起こしているように思われる。

ともかく、僕たちは久しぶりに再会した。なっちゃんは、インタビューを受けるということで緊張していたように見えた。いや、それは彼女の悩みが少し深かったせいかもしれない、とあとで思い返した。

なっちゃんの悩みとは何だったのだろうか？

内に溜まったものを外へ

「自分の関心が全部自分の内に向いていたんだけど、いろいろ周りの状況も落ち着いてきて外に目を向けてみようと思って探していたんだよね。ずっと自分のことばっかり見ていたから、もっと外に向けてなんか自分の内にあるものを外に出したいって思ってた。何でもいいから何かしたいなと思って。多分ね、自分を必要としてくれる場所を探していたんだと思う。自分の居場所っていうのかな」

1年間ボランティアに参加する前の心境をなっちゃんはそう語った。しかし、自分の気持ちが内側に向くのは、この当時に限ったことではなく、ずっと前もそうだった。

まず、家庭環境が複雑だった。父親と母親、父親と自分。それぞれの関係は良好なものではなかった。母親とはよく話をしたが、近くにいるほど辛さが分かって気を遣ってしまうような、どこかよそよそしい会話になった。

中学生のときはクラス委員長として、イジメが起こったとき、先頭に立って解決にあたった。そのときも、「変な責任感があってひとりで抱えちゃった」という。《私はなんでもひとりで解決したくなる。すごく大変なことがあっても、あまり人には言わないタイプ》という自覚はすでにあった。「それまでずっとひとりで考えることやひとりで判断することが多くて、それで多分自分の内に向かうのがすごく強かったんだと思う」となっちゃんは言う。そして、そうした傾向がより強くなったのがちょうど1年間ボランティアを知る前だった。

高校を卒業して浪人生活を送っているとき、突然父親が病いに倒れた。経済的な負担を減らすため通信制の大学を選んだ。昼はアルバイト、夜は学校の宿題、そしてその合間に家の手伝いと祖母の介護をする毎日だったという。

そんなとき、1年間ボランティアを知り参加を思い立ったのだ。「父親のことが直接ということではないと思うけど、自分の内面に向かう気持ちがより大きくなったきっかけかもしれない」。だから、「今から思えば、父親のことがなければボランティアにも参加してなかったかもしれない」となっちゃんは言う。この頃からなっちゃんは、「思い切り飛び出したい、内にあるものを外に出したい」という想いを胸に抱き始めたのだろう。

当時のなっちゃんにとって、1年間ボランティアは格好の対象だった。

「家から離れて新しい環境にポンッと飛び込める。それに、全然知らない場所で知らない人たちと出会える、こんな機会ないなと思って」

元気の源は子どもたちの声

「自分が家庭の問題を抱えていたから、家庭に恵まれなかった子どもとどこかリンクするものがあったのかもしれない」。活動先を選んだ理由をなっちゃんはそう話した。

活動先は、東京都調布市にある児童養護施設「調布学園」。下は2歳の子どもから上は高校生までが80人ほど生活していた。子どもたちはそれぞれ事情があってここで生活していた。虐待を受けた子ども、経済的な理由で親と一緒に生活できない子ども、親が病気の子どもなどさまざまだった。

施設には幼児だけの寮がある。日中は寮で遊び相手をしたり、食事や入浴の世話をするのがボランティアの主な仕事。夜は中学生の勉強を指導した。いや、それは正確な表現ではないのかもしれない。「ほとんど勉強しなかったけどね。喋ってばかりだった」と照れ笑い。その光景が僕の目に浮かんだ。

活動は楽しかったが、体調のすぐれない日が続いた。活動が始まった最初の月には3回も発熱。中学校から高校まで皆勤賞のなっちゃん。環境の変化が負担になったのだろうか。一日中、倦怠感に苛まれるようになり、普通は小さな子どもがかかる手足口病も発症した。

しかし、体調のすぐれないとき、子どもたちに支えられた。

「子どもの声を聞いている時間が楽しかった。参加前は子どもを受け入れられるかなって気負っていたけど、逆に受け入れてもらってたね。受け入れてもらえたのがすごくうれしかった。それがすごく大きかったんだと思う。

子どもは気を遣うわけでもなく、取り繕うわけでもなく泣いたり怒ったりしてくれた。素直に感情を出してくれたから受け入れてもらった感じがしたのかな」

なっちゃんが生活していたのも幼児寮の一室だった。部屋のすぐ前が遊び場で、子どもたちのはしゃぐ声がよく聞こえてきた。ときには、部屋のドアをドンドンと叩いて「なっちゃん！」と声をかけてくれた。「私には想像もつかない家庭の問題を抱えていて、それでも子どもらしく元気に生活しているのがすごくうれしかったな」。

ボランティア中は、子どもとの距離が近かったせいか、子どもの方にばかり気持ちが向いていた。しかし今、時間が経ってみて気づいたこともある。

「お風呂に一緒に入ると身体じゅう傷だらけの子どもたちがいて、虐待をする親に対する怒りとかすごくあったけど、親自身が持ってる苦しみにも目を向けるようになったかもしれない。もちろん虐待は許される行為ではないけど、ひとりで抱えていた苦しみとか、周りに助けを求められなかった社会とかに関心が出てきたことは確かかな」。「親」という存在に対する眼差しはずっと柔らかくなっていた。

活動を終えるとき、子どもたちとの別れは辛く後ろ髪を引かれる思いだった。しかし、心はすでに決まっていた。家庭裁判所の調査官になる、という夢に向かって。

他にもできることは、ある

なっちゃんが家裁調査官に興味を持ったのは、高校時代。中学や高校時代を通してなぜか多かったのが、生きづらさを感じている人たちの存在だった。過食と拒食を繰り返す摂食障害のクラスメイト。中学時代からの友人も不登校になった。母親がうつ病を患っていた友人もいた。身近な人の苦しむ姿が影響してか、将来は心理学を学びたいと思い心理系の本を読みあさった。そのときに、家庭裁判所調査官という仕事を知って惹かれた。もともとはカウンセラーのような心理的な支援に興味を持っていたが、言葉のやりとりだけよりももっと日常の中での支援ができるのならばなおいい、そう思った。

1年間ボランティアを終えた大学4年の春、家裁調査官の試験を受験。30倍という倍率は甘くなく、失敗した。ただしこのときは、まだ活動を終えたばかりで、勉強もあまりしていなかったからそれほど気落ちもしなかった。

しかしその翌年は違った。今度は1年間必死に勉強し、背水の陣で臨んだにもかかわらず、またしても不合格。このときのショックは大きかった。なっちゃんはその仕事にこだわった想いをこう語る。

「生まれてきた環境とか自分の努力ではどうにもできない家族の問題とかで人生諦めたり、自分のやりたいことができなかったりするのってすごい悲しいことだと思う。

それに、家裁に来る人たちって人生の岐路を迎えている人だったりするだろうから、そこでのサポートが力強かったら結果も違うと思うんだよね。私はそういう環境に置かれた人たちを支えていきたかった。やっぱり家庭ってその人の一番根底にあるものだと思うから」

そこには、自らの子ども時代の体験から湧いてくる気持ちもきっとあるのだろう。

もう一度試験に挑戦する気力は湧いてこなかった。「気が抜けちゃった」という言葉を何回か繰り返すなっちゃんから、当時の落胆ぶりが伝わってきた。

その後はアルバイトをしながら自分にできることをもう一度考えた。「家庭や生活の支援なら、家裁っていう場じゃなくても、精神的なケアというアプローチでもできるのでは？」と思い、精神保健福祉士のための専門学校へ進学することに決めた。

ただ、専門学校への進学という決断の裏には複雑な思いも潜んでいる。

「気持ちの切り替えって大変だよね。次の目標を見つけないとなんだか自分を保てないような気がして、ムキになっていただけかもしれない。あんまり考えたくないけどさ、今思うと専門学校はある意味『逃げ』だったかもしれないね」

必要としてくれる人がパワーをくれる

専門学校卒業を翌年に控えたこの夏、秋からは就職活動に向けて本腰を入れなければならないという時期を前に実習を行った。そのとき、改めて考えさせられることがあった、となっちゃんは言う。

「結局、ボランティアのときもそうだった。あのときは子どもたちや周りの職員さんたちに元気をもらって、自分の人生に悩みながらも前に進もうと思った。

今回も、実習で患者さんに出会って、精神障害を抱えながらすごい生きにくそうな生活されているけど、結局私は病院の中でも優しく受け入れてもらった。またそこで前に進む力をもらったなぁってすごく思う。結局いつもきっかけとか後押ししてくれるのって周りの人たちなんだよね」

僕は、何度か発せられた「結局」という言葉が気になった。

「ボランティアに参加する理由も自分の居場所をすごい求めてたのかもって言ったけど、今もそうかもしれない。精神保健福祉士みたいな支援する仕事に就くと当然自分がサポートする立場になるけど、逆に自分を必要としてくれる人たちを求めているんだよね、きっと。助けてあげたいっていうよりも、困っている人たちがいると、自分を求めてくれるんじゃないかと思ってるのかも。率直にサポートしたいっていう気持ちとは別に、結局相手のことよりも自分のそういう満たされない気持ちを、求められることで満たしたいのかもしれないね」。なっちゃんはそう話してくれた。

僕にはもうひとつ気になることがあった。家裁の最初の試験勉強に励んでいる頃、地元の児童養護施設で週1回ボランティアをしていたという。それはインターネットを使って自分で探したものだった。「ボランティアが終わって、無性に子どもから元気をもらっていたことがすごく恋しくなって。勉強を教えてあげるっていうよりも、私の方が逆にパワーをもらいたがってたんだよ」となっちゃんはその理由を聞かせてくれた。しかし、なぜそこまでしてボランティアをしなければならなかったのか。

その施設は電車で1時間以上かかる場所にあった。町からはずれた場所で駅から遠く、夜道は真っ暗だった。冬は寒さが厳しかったのを覚えているという。

「あれだけ遠いのによく行ってたよなぁ」とつぶやくなっちゃん。それほど、満たされないものを感じ、居場所を求めていたということだろうか。僕は真っ暗な夜道を歩くなっちゃんを思い浮かべた。

自分らしく生きるきっかけになった1年

ボイスレコーダーを置いているせいもあるのだろうか。なっちゃんは緊張や照れからか口を両手で覆うようにして喋っていたが、時間が経つにつれてその手をほどいて話してくれるようになった。「私の中ではあの1年間のボランティアが今も続いているのね。自分の関わっていきたい問題とか、自分が一緒に問題解決していきたい対象の人とか自分がやりたいこととかを、あのときからすごいゆっくりゆっくり考えているんだよね」

参加していなければ、自分の人生とかにここまで悩むことはなかったのかもしれない、となっちゃんは言う。「普通に就職してたかな。1年間ボランティアでいろんな思いを経験して、いろんな人に出会って、考えるきっかけを与えてもらったから、いろんなことが動き出しちゃったのかもしれない」。「動き出しちゃった」という言葉が僕には引っかかった。もしかしたら、1年間ボランティアにはむしろ参加しない方が良かったのだろうか?と思い、僕はあえてそう聞いた。「それは絶対思わない。たとえ苦しくなってもあの出会いがなかった方がキツイね。あのときに出会った人たちが私を勇気づけてくれたから。自分らしく生きようと思ったきっかけになったしね」。

子どもたちだけでなく、子どもの親や学園を支えるスタッフからも学ぶことは多かった。「みんなそれぞれの立場でイキイキと生きてた。大人が自分の人生に自信を持って生きているのを見るのって、変なお説教されるよりよっぽど影響が大きいと思う。多分そういう職員さんの姿からも影響を受けたんだと思う」。だから、「自分の好きな自分で生きていくことが1年間ボランティアで得た課題かなぁ」となっちゃんは言う。

「そのために多分今ずっと悩んだりしているんだと思う、就職のこととか将来のこととか。でも良かったよ。より自分の人生が色鮮やかになったような気がするから」

〝これから〟はどうしたいのだろうか？

「今は精神保健福祉の分野でがんばっていきたいかな」

がんばる――なっちゃんのこれまでを聞いてきただけに、その言葉にはいろんな意味が込められているような気がした。

※工藤さんは、その後精神障害のある人たちが生活するグループホームへの就職を果たした。

▼工藤奈津（くどう・なつ）さん▲

1981年　茨城県生まれ
2000年　通信制大学に進学
2003年　1年間ボランティア〈25期〉に参加。東京都にある「調布学園」にて活動
2004年　家庭裁判所調査官の国家試験を受験。週1回は学習指導のボランティアをする
2005年　大学卒業後、2度目の家裁調査官の試験を受験
2006年　臨床福祉専門学校に進学

▼活動先およびボランティアの活動内容▲

調布学園――子どもたちの家庭代わりとなる児童養護施設

活動内容…学園で暮らす子どもたちの生活援助を活動の中心とし、他に学園内にある「どんぐり文庫」などを通した文化活動にも参画する。地域の子どもたちが集まるスペースでの遊びを演出する役割も担う。

所在地…〒182－8533東京都調布市富士見町3－18－1

09 大切に思う場所があるということ

おはなし ▶◀ 内藤淳美さん

〝生きてる〟ことの実感

1年間ボランティアでは、ボランティア参加者が活動修了を前にまとめとして書くレポートがある。その中でひとつ引っ掛かる文章に出会った。

その中には、「生」という字が何度か登場する。「生きた」、「生きてる」、「生きるため」、「生きてゆく」と、繰り返しそんな言葉が使われていた。

19年間生きてきたがこんなにも〝生きてるっ！〟と感じた事はなかった。（略）生きているものからもらうパワーは、何よりすばらしく素敵なものだ。草も木も石も、全て生きているんだと感じることができてから、自分が生きている事が愛しくて、たくさん人・ものへの感謝の気持ちが溢れでた。

高校を卒業してすぐ参加したという当時19歳の彼女と「生」という字に、どこか違和感のようなものを感じて興味を持ったのだった。

駅まで迎えに来てくれるというので、到着したことを知らせるメールを送った。すると「風呂の残りの水を洗濯機に吸い上げるホースを買ってきて、それに夢中になっていた」という返事が返ってきた。《そういうことに夢中になるってどういうことだろう？》と考えながら僕は待った。

本人に会う前のメールや電話のやり取りは相手がどんな人だろうかと想像させてくれる。これまでは、必ずといっていいほどその予想は外れてきた。ただ、今回は違った。思ったとおりの雰囲気の人物だった。

駅に車で迎えに来てくれた内藤淳美さんは、1年間ボランティアの参加者では出会ったことのない〝ギャル〟といった感じの女の子だった。

イイ子に思われたくて

内藤さんは小学生のときある病いを患った。重度の病気で、10年前なら生きてはいなかったと言われるほどの大病を突然発症した。

「私それまで結構仲間はずれにされたりしてたんですけど、それをきっかけにみんな結構心配してくれて。それからみんなが優しくなって、色紙贈ってくれたりとか。退院して、学校に行く初日ってすごい緊張するじゃないですか。みんなシカトするのかなとか。だけど『わぁー内藤だー!!』って。『何したの⁉　大丈夫⁇』みたいな感じだったんです」

入院から戻ったときのクラスメイトの温かい迎え入れようは、強い印象として残っている。「そのときの温かさは今でも覚えてますね。人ってこんなに変わるんだって」。自分を献身的に看護してくれる看護師の姿にも感動し、《将来は看護師になろう！》とも思った。

中学では立候補して生徒会長をやり、彼女を知らない生徒はいないほど何でも先頭を切って始める、存在感のある生徒だった。今から思えば、「イイ子に思われたいという気持ちがすごいあったのかな」と内藤さんは言う。ボランティア部に所属して、老人ホームで手伝いをしたりするのもそういう思いの現れだったのかもしれない。「その時代が一番優等生でした」と言って笑った。

当時は勉強も頑張った。小学校時代の病気のせいで、医者からは激しい運動は控えるように、と言われていたが、バスケット部の助っ人となったりもした。「無理してるんじゃないか？」と家族から心配されることもしばしばあった。

「裏切りたくなかったんだと思うんです。先生がすごい期待してくれているのが分かっていたし、みんなが慕って付いてきてくれるのがうれしかった。自分の存在を確かめたいっていうのも多分あると思うんです。『私、ここにいていいんだわ』っていう居場所ですね」

高校生になってからはさらにバスケットに打ち込んだ。運動制限も解け、「やっと思いっきりできる」と意気込んだ。ところがバスケットに熱中しすぎたことが影響して、気がついたら成績は下から数える方が早いところまで下がってしまった。

1年間ボランティアを知ったのは、地元の図書館でポスターを見たときだった。「古い本の匂いが好きだったということと、座っているだけで勉強している感じになれたから」――図書館に通っていた理由を内藤さんはそう話した。

「専門学校に行ったら道が限られてしまうし、大学に行ったら遊ぶ自信があったんで……」。大学に行って4年間も親に負担を強いるのは悪いな、と思った。「それだったら好きなことしようと思ったんです。『よしこれだっ！』って思ってボランティアにしたんです。直感だと思います」。高校でも地元のボランティアセンターで障害のある人の泊まり介助のボランティアをしたことがあったという。ボランティアは遠い存在ではなかった。

1年間ボランティア参加について、家族は最初、大反対。内藤さんは厳しい家庭に育った。高校時代の門限は午後6時。1分でも遅くなると怒鳴られた。しかし内藤さんの必死の説得の結果、最後は納得してくれた。

子どもが好きだったという内藤さんは、児童関係の団体へ派遣されることを志望して参加を決めた。「『棒に振るんだったらこの1年だと思いました』と面接では言ったんですけど……」。そのあとを言いかけて、「あれっ……言葉の使い方間違ってます？」と僕に問いかけつつ内藤さんは苦笑した。僕は声をあげて笑った。

感情がひとつ増えました

大阪に拠点を置く「おはなしキャラバンつばさ」（以下、つばさ）は、手作りの人形劇を福祉施設や公民館、幼稚園・保育園などで公演して全国各地を回るNPO法人である。一般的な人形劇のように一方的に観客に見せるのではなく、客の子どもたちに問いかけをし、子どもたちからの反応に対してアドリブも交えながら進めていくというスタイル。対話形式のユニークな趣向の劇である。スタッフはボランティアを入れても10人もいない小さな劇団。1年間で約160回もの公演をこなす。北海道から沖縄まで全国を巡るツアーに出ると、1日に2回公演する日も少なくなかった。各地を2トントラックで移動しながらの生活は、体力勝負の一言だった。

子どもと障害のある人が一緒に観劇できる会場もたくさんあった。つばさは第1希望の派遣先ではなかったが、いろいろな施設を見ることができて刺激になった。

「公演で行ったのは、『え⁉ こんな山奥で何してんのかな』みたいな所ばかり。しいたけを作ったり農業をやったりして、喜びを得たりしているのかなとは思うんですけど、でも『何を原動力に生きてるのかな⁉』って思った」

そんな施設などで人が〝生きている〟という実感を味わうことができた。

「障害のある人たちって絵を描くこととか、文章とかに秀でていたりすると思います。そういうのを見ると、人によってそれぞれ生きてるって違うんだなって思った。私たちとは違った生きている姿を見せられて、生きるってすごいなって思ったんです」

内藤さんは初めの頃、公演の様子を記録するためのカメラ係を任されていた。慣れてくると、《次、絶対いい表情する》、そういうことが感覚として分かってくるようになった。

「人生の中で一瞬に過ぎない時間でも、人形劇を見て泣いて喜んだり。さっきまで身体を固まらせていた人が、おっきい口あけて喜んでくれたりした。その人の生き様じゃないけど表情のすべてが見られたと思うんですよ」。そういう場面に何度も出会った。

参加前には考えることもなかったことに敏感になった。「《生きるとか死ぬとかってどういうことなのか？》とか《なんでじゃあ私は生まれてきたのかな？》とか、考えるようになりましたね」。

そんな実感とともに得た感情はもうひとつあった。

「時間が愛しかったんです。時間が過ぎていくことが……。《もう止まって欲しい》って。こんなに時間って大切なんだなって。それまでは仕事してても早く終わらないかなとかだるいなとか、時間に対してはそういう感情しかなかったんです」

たとえば、初めの頃は食事をしてしばらくすると必ず睡魔に襲われた。「内藤の『魔の時間』だって言われて。でも変わったのは夏を越えてからですね」。

ある人形劇で、海賊にさらわれるお姫様の役をもらった。「立ち稽古で『キャー助けて』という気絶して起き上がるシーンがどうしてもできなくて泣いたんです。お姫様という役もそうですけど、それ以上にセリフが恥ずかしかったな」。

せっかく任せられたヒロイン。なんとしても演じようと思った。「自分の性格とはまったく対照的な役だったから役になりきれなかったんです。それから魔の時間はなくなりましたよね」。

いつも公演が終わるとビデオを見て反省会をした。つばさのスタッフたちは納得しないと先に進まない人たちばかり。こだわる姿を見せられた。自分たちで台本を書いて、それが少しずつ形になっていく過程でみんなが真剣に人形劇を育てていることが伝わってきた。

そんな熱い人たちとのお別れは確実に迫っていた。過ぎていく時間が愛しい、という感情は日に日に強まっていった。

公演後に、公演した施設の人から手紙を受け取ることもしばしばあったという。

「施設側の人にとっては、1年に1回とか何年に1回とかの大きなイベントなんです。それに対して、私たちは1時間ほど公演してすぐに帰る。それでも『元気ですか?』って手紙をくれたりしたんです。やっぱりすごい印象に残ってるんだなって思いましたね」

「……1年間、私にとっても濃い時間でしたね」

活動を終えて東京に戻ったとき、ふと不思議な感覚に包まれた。

「タイムスリップしたみたいな変な感じでしたね。《あれっ、私何してたんだっけ?》って。なんか全部忘れちゃったような気がしたんです。だからレポート書くときも最初は何書こうかなって困ったんですけど、書き始めたらぶわーって溢れ出してきてこういう文になったんですね」。それが、僕が引っ掛かったというレポートのできた経緯だった。

内藤さんは当時の写真を引っ張りだしてきて僕に見せてくれた。「写真とか今もこうやって残っているんですけど不思議でしたね。これホントに私だよなって」。

独り占めしたい感覚

僕が内藤さんに会った前日、おはなしキャラバンつばさは公演のために、ちょうど北海道帯広市に来ていた。直前まで、僕と会って話をするか、帯広に行くかで迷っていた内藤さんだったが、話をするのは明日にしてくださいと言って、帯広に向かったのだった。滞在数時間の強行日程から戻った彼女は疲れた様子も見せずに、「平気です」と言って元気に答えてくれていた。

5年ぶりに公演を見た感想を聞いた。

「忘れかけていたものを取り戻させてくれるというか、シャンとなりますよね。私もこういうことしてたんだなって思い出したらそれが自信になった。知ってる人の笑顔を見て、《私もこういう笑顔できてたんだ》って思ったんですね。すっごいイイ笑顔してやってたから、みんな。

やっぱり日常生活送っていたら見失いますよね、何をやりたいんだろう？とか……。実は今、一緒に暮らしているカレシがいるんですが、彼との結婚だけが幸せなのか？とか」

活動を終えて実家のある東京には戻らず、北海道に住むことにしたのは、当時付き合っていた彼と一緒にいたかったからだ。もちろん、後悔しているわけではないけれど、「疼きましたね。あぁやっぱりもう一回つばさに戻りたいなって」。

1年間の記憶はどうなっていくのだろう？　僕は聞いた。

「やっぱり知らないうちに忘れていってると思いますね。だけど衝撃的なことは、ちっちゃくても今でも覚えてることはいっぱいあるんです。時間が愛しいって思った瞬間とか……でも普段はしまっておきたいんですよ、私の大事なものだから」

僕には〝しまっておく〟という言葉が印象に残った。

「私にしか分からない感覚だから。それをこういうふうに思うって言って、『分かる、分かる』って言われるのイヤなんです。『ダメっ！　これは渡さない』みたいな、なんかそういう感覚があるんですよね」

そして内藤さんはこう結んだ。

「だけど独り占めしたままなのはもったいなさすぎるから、伝えたい気持ちもあるんですよ。そういうふうに大切に思う場所があって、そういう人たちがいるんだよっていうことを」

▼**内藤淳美（ないとう・きよみ）さん**▲

1982年　東京都生まれ
2001年　高校卒業後、1年間ボランティア〈23期〉に参加。大阪府を拠点に活動する「おはなしキャラバンつばさ」にて活動
2002年　北海道に住まいを移し、保育園に勤める
2004年　看護専門学校を卒業し、再び保育士として働く

▼**活動先およびボランティアの活動内容**▲
おはなしキャラバンつばさ――全国を巡回する人形劇の公演活動
活動内容…年間に約160回、公民館・児童館・福祉施設・子ども会・保育園などに公演に出かけ、そこでさまざまな役割を担うスタッフの一員として活動する。公演がない日は、事務所で公演の準備・記録・稽古などを行う。
所在地…〒595－0024大阪府泉大津市池浦町3－11－8

10 地域とともにある学生寮を

おはなし ▶◀ 安形泰治さん

山奥の学生寮監

大分市内から電車で約1時間。電車は山を越え、奥へ奥へと進んでいく。大分県竹田市。小さな駅を降りても人の影はまばらだ。街に繁華街らしき場所もないようだ。夜になると辺りは本当に真っ暗闇だった。

最近遊びに来た友人から、「こんな田舎に来てきつくないか？」と聞かれた。確かに愛知で育った者にとって都会的な遊びが恋しくないわけではない。しかし、休みの日には宮崎まで出かけて趣味のサーフィンで気分転換を図る。また、インターネットのおかげでさまざまな情報交換もでき、それほど寂しさは感じない。

学生時代はバレーボールやハンドボールで鍛えた。体格はがっしりとしていて、顔は丸っこく髪も坊主に近いほど短い。ドラえもんに出てくるジャイアンのようだと言われるのも納得できる。声も太く迫力があった。

安形泰治さんはこの地で、高校の生徒が寄宿する寮を運営している。かつて銀行の寮だったという木造2階建ての建物には、10ほどの個室と食堂があり、現在は3名の寮生が生活を共にする。もとは、1年間ボランティアを通して知り合った仲間と「ＳＴＡＲＺ」という名前で寮を運営していた。

STARZの設立

星のように輝きたいという意味でＳＴＡＲ、それに、何もないところからの出発という意味でＺＥＲＯの頭文字を付けたのがその名前の由来だ。

「とにかく自分たちの寮を作りたかった。既存のルール、スペースじゃなくて、自分が正しいと思う形を実践してみんなで協力しながらやっていこうと思った」と、その名前に込められた想いを明かしてくれた。

もともとは1年間ボランティアとして「竹田南高校」に派遣され、校内寮の舎監を務めたのが始まりである。ボランティア後も竹田に留まり、さらに3年間、同高校の舎監として過ごしたあとに、ＳＴＡＲＺを立ち上げている。

安形さんによれば、ボランティア活動中から高校の寮のあり方に疑問を持っていたという。食事はコストを重視するあまり冷凍食品が多く使われていた。また、大部屋での共同生活寮だけでなく、静かな環境の寮が必要だと考えた。そして、もっと地域と関われる環境づくりもしたい……さまざまな想いが湧いてきた。

ＳＴＡＲＺは当初、他に３人の協力者を得てスタートさせた。３人はいずれも1年間ボランティアに参加した者たちだった。

学校の管理運営から切り離す目標で始めたが、肝心の運営資金はというと、生徒からの寮費と、安形さんの舎監としての収入であり、当初から赤字という状況だった。他のメンバーは福祉施設などで働きながら手伝った。無収入で働いてくれる者もいた。

安形さんの収入をわずかながらに分配し運営していたが、同じように生徒たちの面倒を見ても収入があるのは安形さんだけ。最初から分かっていたことだったが、時間が経つといびつな運営はやがて立ち行かなくなった。さらに、運営方法に対する考え方の違いも出てきた。その都度、問題解決をするのが鉄則であったが、いつしか目を背けるようになってしまった。

そしてＳＴＡＲＺ設立から2年後、寮生の減少とともに解散の窮地に陥った――。

ＳＴＡＲＺの解散とひとりでの再出発

解散の方向で話は進んだものの、ＳＴＡＲＺとは関係なくそこで生活しなければならない寮生を放り出してしまっていいのか、悩んだ。迷った末に、「始めるときからひとりになってもやろうと思っていた」という安形さんだけが残り、ＳＴＡＲＺは学園の寮として出直しを図った。

ひとりになってもやる――何がそうさせるのだろうか？　僕は気になった。

「僕自身の過去を振り返ると、学校で得たものより、寮で得たものの方がとてつもなく大きい。だから僕は寮教育っていうものを軸にやっていくんです」と安形さんは言う。そう聞いても、僕にとってはひとりになってもやろうとする、そのこだわりが分からなかった。しかしそれは、安形さんの過去を振り返ると見えてくる。

安形さんの半生を貫いているのが「寮」という存在だ。高等専門学校（高専）時代、そして会社勤めを始めてからも、ずっと寮生活を送ってきた。そのことによって、どんな影響を受けたというのだろうか？

「16歳で高専の寮に入ったときにいきなりハタチの人がいるわけよね。車は持ってるしすっかり大人なわけ。部活の先輩だったりするとマッサージに来いって部屋に呼ばれて、キツイなって思うんだけど、終わった後にジュースやラーメンを奢ってくれたり。そういう上下関係の大事さとかを学んだね」

さらにこう続ける。「家族じゃない人たちと共同生活をする大切さを実感した。本当の家族にはなかなか伝えられないことも、寮で寝食を共にする者にはうまく伝えられたり、寮での経験があったからこそ、本当の家族のありがたみを感じられるようになった。僕はそういうのがあったかな。寮は他人に対して、親兄弟に似た感覚を持てる場所。人間がひとりでは生きてはいけないことを具現化したものが寮なのかなっていう気がする。僕にとっては、育つ上で必要なものだったと思うんだ」。

新鮮だった寮生活での経験

きょうだいは姉が2人。男兄弟のいなかった安形さんにとって、高専の寮生活は魅力的だった。それに、「早く家から出たいと思ってた。そういう独立心はデカかったね。家族も嫁姑問題なんかあって、そんなの見てたから居心地が悪かったのかもしれない。今振り返ると大した問題じゃなかったんだけど……」。

実際の寮生活は予想以上に面白いものだった。高専の寮は、生徒たちが主体として管理監督する方針だった。安形さんは高学年になると、下級生の面倒を見る指導寮生になった。

指導寮生の委員長になると約３００人の寮生をまとめなければならず、大変な思いをした。喫煙や夜間の外出など、問題は少なくなかった。「人がどうしたら変われるのか？　寮のルールの中でその人らしく動けるにはどうすべきか？っていうのを考えることが多かった。それが面白いと思ったね」と安形さんは言う。

《人と関わる仕事がしたい》――寮生活を通して強くそう思うようになっていった。

自分の進むべき道、人生とは

だが、高専を卒業して就職したのは当時の想いとは裏腹な職場だった。自動車やカーレースに興味があってそれに関わる仕事ができるかも……という考えもあり、化学繊維メーカーに入社した。任されていた仕事は機械の整備や設計だった。

入社前に描いていた自分の姿とは違っていたが、仕事では期待されていたこともあり、生活のためと割り切った。とはいうものの、どこか満たされないものを感じてもいた。

そんなとき、父親が他界。会社員だった父親の影をなんとなく追うように自分も働き始めた。しかし、父親を失って初めて人生を真剣に考え始めた、という。人生において、《どうせやりたいことなんてできない》と思っていた安形さんだったが、それを期に《やりたいことを追うことが人生なんじゃないか?》と思うようになった。そう考えるようになると、会社の同僚たちと話していても、どこかしらズレを感じるようになった。

将来や人生について話すと、「俺は定年までずっとここにいる。お前みたいな考え方はできない」と言われるような場面もあった。安形さんは、人が生きるっていうのは、夢とかやりたいことを見つけていくこと!と思わず熱くなった。

「最初はみんなの考えを変えてやろうと思ってた。だけどある瞬間に、こういう人たちの生き方もアリなんだと感じた。自分が浮いてるんだから、俺はここにいちゃいけないんだと思った。自分の道を見つけないといけないって思ったね」。自分の進むべき道は?と自問してみると、やはり《人と関わる仕事がしたい》という想いにたどり着くのだった。

塀の外への脱出

1年間ボランティアを知ったのは、会社の研修で講演会が催されたときだ。

それまで〝ボランティア〟なるものは、募金したりゴミ拾いしたりと、地味なイメージがあった。それにどこか偽善的に思えた。それが話を聞いてみると、考えていたのとは異なる形があることを知った。「ボランティアして小遣いもちょっともらえる? そんなボランティアがあるっていうのを初めて知った。面白そうなことやってんなーって」。

ただ、参加は考えられなかった。「1年後どうすんの?っていうのがまずあるし、会社は辞めないほうがいいに決まってる。仕事でもある程度期待をかけられていたしね」。安形さんはその頃、労働組合の執行部を務めてもいた。組合の活動には当然金銭的な見返りはない。まさにボランティアだった。組合の活動では、組合員同士の親睦を図る目的で、芋掘り大会や登山、ハイキングを催した。社員の家族や子どもたち、地域の人と過ごすうちに気持ちに変化が起きてきた。「ボランティアっていうのは、人の嫌がることを進んでやることだと思ってたんだけど、自分のやりたいことをやるものなのかもしれない」と思うようになった。

仕事では機械の設計を任せられるようになっていたが、なかなかそこに価値を見出すことができないでいた。そこで、組合の役員の任期が切れる時期にもう一度考えてみようと思った。そのときが28歳。「30過ぎたらある程度身を固めていかないといけないので、30歳手前で1年間ボランティアっていうのをもう一度しっかり考えてみて、それでもやってみたいと思ったら参加しようと。だから28歳までは仕事一本でやろうと思ってたんだよね」。

——数年後。

いよいよ自分が決めたタイミングが近づいてきた。そのときまで1年間ボランティアの話は心のどこかにいつも引っ掛かっていた。参加したい気持ちと、そのためには会社を辞めなければならない、という大きな決断を前に、ひとりで悶々としていた。世間では、これから大リストラの嵐が吹き荒れようとする頃だった。

「最初、自分は失敗しない人生を歩まなきゃいけないって思ってた。だけどそうじゃなくて、もし失敗して階段を落ちたら、そこから這い上がる力こそ必要なんじゃないかと。じゃあ、今一回ここで落ちておこうと思った。落ちないようにビクビクしながら生きるのに疲れていたのかもしれないね」

　会社にいると常に、同期・同世代と比較され、出世という言葉が本人の意思とは関係なく付いてまわる。「人を蹴落として上がっていこうっていう考えは絶対なしだった。だったら今のうちにこのコースから外れた方がいいと思った」。ボランティアへの参加は出世競争から降り、違った生き方をする上でいい機会に思えた。

「会社の塀の中で偉くてもダメだ」という言葉は何度も口にしていた。僕には、「塀」という言葉が当時の心境を象徴しているような気がした。会社での期待、出世競争という呪縛――そんな高い壁が安形さんの周りを取り囲んでいたのかもしれない。

30歳を前にしたルーキー

　1年間ボランティアとして派遣された竹田南高等学校には、西日本を中心に各地から生徒が集まっていた。不登校や引きこもり経験者が多く、生徒たちの多くは学校の中にある寮で生活していた。

　安形さんは、寮の舎監だけでなく、授業の補助や部活動の指導も行った。30歳を前にして、10代の生徒たちと関われるのが楽しかったし、教員免許などない自分が先生のような存在になれた。「まさに夢のような時間だった」と安形さんは言う。

　1年が経ち、活動が終わる頃、安形さん自身に将来の見通しはまったく立っていなかったが、地元へ帰るという選択肢は頭の中になかった。「帰ったら、また何か職を探して仕事しなきゃいけないんだとか、なんかまっとうな道を探そうとする自分が嫌だったのかもしれない。それにこの田舎で何かできるっていう感じがあったんだ」。

　それにしても、よそ者がその土地の人間になろうというのには大きな覚悟が要ると思う。何が安形さんをこの地に引き留めたのかが僕には気になった。

「こっちの方が本当の実家という気がする。環境や自然、人の持っているものとか、田舎のちょっと疎外された感じは僕が求めていた場所。肌に合ってる。それに周りに同じ気持ちで生きている人たちがいっぱいいいるんだ」

　竹田に来てから、〝その土地に住んでいる〟という意識が持てるようになったという。会社勤めをしているときは、実家と社員寮、そこに広がる街、すべてがバラバラに感じられていた。それが今はひとつにまとまっているように思える。狭すぎず、広すぎず、ちょうどよい広さなのだという。

　それに、今までの自分を〝リセット〟できるような気もした。職場では、機械を学んできたという前提で見られていた。「高専卒なんだから、それくらい知ってて当然！」。そんな視線にビクビクしていた。だがここでは新参者だ。

「もう知ったかぶりしなくてよくなったんだ。竹田という街もまだよく知らなかったし、教育という分野にしても僕は素人だった。だから分からないときに『分かりません』って言えるのってすごく気持ち良かったな。ここに残っているのはそういう理由もあると思うね」

続く〝自分たちの寮〟づくり

　現在は週3日間、自然卵養鶏農家の手伝いをしている。そこでの収入と畑での野菜づくりで寮の食材を支えている。「食材を自分たちで用意して、自分たちで料理すると、料理の大変さとかありがた味が分かると思うんだよね。安全だし、それに面白いしさ」

　食事は基本的に安形さんが作る。安形さんはもう少しこの点を突き詰めて考えたいという。「たとえ寮生と会話がなくても、食べさせる、食べさせてもらっているっていう関係はどんな言葉を並べるよりも、説得力があるのかなって気はしてきた。たとえば、過去に食事は弁当を配達してもらってたんだけど、そのときうまくいかなかったことに対する答えがあるような気がするんだ」と安形さんは言う。

　他に、週1日は近くの学童保育でボランティアとして関わっている。それは地域との関係の大切さに想いを馳せるからである。学校では、職場体験として近くの農家などへ生徒の受け入れを依頼しているが、いきなり放り込まれる生徒たちは戸惑いを隠せないという。その様子を見て安形さんは、待っているだけではダメだと思い、自ら地域に出て行くことにした。

　寮でのルールも、以前に比べ少し緩やかなものに変えた。寮の中での教育も大事だが、安心して生活できる空間が大事だと考えた。「とりあえず、寮生の生活をキープするっていうのが、僕がひとりでするようになってからの考え方なんです」。

　他にも心境に変化が現れた。「それまでは寮生ができないことがイチイチ気になった。叱って自分の手中に収めようとしている自分がいた。言うことをきかせりゃいいんだ、という傲慢な気持ちがあったんです。そういうのは1年間ボランティアの頃からずっとあったね」。それが一生懸命やっていることだとも思っていた。

「だけど最近は、できなくて当たり前と思えるようになったな。それに事故や犯罪に巻き込まれず、夜無事に寮に帰って来てくれれば、それでいいんだっていう気持ちに最近やっとなれた」

一方では、寮生たちに対して当然ながらまだまだと思える部分もある。「子どもたちと話してて思うのは、ものすごく依存してたり、人の言ったことに流されているなって感じる。自分も昔はそうだったんだけど、やっぱり大事なことは自分で決めること。その言葉が常にキーになってるもんね」。

「……周りにどれだけ言われても最後は自分でどっちが正しいのか、自分の正しいと思うことは何なのか、それを自分で責任を持って決めなきゃいけないと思うんだ」

ハッピーな未来に向けて

安形さんの〝これから〟を聞いてみた。

「畑作りこそ仕事の原点だって思っているんだよ。知れば知るほど人間本来の生き方に近いものだっていうことが分かってきた。農薬を使わず、細々と野菜作りをするっていうのが理想かな。それで、畑の中にこういう寮を作って自給自足をする。そして地域と連携していけると面白いかな」

不安や迷いといったものはないのだろうか？

「確かに先のことを考えると不安にはなる。だけど今できることをやって、今変えられることを変えていくって考えた方が心にも身体にもいいと思ってる。ハッピーな未来を想像していた方が幸せになれるような気がするんだ。当分は自分のペースでコツコツとひとりでやっていくよ」

シン、と静まり返った広い食堂で安形さんはそう語ってくれた。

▼安形泰治(あがた・やすはる)さん▲

1972年　愛知県生まれ
1993年　地元の工業高等専門学校を卒業後、化学繊維メーカーに就職
2001年　1年間ボランティア〈23期〉に参加。大分県にある「竹田南高等学校」にて活動
2002年　引き続き、同校の嘱託職員として校内寮舎監に就く
2003年　校外寮で舎監を務める
2005年　STARZを立ち上げる
2007年　STARZ解散。ひとり残って引き続き学園の寮として運営する

▼活動先およびボランティアの活動内容▲

竹田南高等学校——ハンディのある子も積極的に受け入れる教育

活動内容…学力偏重教育の中で取り残されようとしている子どもたちを県外からも広く受け入れる高校の寮に住み込んでの生活指導、授業や実習の補助活動のほか、地域の福祉施設等での活動なども行う。

所在地…〒878-0013大分県竹田市竹田2509

II部 “想い”をかたちに

11 得意のスペイン語をいかした仕事

おはなし ▶◀ 阿佐美京子さん

バイク好きな大使館職員

大使館職員ということで、僕はどちらかというと硬い感じの人をイメージしていた。しかし、阿佐美京子さんに実際会ってみると、そうした雰囲気は感じられなかった。声もアニメの声優のように柔らかい感じがする。

阿佐美さんは幼い頃からバイクが好きだという。それは今も変わらず、職場には毎朝バイク通勤している。休日にはツーリングに出かけることもよくある。最近は大型免許も取ったという。阿佐美さんはバイクの話になると饒舌になった。それが僕に親近感を感じさせた。僕もバイク好きなひとりだからだ。

「1年間ボランティアへの参加によって劇的に変わったということはないですね。別にそれがなかったらそのまま就職してた、という感じだったと思います」と阿佐美さんは言う。

1年間ボランティアOB・OGの中には、気持ちの上で1年間の体験熱が冷めやらず、実際の生活の中でも当時の延長線上にいるという感じの人が多かった。「多かった」というのは僕がこれまで話を聞いてきた中での感想である。だから当然阿佐美さんのような感想があって不思議ではない。いろいろな心境の人がいる。それが1年間ボランティアの自然な姿なのだろうと、阿佐美さんと話をしていて考えさせられた。

ただし、「1年間ボランティアは人にお勧めしたいくらいとても有意義なものだと思っているんですよ」とも阿佐美さんは言っていた。

一体ボランティアってナニ？

阿佐美さんは大学で商学部の会計学科に進んだ。ちょうどバブルがはじけるかはじけないかという時代。経済系の学部なら強いという周囲の話も影響した。それに、数学が得意で数字にも強かった。大学卒業後は、地元・群馬で損害保険の会社に勤めた。両親ともに銀行員だったことや、損保で働いている親戚がいたことも背景にはあるが、やはり学んだことを活かして何か人の役に立てる仕事をしたいという想いで保険業界を選んだ。

しかし、実際の仕事はその想いとは裏腹なものだった。保険金を払うまでの過程で出し渋るような体質も見えてきた。それに、とにかく収益を上げることが一番の目的に据えられているようだった。なんでもお金に換算されるという環境が次第に嫌になって会社を辞めた。

退職すると、「このあと何をするかっていうのをすごく考えていたんです。学校に入るか、就職するか、何か別のことをするのか」迷った。いろいろ考えた末、教員免許を取得しようと大学院への進学を決めた。祖父母とも、元教師。特に祖母は専業主婦とならずに5人の子どもを育てた。その姿が「かっこよかった」と阿佐美さんは言う。

その頃に1年間ボランティア参加者募集の記事を目にしてもいた。図書館で国際協力に関する雑誌を何気なくめくっていたときだった。お金にとらわれない仕事がしたかった阿佐美さんは、1年間ボランティアに親近感を覚えた。「へぇーそんなプログラムもあるんだと思って」。

ボランティアというものにはそれほど関心があったわけではない。チャンスがあればやってみてもいいかな程度に考えていた。どこかに、《人の役に立ちたい》という想いもあった。損保に就職したときも、事故や災害で困った人たちのセーフティーネットになれるところに魅力を感じて就職していた。

それに、阿佐美さんにはボランティアに熱心な友人がいた。福祉施設でボランティアをしていたが、体調がすぐれないときにも無理を押して通っていたという。《一体何があるの？　ボランティアには……》と思った。またちょうどその頃、阪神・淡路大震災でボランティアが大きくクローズアップされていた。《それほどとっつきにくいものでもなさそうだ》という感触を持ったものの、「何もしようとしない自分」が気になってもいた。

そこで、大学院受験と並行して、1年間ボランティアにも応募してみることにしたのだった。結果は、大学院の受験に失敗。どうしても教員免許を取りたかった阿佐美さんは通信制の大学に切り替えて受験し、合格を果たした。

1年間ボランティアの方も合格の知らせが届いた。「大学は通信制だから居住地にはとらわれないし、自分の経済的な負担なしに1年間どこかに住めて、しかも人の役に立てるんだから願ったり叶ったりのプログラムだ、な一んて、っていうふうに思いましたね」。

「行動力はある方かもしれないね」と阿佐美さんは言う。「事前に調べたり考えたりするよりは、その場に行ってやってしまえ、というのをモットーにしていますから」。

参加が決まった阿佐美さんは、活動先を選ぶにあたってひとつの考えを持っていた。それは阿佐美さんらしい選び方のように思われた。

「ボランティア活動にどっぷり浸るのは、多分この1年こっきりだと思ったんですよ。活動後も福祉分野を職業にする気持ちは全然なかったので。だったら経験として一番自分に関わりがなさそうな分野での活動を希望したんですね。

たとえば高齢者の施設だったらお年寄りがたくさんいるんだろうなとか、フリースクールとかだったら子どもがたくさんいるんだろうなとか、なんとなくでもイメージができる。だけど、知的障害があると言われる人たちの施設って全然イメージが湧かなくて一番縁遠いと思ったので選んだんです」

驚かされてばかり……

活動したのは、30人ほどの知的障害のある人たちが生活している施設「日の出太陽の家」だった。その施設では、すでに多くのボランティアが働いていた。また、都心からそう遠くないということもあって、週末や夏休みにはボランティア体験として子どもから大人まで大勢がやってきた。ワークキャンプにもよく利用され、学生、社会人、外国人とたくさんのボランティアが関わっていた。

阿佐美さんに与えられた役割は、そんな大勢のボランティアのコーディネートだった。外部からボランティアしたいという連絡が入ると、人数やどんな仕事がしたいかを聞き、要望に沿って仕事を割り振っていく、というのが主な役割だった。

コーディネーターとしての仕事が少ないときや、施設で生活している利用者への介助の手が足りないときは、阿佐美さんも介助の助っ人となって働いた。その中で、驚くような体験もした。

「それまでの常識が常識じゃないんだなっていうのは勉強になりました。たとえば人がトイレに入っているのを見ちゃいけない気がしませんか？　だけど介助が必要な人がいるじゃないですか。初めはトイレに座っている方を見てちゃいけない気がしてました」

またこんな出来事もあった。「アザミさーん、私のパンツ見てくださーい！」と言われ、阿佐美さんはきょとんとした。《え⁉　何でこの若い女の子がパンツを見せたいんだろう⁇》とびっくりした。洗濯の前には下着の下洗いをする。その下洗いができたかどうかを職員がチェックしていた。

「私はそういうのを知らなくて……。利用者の人にそう言われたときびっくりしました。あんまり日常聞かないような言葉だったので」

僕は、大学時代に講義で福祉施設に通ったことがあった。それに1年間ボランティアでも同じような施設で働いた。だから、阿佐美さんの話はそれほど驚かない話だったのだが、それまで福祉とは無縁の会社員だった阿佐美さんにとっては新鮮な出来事だったのだろう。

他にも驚くことはあった。活動した施設にはいろいろなボランティアが訪れた。「国際炭焼き連盟」なる団体を自ら作って炭焼きを広めている人、ワークキャンプを主催するために団体を作ったというボランティアなど、さまざまであった。

「世の中いろんな人がいるもんだっていうのを目の当たりにしちゃったので、あんまり驚かなくなった……というか慣れましたね。お金の損得とは関係なく動く人っていうのがあまりにも多くて、びっくりしたんです」

トコトンまで関わり続けます

活動後は、インドやタイの孤児院への支援を行っている慈善団体で働いた。

このとき、阿佐美さんはスペイン語の教室に通い始めた。実は、大学時代、海外旅行に行くためにスペイン語を少しだけ勉強したことがあり、社会人になってからも教室に通っていた時期があったのだが、このときは、文法上の活用の多さに挫折し中途半端なところで終わってしまった。教室がたまたま職場の近くだったこともあり、《今度こそは！》と思い教室に通うことにした。

教室で文法をほぼ習い終えると、次は生きた会話を学ぼうと、政府間交換留学の試験にパスし、1年間メキシコの大学で学んだ。「1年間ボランティアのときと似てる面がありますね。家を離れて新たに知り合った人ばっかりに囲まれて、そこで生活していくということではね」。家族は止めてもムダだろうという感じだった。

「人がしないようなことをするのがいいんじゃないという感じですね。私はそういうタイプなので」。

帰国後、語学力を活かして現在の大使館で働くことになった。

窓口に座って、電話の交換や受付、通訳、各国の駐日大使館への連絡など仕事は多岐にわたる。また、訪れる人はさまざまだ。一般の旅行者が渡航に必要な書類を求めてやって来たり、あるいは、商用で貿易をしたいという人が手続きに来る。近年は総合学習の授業で小中学生も訪れる。大使館の玄関のドアを開けるのは阿佐美さんの仕事だ。ときには、そのドアの前に、大きな荷物をかついだ人が立っていることがある。話を聞くと、なんと亡命を希望する人だったりする、という。最近は、公文書の翻訳など翻訳の仕事も多くなってきた。

「今は大使館職員としての仕事を究めたいですね」と阿佐美さんは言う。

スペイン語はまだ満足できるレベルではなく、職場ではジェスチャーでやりとりすることも多い。

「興味を持ったことについては、しつこいくらい関わり続けます」という阿佐美さん。今でも教室に通ってスペイン語に磨きをかけている。

1年間ボランティアへのスタンス

確かに、阿佐美さんのこれまでの軌跡から見れば、たとえ1年間ボランティアがなくても、その後の歩みに変わりはないように思える。

「たった1年の経験で変えちゃっていいの?」と阿佐美さんは言う。「たとえば今まで全然福祉じゃない道を歩んできた人が、1年間ボランティアに参加して、福祉の道に進みたくなったっていうのを聞くと《えー!?》って思いますよ。それまでの時間の方が長いわけですよね。《それまでのことは本当に変えちゃっていいの?》っていう感じはありましたね」。

「……1年間ボランティアのキャッチフレーズに、『人生の寄り道』っていうのがあったんです。私は参加前から寄り道と思っていて、参加してまた元の軌道に復帰するつもりだったんです。だから、寄り道なのにそっちの方に行っちゃうことに疑問を感じたんですよね。だけど今考えると、参加した年齢とかそれまでの立場によって感受性とかも違うし、進路が決まっていない人だと寄り道ではあったけれど、活動中に考え直す人もいていいんだと思うようになりました」

また、1年間ボランティアに参加してくる同世代の若者たちが、阿佐美さんには新鮮に感じられた。

「参加するときにそんな物好きあんまりいないだろうなって思ったんですけど、随分物好きっているもんだなーって。大学休学してまで来るの？とか。驚きでした」。

活動後、少し時間が経って分かったこともある。「1年間ボランティアはなんでも経験させてもらえるプログラムだなっていうのは、年齢を重ねると分かりましたね。若者を育成してくれるプログラムじゃないですか。自分も育てられたんだなって思うんです」。

人との接し方も学んだような気がする。「どんなスタンスの人でも受け止められるようにはなりました。ボランティアが施設にはたくさん来たんですけど、ボランティアがみんな同じ考えで来ているわけではなかったし、当然自分と考えや価値観が違う人もいたんです。それが今では理解できるという感じはありますね」。

阿佐美さんにとって1年間ボランティアはどんな時間だったのだろう？

「1年間は居候生活でした。周りには以前から来ているたくさんのボランティアがいるから、私はボランティアとしても新米だった。介助のヘルプに入っても一番下っ端じゃないですか。何の経験もないので邪魔しているみたいな感じでした。だから学ぶばっかりでしたね」

今でも活動先の施設がある日の出町は身近に感じられている。「天気とか気になりますし。それに日の出町には東京都の廃棄物処分場があるんですよ。だから特にゴミの分別には敏感です。今でも分別を守っていない人を見ると、《何よ！　日の出町が苦労するんだから！》って思ったり」。だから私、ゴミの分別にはうるさいんですよ、と阿佐美さんは言った。

▼阿佐美京子（あざみ・きょうこ）さん▲

1973年　群馬県生まれ
1995年　大学卒業後、損害保険会社に就職
1998年　1年間ボランティア〈20期〉に参加。東京都にある「日の出太陽の家」にて活動。同時に通信制大学で学ぶ
1999年　慈善団体に就職
2003年　メキシコに1年間留学
2005年　駐日大使館に就職

▼活動先およびボランティアの活動内容▲

日の出太陽の家——障害者の暮らしの充実、自立の実現を目指す

活動内容…施設内にある自立訓練のための家で数人の仲間とともに暮らし、その生活訓練の手伝いをしながら、日中はさまざまな作業班の仲間たちとともに活動する。また、週末の文化活動や地域との交流活動のサポートも行う。

所在地…〒190−0181東京都西多摩郡日の出町大久野5107

12 偶然を必然に…政治への志をいだいて

おはなし ▶◀ 佐藤淳さん

広く社会の問題を見渡して

銀行員として働いた十数年のキャリアを捨て、佐藤淳さんは学生に戻り勉強に励んでいる。大学院では、地方自治を学んでいる。改革派で知られた前三重県知事、北川正恭教授らから地域経営の手ほどきを受ける。

それまで無関心だった政治に関心を持ったのは、勤めていた銀行を退職し、大学院入学のための勉強をしているときだった。そのときに、福祉、介護の問題で注目され始めていた衆議院議員・山井《やまのい》和則氏の事務所に出入りするようになった。

もともとは、1年間ボランティアでの経験と銀行で培った知識を活かし、介護ビジネスを立ち上げるつもりだった。しかし、山井議員のもとでそれまで知らなかった世界、社会の一面を垣間見るうちに、社会には高齢者にまつわる問題だけがあるのではないことに気づき、もっといろいろな問題に目を向ける必要性を痛感したという。

起業するにしても、政治を志すにしても大変なことだ。そうした大きな仕事に立ち向かっていくにはそれなりの理由が必要だと僕は思う。話を聞いていくうちに、佐藤さんにはこんな想いがあることを知った。

——天国で沖縄のおじぃ、おばぁが僕を見ている、しっかり生きないと！

1年間ボランティアのときそんな想いが湧いたという。それが佐藤さんの原点のようである。

商社志望だったが銀行員に

幼い頃から商社で働くことに憧れていた。商社に入って海外で働く——それは当時の佐藤さんにとってはカッコいい働き方だと思えていた。その夢を叶えようと就職活動に臨んだ。ところが、受けた商社はすべて落とされてしまった。結果、就職したのは銀行。海外勤務の可能性もあるからだった。

銀行では最初、支店の窓口業務や融資事務、集金の仕事が中心だった。ATMにお金を詰めたり、途中で詰まった紙幣を取り除いたり、そんなこともしていたという。

元気に仕事をしていたが、入行から1年半後、佐藤さんは結核を患った。長期休職を余儀なくされ、半年間入院生活を送るハメになってしまった。

結核、といっても手術などは受けない。病院の隔離病棟の一室で一日中横になってただただ療養を続けるばかり。入院生活は暇で仕方がなかった。そこで、持て余した時間を読書に費やすことにした。

ジャンルを問わず本を読んだが、改めて周りを眺めてみると、お年寄りの姿ばかりが目につき、自然と医療や福祉関係の本を読むことが多くなった。読んでいた中に、当時松下政経塾の研究生であった山井議員が書いた『体験ルポ　世界の高齢者福祉』という本があった。福祉が進んだ北欧諸国、その反対の日本。それぞれの国の現状が体験レポートとして記されていた。この本が、それまでまったく関心のなかった福祉の世界へ目を向けるきっかけとなった。《高齢者の介護の問題って大変なんだな》。率直にそう思った。

❖――バッテンがひとつふたつ

仕事に復帰すると、銀行内の海外語学留学の試験を受けた。海外勤務の望みはまだ捨てていなかった。

が、選から漏れた。なぜ、選ばれなかったのか？　その理由を上司にたずねた。すると、「君は半年間入院していただろう？　まだ行かせられないよ。きっちり仕事してからもう一回申し込んでくれ」と言われた。競争の激しい銀行内では、ちょっとしたつまずきが大きな差となってしまう。給料も同期とは数万円の差がついていた。

「なんかもういいやって思ったんだ。僕はもうバッテンひとつ付いてしまったんだって」。それからは、海外へ行く夢も仕事もどこか投げやりな気持ちになった。図らずも同期から遅れをとってしまった自分、希望していた留学も端からだめだった自分、惨めな気持ちでこれからのことを考えていた。

そんなとき机の上に置かれた「ボランティア休職制度」と書かれた一枚のチラシに目がいった。《これだ！》。瞬間、佐藤さんの頭にはあるシーンが浮かんでいた。

大学卒業間際のことだった。同じサークルの女の子で、すでに内定も得ていた同級生が突然、就職しないと言い出した。何が起こったのだとその場にいた全員があっけにとられた。

話をよく聞いていくうちに、一枚のパンフレットを取り出して見せられた。

「そのときですよ、1年間ボランティアという訳が分からないものがあるとか、日本青年奉仕協会（JYVA）というなんか新興宗教のような団体があると知ったのは。みんな『おい、アイツ新興宗教にはまっちゃったのかよ』という感じだった」

なんとか思いとどまらせようと、「勤め先が決まっているんだし、就職した方がいいんじゃないの？」と言ってみるのだが、彼女は頑として聞き入れなかった。

佐藤さんは、学生時代にはボランティアなど一度もしたことがなかった。むしろ毛嫌いしていた方だ。「新興宗教だと思うくらい当時の僕の中ではすごく対極にあった。ボランティアというのは偽善行為だと思ってたし。だから、さわっちゃいけない、見ちゃいけない、だまされちゃいけないという感じです。《よくそんなことやるなー》っていう感じでした」。

そんなボランティア観を持っていた佐藤さんだったが、休職制度のチラシをみたときは、《現実から逃げたい、新しいことをしたい》という気持ちの方が勝った。

「給与をもらいながら1年間ちょっとどこかでボランティアをするのもいいかなって思ったんです。沖縄って海外のようなものだとか、自分の中で適当な理由をつけて。山井さんの本を読んでいたから、少しは高齢者福祉のイメージもあったしね。それに、すでにバッテン1個ついてるからさ、ここで2つ3つバッテンが増えても、銀行員人生もう変わりないと思って申し込んだんですよ」

1年間ボランティアは、現実からの逃避、新しいことへのチャレンジにはうってつけのプログラムだった。

思わず涙ぐんだ、おばぁの一言

ボランティアとして派遣されたのは、沖縄県那覇市にある特別養護老人ホーム「大名《おおな》」だった。そこでデイサービスの仕事を手伝った。

デイサービスと聞くと、昼食の介助や入浴の手伝いなどが連想される。しかしここでは、「職員の代わりじゃないんだから、ボランティアはお年寄りとお話をしたり一緒に歌を唄ったり踊ったり、とにかく喜んでくれそうだと思ったことを積極的にやってほしい」と職員に言われた。結局、何をしていたか、できたかと言えば、グランドゴルフの審判員をしたり、三線を弾いたり、琉球舞踊を踊ったりしてお年寄りと一緒に楽しく過ごすということだった。「自分が何かをやってあげたというより、いろいろと教えてもらったことの方が多い。沖縄の歴史や民謡とか文化もそうです。何より、人間の温かさを一番教えてもらったかな」と佐藤さんは言う。

ボランティアの修了間際には、あるおばぁからこんな話をされ、思わず涙ぐんだ。

「私はあと何年も生きられない。佐藤さんにはこの1年いろいろお世話になったから、お礼をしたいけど私には何もできない。だから、私が天国に行っても佐藤さんのことをずっとずっと応援し続ける、これしか私にはできない」

佐藤さんはおばぁの話に胸を打たれた。

「1年間で150人くらいのお年寄りのお世話をしたんだけど、その150人のお年寄りが僕のこれからの人生を見ているような、そして応援してくれているような気がしたんだ。そう思うと、変な生き方はできない！と思ったね。お年寄りのためにもしっかり生きたいなって思うようになったんだ」

介護ネタと沖縄ネタで栄転

活動を終え、復職した佐藤さんを待っていたのは厳しい営業の仕事だった。おまけに最も厳しいと噂されていた支店のひとつに配属された。

仕事は、中小企業を回りながら融資の案内をすること。「（融資の契約が）取れるまで帰ってくるな！」職場には毎朝そんな檄《げき》が飛び、契約を取れなかった日は直立不動、説教を喰らうこともしばしばだった。いつしか、《もうダメだ……。続けられない》という気持ちになっていった。

そして、沖縄から帰って3カ月後のこと。《沖縄に帰ろう！》佐藤さんはそう思い、ついに支店長に退職したいと相談したのだった。

しかし、支店長からはこう諭された。「辞めるというのは分かった。だけど、お前去年1年銀行を休職して、銀行から一体いくら給与をもらったんだ⁉　お前この3カ月でいくら稼いだんだ⁉　辞めてもいいけど、辞める前にちゃんと去年1年間生活させてもらった分、銀行に貢献してから辞めるのが筋じゃないか‼」。

確かにそうだと思い返し、もう少し頑張ってみることにした。仕事で辛くなったときは、沖縄での日々を思い出すようにした。「お年寄りの顔とか思い浮かべて頑張ろうと思った。みんな応援していると。そんなふうに考えてましたね」。

　沖縄での生活が仕事に大いに役立つようなこともあった。それは、思いがけないやりとりがきっかけだった。

　あるとき、銀行のお得意さんのところへ営業に出かけたときのことだ。お茶を出され話していると、介護の話題になった。お客さんの中には、親の介護の問題で悩んでいる人が少なくなかった。

「ウチのおばあちゃんがねぇ……」

「あぁそうなんですか。だったらデイサービスがいいと思いますよ」

「え？　ナニそれ⁇」

「あっいや、デイサービスという福祉サービスがあって、朝に車でお年寄りを迎えに来て、一日預かってくれるんです。それで夕方また家まで送ってくれる。いいですよ、お年寄りも喜びますし」

「え、銀行員の佐藤さんが何でそんなこと知ってるの⁇」

「僕、去年1年間沖縄の老人ホームでボランティアとして働いていたんです。だから介護のこととか沖縄のこととか結構詳しいんです」

　また、沖縄を旅行先として考えている人も多かった。

「今年の夏休みとか沖縄行かれませんか？　楽しいですよ」

「そうなんだよねぇ。今年ちょっと沖縄にでも行こうと思ってて」

「だったら、なんでも聞いてください、社長！　泊まるなら○○ホテル。○○ビーチの海はすごい綺麗。食事するなら○○食堂の沖縄料理はもう最高、すごくおいしいですよ！」

嬉々として沖縄について知っている限りの話をした。すると、「佐藤さんは面白い銀行員さんねぇ。介護のアドバイスまでくれるし」。そんな評価をしてくれるお客さんが増え、「佐藤君が頼むのなら融資を受けてあげようか」というひとつの流れができた。

「沖縄ネタは十八番《おはこ》なんです。これが意外と使えたんだよね。沖縄の1年間でそういう得意技ができたんだよ」

それからというもの、営業成績はまるで別人のように上昇。しばらくして本部である大阪の法人業務部への異動を命じられた。沖縄に行く前には想像できなかった栄転だった。

「バッテン2つもらった人間が本部に行けるなんて思ってもみなかった。バッテン2つ付いてたのが、いつのまにかマル2つくらいになってたんですよ」

山井議員への手紙

《お年寄りのために何かしたい！》1年間ボランティアを終えてから、佐藤さんの胸にはそんな想いが芽生えていた。

大阪勤務の4年間は週末になるとビジネススクールに通った。将来はデイサービスを展開する介護ビジネスを起業しようと思い、起業のための知識を培うためだった。そして、銀行での業務と併せビジネスに関する一通りの知識は身に付けたと思った佐藤さんは、銀行を退職することに決めた。銀行員時代の最後の2年間は仕事で全国を飛びまわり、やりがいも感じていた。しかし、福祉への想い、お年寄りへの気持ちがそれに勝ったのだ。

退職後、次は高齢者福祉に関する知識の裏づけが必要になると思い、まず福祉を専門とする大学の大学院を受験することにした。入試を前に、改めて福祉の世界を知った原点をたどってみた。すると、入院生活中に読んだ山井氏の本にたどりつく。

何かを期待したわけではなかったが、国会議員になっていた山井氏にメールを出してみようと思った。文面には、著書を読んだこと、銀行に勤めていたこと、休職して1年間沖縄にボランティアをしに行ったこと、これから大学院で社会福祉を勉強しようと思っていることを綴った。

返事が来ないことを承知の上でだったが、予想に反して返事はすぐに来た。「一度会って話をしませんか?」とあり、実際に会うと、「うちの事務所でボランティアをしてみませんか?」と誘われた。佐藤さんは大学院入学を前に時間があった。それにちょうど介護保険の改正問題が国会で議論されているときだった。まさに渡りに船、介護保険制度を詳しく知るチャンスでもあると思った。

それから3カ月間、毎日のように山井事務所にボランティアとして通った。福祉をライフワークにする政治家は限られていたこともあり、山井議員のもとには多くの障害者団体等が陳情に訪れた。また、厚生労働省からは介護保険の改正などの説明に役人が何度も訪れていた。《国の福祉制度はこうして作られるんだ!》その一部分を生で見ることができて感動した。

大学院入学後も山井事務所でボランティアとして関わるうちに、佐藤さんの気持ちに変化が起きた。「初めの頃は高齢者の問題しか頭にありませんでした。だけど、障害のある人の問題、子どもの問題、生活保護の問題、年金や医療など、世の中にはいろいろな問題があることが分かったんです」。そのことに気づいた佐藤さんは進路を変えた。「福祉の問題は、票にならないとか、大きな声にならないからといって無視していい話じゃないですよ。そうした問題を解決するには政治の役割が非常に重要だと強く感じたんです」。

2つの故郷の間で

今までの経過を振り返って、佐藤さんはこう言う。「すべてが偶然のようなんですけど、必然のような気もするんです。沖縄に行ってから、良い意味で自分の人生が変わり始めたような気がしますね」。

佐藤さんは今でも年に2、3回は沖縄を訪れ、1年間ボランティアとして過ごした施設でボランティアをしている。「1年間ボランティア当時のことを忘れることはないんだけど、毎年何回も行ってるからボランティアのときにあった話なのか、その後起きたことなのかよく分からなくなってきてるところがある。だからボランティアのときと、その後はもうほとんど一体化しているような感じなんだよ」。

〝一体化している〟という言葉が、佐藤さんの1年間ボランティアは心の中ではずっと続いているのだということを物語っているように僕には聞こえた。沖縄の何が佐藤さんをそこまで惹きつけるのだろうか？

「それは難しいなぁ。でもホント落ち着く場所だし、元気をもらえる場所でもあるんです。それに、とにかく良い人が多いんです。もちろん損得勘定抜きで1年間どっぷりお付き合いした人たちだからということもあると思うんだけど……」

沖縄の「いちゃりばちょうでい」という方言を引き合いに、佐藤さんは話を続けた。「一度会ったらみな兄弟っていう意味なんだけど、そういう気持ちが本当に染み付いた島なんだ。僕にとって沖縄の仲間やお年寄りは家族みたいなもの。向こうへ帰るとみんな、『おかえり！ いつ帰ってきたの？』と言ってくれる。だから僕も沖縄には行くではなく、帰るなんですよ」。〝帰る〟という言葉が僕には印象的だった。

「1年間ボランティアのことはいつも僕の中にありますよ。あの1年があったから今がありますからね。自分の一部ですよ」

そして沖縄にはいつか帰りたい――そう思っている。「ボランティアだったはずが、そのときは利用者になってるんだろうな」と佐藤さんは笑った。

しかしその前に、佐藤さんにはやらなければならない大仕事がある。

「沖縄に行ったからこそ地元の青森のことを考えるようになった。僕は、青森のことを何も知らなかった。お年寄りに『青森ってどんなところなの？』って聞かれてもうまく説明できなかった。『青森の民謡唄ってよ』って言われても唄えなかったし、『青森の方言話してよ』って言われてもうまく話せなかった。

自分の生まれ育った場所のことを何も知らないっていうことをすごく感じた。それで自分が生まれ育ったのは青森なんだっていうことを強く意識するようになったんです」

そう思った佐藤さんは今政治を学びながら、《生まれ育った青森をよくしたい》という強い想いを持っている。

「溜めて息吹《いぶ》く」――ある先生から聞いた言葉だった。

「人間何かやるときは一度エネルギーを溜めないといけない。溜めないと爆発させられないという意味。息を吐くときも、一回スッーって吸ってからじゃないと吐けないじゃないですか」。沖縄にいた1年間は、まさにエネルギーを溜めていた時間でもあった。

「だから、銀行に戻ってからも頑張れた。でもそれが10年経って疲れてきた。だから、今もう一回エネルギーを溜めているところなんです」

佐藤さんが近い将来、生まれ育った青森で大きく〝息吹いている〟、その姿が目に浮かんだ。

▼佐藤淳（さとう・あつし）さん▲

1968年　青森県生まれ
1992年　大学（商学部）卒業後、都市銀行入行
1993年　結核を患い半年間の入院生活を送る
1995年　ボランティア休職制度を利用して、1年間ボランティア〈17期〉に参加。沖縄県にある特別養護老人ホーム「大名」で活動
1996年　復職して支店、本部法人業務部（大阪）などで勤務
2004年　銀行を退職
2005年　国会議員・山井和則事務所でボランティア。その後、日本社会事業大学専門職大学院福祉マネジメント研究科に進学
2006年　早稲田大学大学院公共経営研究科に進学
2007年　同研究科修了、公共経営修士

▼活動先およびボランティアの活動内容▲

特別養護老人ホーム大名（おおな）――高齢者の生きがいづくり、生活支援

活動内容…主にデイサービス事業において利用者の送迎、レクリエーション活動、地域交流行事への参加のサポートを行い、またホーム内においては、入所者の生活援助全般、クラブ活動への参加の際の介助などを行う。

所在地…〒903－0802沖縄県那覇市首里大名町1－43－2

13 あすなろ農園までの道のり

おはなし ▶◀ 宮崎路子さん

有機農業で野菜の美味しさを追求

農場の名前は「あすなろ農園」。「〝あす〟には美味しい野菜が作れる百姓に〝なろ〟う」という意味で名づけたという。

宮崎路子さんは徳島県で夫の克哉さんとともに農業を営んでいる。自宅へは最寄りの駅から車で15分ほど。車はどうやら山の方へ向かっているようだ。山道に入ると、車一台がやっと通過できるようなくねくねした細い道を進んでいった。

自宅に到着してすぐ目に入ったのは間近に迫る小高い山だ。山際には川が流れている。電気や電話がちゃんと来ているのかと心配になるほどの山間にある自宅は、古い民家を何度も手直しした年季の入ったものだった。

自宅から車で数分のところに、3つの田畑がある。作物は米をはじめ、ジャガイモ、たまねぎ、小松菜、大根、ピーマン、ナス、里芋といった旬の野菜である。鶏はビニールハウスの中で平飼いされている。野菜は主に徳島市内近郊の家々に配達するし、県外へも発送している。遠くは関東からも注文があるという。

あすなろ農園は農薬・除草剤・化学肥料を使わない有機農法を実践している。有機農法を採用したのはやはり、消費者の立場に立った食の安全と美味しさを追求したいから。そして、生産者の立場からは環境への配慮がある。

専業農家としてやっていくのは経済的にまだまだ楽ではない。そんな中、自分たちが食べて美味しいと思える作物ができたときが一番の幸せだし、お客さんから「美味しかった！」と言われたときは百姓冥利につきる。「お客さんの子どもで『あすなろ農園の野菜なら食べる』という話を聞くと特にうれしいですね」と宮崎さんは言う。

友人の紹介で家と畑を借り、この土地に移り住んだのは8年前。近所の人たちと話す様子などを見ていると、今はもうすっかりこの土地の人になっているように思われた。5年で経営が軌道に乗り、10年でやっと技術が身に付くといわれる厳しい農業の世界。宮崎さんたちも農業を始めてからもうすぐ10年になろうとしている。念願の就農が叶うまでの道のりはどのようなものだったのだろうか。

農業もボランティアも手段だった

宮崎さんには、ＮＧＯのような組織に入って海外で人のために働きたいという想いがあった。

中学1年生のときの文化祭。世間では、その頃ひどい飢餓に襲われていたエチオピアの様子がさかんに伝えられていた。担任の先生は、情報を集めて飢餓の様子を展示することを提案。宮崎さんは新聞の切り抜きを集めていくうちにある写真を目にする。幼い子どもが痩せ細り、おなかだけがぽこんと出てハエがたかっている写真だ。

「自分と同じ時代に生まれた子どもでホントにこんな子がいるんだっていうのがとてもショックでした。言葉が悪いですけど、日本に生まれたというのはすごいラッキーだったと思って。この国じゃなくて良かったたっていうのが本音でした」。それがきっかけで海外志向は高まり、高校からは青年海外協力隊に参加することを目指した。

大学では国際関係学部に在籍。協力隊の試験を受けたこともあったが不合格に終わった。ゼミの先生からは、海外の現場に行くならコンピューターや医療、あるいは農業が入っていきやすいと教えられた。コンピューターや医療は苦手。でも農業なら、「体力任せにいける！」と思った。しかしいきなり就農するのも考えられなかった。それなら少しでも農業や食と近い分野で働こうと思った宮崎さんは、就職活動の末、地元のスーパーに内定を得た。「最初、農業は海外に行くための手段だったんですよ」。

ただ、就職は決まったものの、心の中には何かスッキリしないものがあった。「多くの国が飢えで苦しんでいるのに、食べ物が捨てるほどあるような生活について葛藤があったんです。それに、売り上げを上げるために買わせようとする、消費至上主義のような仕事にすごく矛盾を感じて。そういう矛盾のない仕事や生活の仕方がないかなっていうのは考えてました」と宮崎さんは言う。

その後、ゼミの先生の勧めで栃木県にある「アジア学院」でボランティア体験をする。卒論の資料集めが目的だった。アジア学院は、将来の農業分野のリーダーを育てる国際協力ＮＧＯ。世界各国から訪れた研修生を相手に、農作業や家畜の飼い方のスキルを教えるとともに、それぞれの地域にあった農村開発の仕方を一緒に模索している。

アジア学院では、感動的な体験もした。キャベツの種まきをしたときのことだ。「小さな小さな種でも撒いてから4日後くらいにちゃんと芽が出るんですよ。これが60日ぐらい経ったら、あのキャベツになるっていうのがすごく新鮮でした」。こんなちっちゃな種なんですよ、と宮崎さんは指を小さく丸めた。僕もノートに黒い丸を書いてみた。「自分の食べているものすら、どうやって作られているか知らなかったですね」。

1年間ボランティアを知ったのも、アジア学院でのことだった。貼られたポスターを見て《なんてお得なプログラムがあるんだろう》と思った。アジア学院にも1年間ボランティアが派遣されているのをのちに知った。すでにスーパーからの内定を得ていた宮崎さんだったが、アジアやアフリカからの研修生たちの生の声を聞いているうちに、やはりもっと自分らしい進路があるのではないか、と思い返すようになった。そしてアジア学院から戻ると、「別の選択肢を探したい」と内定を辞退した。

再び協力隊の試験にチャレンジしてみたが、またもや不合格。今振り返って、「落ちて当然だった」と思えるのは、実際に農業の経験を積んだからだ。当時は実践に裏付けられていない知識しか持ち合わせていなかった。そのあと受験した、1年間ボランティアには合格。大学まで出してもらい、これ以上親に負担はかけたくなかったし甘えたくなかった。どうしても自分の力で生きていきたかった。「別にボランティアがやりたいとかではなかったんですよ。1年間ボランティアも手段。自分がやりたいことが偶然それだったから、1年間ボランティアを手段として使っているだけであって、人のためよりは、《すみません、自分のやりたいことのために選択しました》という感じでした」と率直な当時の心境を語ってくれた。

だがそのあと、「うーん」と少し考えてから、「ここがポイントなんですけどね」と言って宮崎さんは続けた。「誰かの役に立てればいいなっていう気持ちはありました。相手の迷惑にならないならね」。

食べ物のルーツ

活動先は山口県徳山市（現・周南市）にある「大田原自然の家」。廃校を利用した野外活動施設だった。そこでは自給自足に近い生活を送っていた。近くに商店もなければ街灯のひとつも見当たらないという山の中。それは現在の住まいとも似たような環境だったという。宮崎さんは近所の一軒家に住みながら1年間を過ごした。

活動の内容は、地元の小中学生の宿泊訓練の指導やキャンプの補助、農作業の手伝い。なかでも特に「食」との関わりは新鮮な体験となった。

「豆腐は大豆から作られることを初めて知った。ニワトリが卵を産む光景を見たのも初めて。「生活のためのものって案外なんでも作れるんだ」ということが分かって面白かった。

キャンプでは、食を通して子どもたちが劇的に変わってゆくさまに驚かされた。あるとき、2泊3日のキャンプのプログラムをすべて任された宮崎さんは、最終日の夕食は自分たちで食材を調達してみようと提案した。

野菜が食べたいという子どもは収穫し、魚を食べたい子どもはニジマスをいけすから釣り上げてさばいた。ただ、鶏肉を食べたいという子どもを前に考え込んでしまった。ニワトリを解体しなければならないからだ。殺して血を抜き、毛をむしって肉片にする必要がある。アジア学院でニワトリの解体を見ていた宮崎さんは、子どもにも一度は経験させたいと思った。「鶏肉が食べられなくなる子が出たらどうするの？」という周囲の意見もあったが、最終的には何班かがニワトリの解体を行った。

自分たちで用意し調理した最後の夕食で、宮崎さんは面白いことに気づいた。「そのとき残飯が激減したっていうのは面白いと思いました。やっぱり人は食べ物がどこから来るのかというのを、一度は知るべきだって思いましたね」。

僕たちは普段、食べ物を食べるとき、それが美味しいかどうかだけを気にする。けれど、それらがどうやって作られているかを考えたり、実際にそれを知ると、食べ物の味わい方そのものが変わるのだろう。子どもたちの反応はすごく正直だなと僕は思った。

ひとりよりもふたり

宮崎さんの場合、ボランティアには続きがある。大学時代に関わったアジア学院に再びボランティアとして赴いたのだ。

アジア学院でも、パンを焼いたり、穫れた野菜を漬物にしたり、イチゴでジャムを作った。畑の土を耕し、種を撒いて収穫……と一通りのことは体験させてもらった。農作業のあとの食事は、特別に美味しく思えた。「体を動かして美味しいものを作って、それを自分で食べられるのってすごく贅沢なんだなということを教わったような気がします」と宮崎さんは言う。

だが、順調だったのはここまでだった。地元に戻った宮崎さんは、まだできたばかりのNGOに自分の居場所を求めた。生活のためのバイトとNGOでのボランティアを忙しく掛け持ちしながら、自分では満足のいく生活を送っているつもりだった。しかし、それもそう長くは続かなかった。NGOに所属して生計を立てている者などわずかしかいない時代。経済的な安定など求めてはいないはずだったが、どこか「不安でしかたがなかった」という。

就職して社会人としての経験を積んだ同級生たちと会ったとき、「髙木（旧姓）は学生の頃と変わらない」と言われた。その言葉を複雑な気持ちで聞いている自分がいた。互いに価値観が変わってしまった友人たちに会うのが一番苦痛だった。《自分はいつまでも何をやっているんだろう……》。先の見えない将来に対して焦燥感ばかりが募っていった。

やがてストレスから何もする気が起こらなくなり、食事も喉を通らなくなった。ついには不眠を訴えるまでになった。そんなとき、大田原自然の家のスタッフが声を掛けてくれた。「みっちゃん、これからなんだから!」。その一言でなんだか救われたような気持ちになり、前向きになれた。

しばらくしてJYVAのスタッフから「うちで働かないか?」と声がかかった。なかなか定職に就けずにいた宮崎さんを見かねたようだった。東京へ出ることに不安がないではなかったが、友人らと顔を合わせる居心地の悪い地元にいるよりはマシに思えた。それにいろいろな人と出会えるJYVAなら就農への道も切り開けるかもしれないと思った。

JYVAで働きながらも関心はやはり農業にあった。《どうやったら農業を始められるだろう?》と休日に知り合いの農家を訪ねては就農への道を模索した。当時宮崎さんは、たとえひとりでも農業を始めたかったという。一方で、女一人での農業は大変と分かってもいた。そんなとき、同じく就農を志していた克哉さんと知り合った。

アジア学院で教えられたことのひとつに、「ひとりよりもふたりの方が効率がいい」ということがある。最高のタイミングで出会った2人はやがて結婚。徳島に移り、念願の就農を果たしたのだ。

いつか大田原のように

「大学を出てからいろんなところにお世話になったんですけど、そこはもう全部ふるさとだと思います。そこにいる人はみんなお父さんお母さんだし、いつでも帰っていけるところだと思います」

農作業をしていると、自然と1年間ボランティア当時のことが思い出される。「1年間ボランティアは分岐点かなぁ。何回か分岐点はあったんですけど、その中のひとつになってますね」と宮崎さんは言う。

「大田原自然の家ではその大きな器に受け止めてもらって、いろんな体験をさせてもらいました。活動当時は点でしかなかったものが、今の生活の中で線になってきたんですよ。

点というのは、大田原自然の家で経験させてもらった一つひとつの事柄で、それを実際に体験していくと、農業っていうのは人間が生きる上で必要な、作る、食べる、暮らすというすべてにつながっていることを実感してだんだんと線になってきたんです。それをこれからは、田舎から都会へ、生産者から消費者へと発信して面にしていきたいと思ってるんです」

宮崎さんはこう言う。「今の生活は大田原を追いかけているんですよよ」。

その言葉が印象的だった。宮崎さんの、1年間ボランティアの〝その後〟のすべてを表している言葉だと僕は思った。

海外農家との交流の夢

宮崎さんにはこれからやってみたいことも、やらなければならないこともある。

今では、口コミで学生や海外の若者たちが農業を体験しにやってくることもある。そのときは無料で自宅の離れを宿として提供している。現在はそれを発展させて、ＷＷＯＯＦのホストファミリーへの登録*を果たした。「日本を含めていろんな国の人と交流できて面白い」と宮崎さんは言う。

訪れる若者に農業へ興味を持ってもらおうと必死だ。新規就農してくれる若者を探しているからだ。現在の住まいのある地域は高齢化も進み、いずれは限界集落に陥ってしまう可能性があるという。土地の人間として、それはなんとしても避けたいと宮崎さんは思っている。

そして今でも「（39歳までに）協力隊に参加できれば」という夢も捨ててはいない。支援したいというよりは、海外の農家の人々と交流できれば、と考えている。

「大田原自然の家」、「アジア学院」の2年間で、《本気でやろうと思ったら何でもできる！》ということを学んだ。《やりたいと思うだけではできない》とも。アンテナを張り続けて求めれば、必ず必要な人やものに出会える――振り返って言えることだ。

＊ＷＷＯＯＦのホストファミリーへの登録……ＷＷＯＯＦ（ウーフ）は食事と宿泊場所を労働と交換するシステム。受け入れ側をホスト（ホストファミリー）、働き手をウーファーと呼ぶ。

就農して初めての種まきをしたときのこと。せっかく発芽した野菜の芽が数日で全滅してしまった。虫による被害だった。2人で呆然となってその畑を見たときに、夫の克哉さんが「明日にはもっとうまく作れる百姓になってやるぅ〜」と叫んだ。それが「あすなろ農園」誕生のエピソードだという。

過去は変えられない。他人の行動や考えを変えるのも難しい。だが、「明日」という未来と、「なろ」うとする自分は変えることができると僕は思う。あすなろ農園からはそんなパワーを感じた。

▼宮崎路子（みやざき・みちこ）さん▲

1972年　愛知県生まれ
1994年　大学卒業後、1年間ボランティア〈16期〉に参加。山口県徳山市（現・周南市）の「大田原自然の家」にて活動
1995年　栃木県の農村指導者養成専門学校「アジア学院」にてボランティアとして活動
1996年　JYVAに就職
1999年　愛媛県松山市でユースホステルに勤務。結婚
2000年　徳島県阿波市で農業を始める

▼活動先およびボランティアの活動内容▲

大田原自然の家――廃校をよみがえらせた野外活動施設

活動内容…同所を拠点にキャンプや野外活動を行う団体の活動の指導・援助、主催事業の企画・運営やキャンプカウンセラーとしての関わり、記録作成、機関誌の発行、各種研究会、講習会への参加のほか、プログラム開発、資料作成などを行う。

所在地…〒745-0511山口県周南市大字中須北3194

その他…周辺自治体との合併に伴い、名称が「周南市大田原自然の家」に変更。

14 チベット医学との出会い

おはなし ▶◀ 小川康さん

チベット人以外として史上初

インドの首都ニューデリーから北へ約５００キロの街、ダラムサラ——チベット亡命政権のある街。日本から遠く離れたこの街で、チベット医学の大学・メンツィーカン（チベット医学暦法学大学）に通う日本人学生がいる。小川康さんは２００１年、メンツィーカン史上初めてチベット人以外の合格者となった。

朝食は毎日パン2枚と卵1個と決まっている。せわしく食事を済ませ、朝7時からの読経で一日は始まる。9時過ぎから13時までが授業。午後も数コマ授業があり、19時から再び読経が行われる。その後、再び講義があり、一日は終わる。

メンツィーカンの中で、小川さんが一番興味を持っていたのが「薬草実習」である。毎年8月になると、製薬に必要な薬草を学生全員で採集する。ときには、危険な断崖に足を踏み入れたり山を登りながら薬草を摘む。なぜ学生にそんな危険な作業が課されているのか？　それにはワケがある。

メンツィーカンは製薬工場のような機能も兼ねている。製薬に必要な薬草の大半は業者から仕入れるが、希少な薬草は薬草実習で学生たちが採ってくることになっている。そこから得られた収益はメンツィーカンの学生の小遣いともなっている。

薬草実習は相当にハードな〝仕事〟と聞く。小川さんが薬草実習に耐えられたのも下地があったからだ。インドに行く前は長野の農場で働いていた。小川さんはこの農場で一日中、高原野菜の収穫を行うという辛い肉体労働を経験していたのだ。

「当時から薬草実習の素地はあったな。農業やってなかったら薬草実習には耐えられなかったと思う。それくらい薬草実習ってすごいよ。登山家でもキツイと思う。ただ山を登るのと違うもん。仕事だからとにかく薬草を集めてこなくちゃいけないっていうプレッシャーもあるしね」

薬草実習と並んでメンツィーカンをメンツィーカンたらしめているのが「暗誦試験」である。学年末ごとにチベット経典の暗誦試験をパスしなければならない。試しに目の前で暗唱してもらったが、そのスピードにまず圧倒される。何を言っているのかさっぱりわからないのは、外国語だからではなく、ものすごい早口で喋っているからだ。そういえば、普段の小川さんがやや早口なのも暗誦のせいかもしれない。1時間ほどの暗誦を小川さんは難なくこなす。

メンツィーカンではよく心技体ということが教官から言われる。その「体」にあたるのが薬草実習であり、「技」が暗誦試験。そして、「心」にあたるのが寄宿生活だ。学生は全員が寄宿生活を送る。個室ではなく大部屋で生活しなければならず、プライバシーがない。雨季は乾いていた服が湿るほど湿気がひどい。冬は暖房器具の使用が禁止されているため、毛布にくるまって勉強するという。風呂はなく、冬場でも水で体を洗わなければならない。おまけに、夜は一切の外出が禁止されている。聞いているだけでも少し辛くなってくる。しかし小川さんは、チベットの寄宿生活よりももっと辛い寮生活を味わっていたのである。それが1年間ボランティアで派遣された活動先での体験だった。

遅れてきた思春期

そもそもなぜ薬学の道を目指そうと思ったかというと、小川さんは高校生の頃、化学の成績が突出して良かったからだ。その強みを活かして、大学は薬学部に進んだ。一方で、学校での勉強に対しては、いつも《こんな勉強して一体何になるんだ⁉》と思っていた。

大学の4年間を通して勉強には特別な価値を見出せなかったが、構内にあった薬草園を散策することは好きだった。「でも薬草を覚えようとかいう意識はなくて、ただブラブラするのが好きだった。当時から薬草やろうとは思っていなかったんだ」。

学部の男子学生のほぼ百パーセントが大学院に進学する。小川さんもそのつもりで準備を進めていた。ところが急転直下、進学も就職もしないことに決めた。新聞でたまたま1年間ボランティアを知ったからだ。

部活は高校時代から続けて弓道部に入った。やがて主将に選ばれると、部活と勉強の両立でだんだん疲れてきた。そこに恋の悩みも加わり心はますます平常心を失っていった。

「僕ね、ちょっと思春期が遅かったのよ。普通みんな高校生くらいのときに悶々として勉強できなかったりするけど、高校のときはそういうのがなくて、そのおかげでひたすら勉強できた。だけどハタチくらいになって急に遅れた思春期がやって来た。それがいけなかったね。就職の時期と重なっちゃった」

小川さんが活動修了直前に書いたレポートにはこうある。――よく「なぜ参加したの?」と尋ねられるが、いつも上手に答えられない。自分で理由をつくっても、どれも本当でどれも後から考えたこと。

僕が話を聞いたときも、参加にあたっての理由については曖昧に終始した。

「そのときやっていた化学は人付き合いとは正反対な分野でしょ。その反動とか恋の悩みもあって、妙に人くさい仕事がしたいと思ったのかもしれんね。多分、人恋しかったのかな。そういうのも少しあったかもしれんね」

生徒から同情をかったボランティア

派遣されたのは北海道の小さな村の小さな高校「留寿都高等学校」。当時は、問題を起こす生徒が集まった高校といわれていた。小川さんも参加前までは、生徒たちへの偏見で怯えきっていたという。とくに小川さんのように、平穏無事な学生生活を送ってきた者にとっては、そんな不安も無理からぬことだった。

それでも生徒たちのことを知らなければとの想いで、恐る恐るではあったが、彼らの輪の中に入っていくよう心がけた。特にスポーツは生徒とのコミュニケーションを図るのに役立った。先生の補助役としていつも顔を出した体育の授業では、生徒に混じってプレーしながら、気づくといつも生徒よりはしゃいでいたりムキになっていたりした。それが生徒や先生に面白がられたりもした。

生徒たちとの関係はクリアできたものの、寮生活は別だった。1年間ボランティアの主な役割は、遠方から来た生徒たちが生活する寮の監督者（舎監）として彼らと生活を共にすること。それは精神的にも肉体的にも厳しいものだった。

まず自由が乏しかった。生徒の門限は午後5時。であれば、寮監の小川さんは午後3時には寮で待機していなければならなかった。日曜日も外出禁止だった。部屋は生徒と同じ棟にあり、いつも誰かが部屋に遊びに来て、プライベートもないに等しかった。朝・夕の点呼は「イチッ！　ニッ！　サンッ！　シッ！……」とまるで軍隊のよう。〝監獄〟とさえ思えた寮で生徒たちと24時間一緒に生活しているようなものだったという。そんな中で、同世代もおらず孤独であることも辛い一因だった。

家庭教師も教育実習も経験のない小川さんに、いきなり《授業せよ》との指令も下った。一応、得意分野を活かして理科を担当したが、もちろん授業の進め方が分からない。それに生徒は騒ぎどおしで誰も聞いてはくれなかった。あまりに辛くなり教室から飛び出して逃げたことも何度かあった。

「管理したり指導しなければならない立場だったことも辛かったよね。注意するにしても、それがなぜダメなのかが分からないまま規則を押し付けないといけなかったことも困ったな」

再びレポートから引用すると、その中で自分を「平穏な田舎の進学校しか知らないお坊ちゃん」と表現している。それまで、まさに平穏無事で自由な生活を送ってきた小川さんにとって、すべてが初めての体験だったはずだ。人生において初めてであるということで、より大変だと感じられたのかもしれない。その体験があったからこそインドでの生活に耐えられるのだろうか。「今はまだ愚痴も言えるじゃん」と小川さんは言う。

生徒より厳しい生活を送っていた小川さんは、生徒から同情されるほどの存在だったという。「先生の言うことは聞かなくても僕の言うことは気を遣って聞いてくれたんだよね。でも後から考えてみるとそこに狙いがあったみたい。生徒より厳しい環境にいる人間をひとり置くことによって、俺たちよりも頑張っているコイツの言うことは聞かなアカンと。しょうがない、かわいそうだから言うこと聞いてやるか、聞いてやんなきゃアイツ泣きそうだしっていう感じだったんじゃないかな」。超がつくほどの童顔だったことも幸いしたようだ。

「今の寮生活はあのときよりマシだよ」——小川さんはしみじみとそう言った。1年間ボランティアでの寮生活がなければ、メンツィーカンの寄宿生活からも逃げ出していただろうとまで小川さんは言う。

「インドに来た人はみんな言う、すごいところで生活してるねって。でもボランティアのときのことを思えば……今の方が辛くはないな」

小川君ってなんかチベットなんだよね

活動後は、JYVAの紹介で佐渡ヶ島の山村留学の指導員になった。ここで初めて、薬草作りを仕事にしようと思った。

「ふと1年間ボランティアに行こうと思ったくらい、ふと薬草だなぁと思ったね。先の人生考えたんじゃないかな。

ずっといてくれとも言われたんだけど、もういい加減社会に出たいと思った。だって僕の同級生は車買ったり飲み歩いたりしていて正直それが羨ましかった。こっちなんか年収100万もなかったからね」。当時の月給は、7万円だった。

その後、長野県で薬草を研究している製薬会社に就職した。ここでチベットと出会うことになる。あるとき上司から言われた。「小川君ってなんかチベットなんだよねぇ」と。「そんなわけの分からないこと言うんだよ。それにその人チベットのことなんてまったく知らないんだよね」。人生で初めて〝チベット〟という言葉に触れた瞬間だった。

「だけど、そのときはチベットのことなんかまったく興味がなかった。薬草や漢方については、興味はあったけど、本もたくさん出ているだろうし、研究している人もたくさんいるだろうしね」

その後、自分で薬草を栽培してみようと思い、小川さんは長野県の農場に移った。メンツィーカンや薬草実習のことを知ったのはこの頃。本屋で何気なく買ったチベット医学に関する本で知った。本には、「読者のひとりやふたりはチベット医学大学に入学し、〝直接伝授〟による教育を受けてくださるよう願っておきたい。そして、この〝秘められた〟高嶺の医学の真髄を会得して、日本に伝えていただきたいのである」と書いてあった。

二度あることは三度ある。旅行で長野のペンションに行ったときに、ひとりの女性が「チベットに興味があるの?」と話しかけてきた。たまたま身に付けていたペンダントがチベットのものだった。それは、東京に行ったときに何気なく買ったものだった。なんでもその女性は、チベットが大好きで、これからダラムサラに1年ほどボランティアに行くという。

何度もチベットという言葉に出くわした小川さんは、以前軽く読んだだけのチベット医学に関する本を再び手にとり、今度はじっくりと読んだ。他の本を買って読んでみたりもした。メンツィーカンに関する記述も何度か出てきた。

そうした出来事をきっかけに、チベットやメンツィーカンに興味を深めていった。当時の心境を小川さんはこう話す。「自分で汗をかいて薬草を取ってくる。大昔の世界にタイムスリップじゃないけど、そういうことを一回でいいからやってみたかった」。

ペンションで出会った女性とのやりとりも影響は大きかったようだ。

「あれでちょっと身近になったんだよね。逆に言うと、その出会いがなければ多分行かなかったと思う。初めての外国だったたし。行ったらきっと彼女がいるんじゃないかと思った。知り合いがいるっていうのはすごい心強かった。それは確かに原動力になったよね」

記念に受験したつもりが…合格

こうしてインドに渡った小川さんだったが、メンツィーカンの受験まで考えていたわけではない。「中学生の野球選手が大リーグを目指す」くらいの隔たりを感じていた。それでもチベット医学に興味を持ち始めていた小川さんは、ダラムサラに滞在してチベット医学とチベット語を勉強した。４人の家庭教師は自費で雇った。

ダラムサラに来てから2年後のある日。チベット人の友人から、メンツィーカンの入学試験を勧められたことで心が動いた。メンツィーカンの入試は、２年連続で行われたあと3年間は実施されないという変則的なもの。タイミングも良かった。《どうせ受からないだろうから、記念に。落ちてそれで区切りを付けて日本に帰ろう》という感じで受けた。むしろ《受かったらどうしよう……》と思ったぐらいだ。

「そんな軽い気持ちで受けたのが良かったのかもね。あと、大学受験のときもそうだったけど僕は受験になると燃えるんだよ」。予想を裏切って、小川さんは合格を果たした。

《やった！》と同時に《どうしよう……》とも思った。「でもまぁ奇跡的に合格したんだから、これも何かの縁かなと思ってとりあえず入学してみようと思ったんだ」。

——それから6年。

小川さんは卒業試験の暗誦に挑んだ。学年末に比べて最終試験はレベルが違う。8万語、実に4時間半ぶっ通しで暗唱し続けるというものだった。

実は卒業試験の暗誦は必須ではない。ただ、この暗誦試験に合格すれば、チベット医としてハクが付く。それにどこまで暗誦できるのか限界に挑戦してみたいという気持ちもあった。学生生活の締めくくりとして最高の舞台にしようと思った。

最後は朦朧としてくる意識の中で、小川さんはすべて暗誦しつくし、見事合格した。今は、ダラムサラに残ってインターンシップのような形でチベット医の研修生として過ごしている。

❖——決断することに意味がある

1年間ボランティアは〝はじめの一歩〟だったと小川さんは言う。「あれがなかったら今はない。

その後もあんまり一般的じゃない人生を送っているせいか、留寿都が特別という意識はないんだ。でも、これが普通に就職していたら1年間は確かにすごく特別だっただろうね」。

続けて小川さんは言う。それは僕に1年間ボランティアの意味を考えさせる言葉だった。「参加した時点で90パーセント成功じゃない？ 本当思うんだけど、決断することに意味があるんだよね」。

1年間ボランティアに参加するというのは、周りとは違った生き方を選ぶという意味もあるのだろうと僕は思った。参加者は、参加した時点で、すでに大きなハードルをひとつ乗り越えているのかもしれない、と僕も自分の体験を通して思った。

小川さんにとって、大学院進学を前にしてそれまでとは違った方向に大きく舵を切ったのは大きな意味があったようだ。

「それまでの人生の中で1年間ボランティアが最初の大きな決断だった。2回目はインドに行くとき。でもやっぱりあのときが一番大きかったかもしれない。大学院にも行かない、就職もしないって決めたときが」

1年間ボランティアの方がインド行きよりも大きな決断だったというのは少し意外な気がした。確かに、その経験がなければインドへ行くという決断はなかった……と僕も思うのだが。

「よくチベットの異文化を教えてくださいって聞かれて、適当にいろいろ言うんだけど、留寿都での1年間はまさしく異文化体験だった。むしろダラムサラの方が自然に受け入れられた。それはもちろん今の生活が進行中だからかもしれないけど」

そして現在日本から遠く離れたインドで生活する小川さんが言った。

「……不思議とダラムサラより遠い感じがするんだよね、留寿都って」

▼小川康（おがわ・やすし）さん▲

1970年　富山県生まれ
1992年　大学（薬学部）卒業後、1年間ボランティア〈14期〉に参加。北海道の「留寿都高等学校」で活動
1993年　新潟県佐渡ヶ島で山村留学指導員
1994年　黒姫和漢薬研究所に就職
1997年　長野県の農場で働く。同時に薬局でアルバイト
1999年　インド・ダラムサラにてチベット語の勉強を始める
2001年　メンツィーカン（チベット医学暦法学大学）に合格
2007年　メンツィーカンを卒業
2008年　インターンシップでチベット医としての研修を始める

▼活動先およびボランティアの活動内容▲

北海道留寿都高等学校――国際農業コース、農業福祉コースがある農業高校

活動内容…道内外から来る生徒の寮に住み込み、舎監として彼らの生活支援を行うとともに、日中は授業および課外活動の支援を行う。

所在地…〒048-1731北海道虻田郡留寿都村字留寿都179-1

15 こだわりのノンフィクション

おはなし ▶◀ 矢野陽子さん

根気のいる職人仕事

僕はとりわけ身長が高い方ではないけれど、並んで歩くとどうしても見下ろすようになって話しづらい。矢野陽子さんはそれくらい小柄だ。しかし、矢野さんのやってきた仕事は小さくはない、と僕は思う。

矢野さんの職業は作家。これまでに単行本を3冊出版してきた。作品はすべてノンフィクション。取材をして書くというとても根気のいる仕事だ。しかし、矢野さんは「作家」と呼ばれるのを好まない。「作家とか言われるとものすごい違和感がある、まして先生などとは絶対に呼ばないで！」矢野さんはそう言う。

では、なんと呼べばいいのか……。

「職人っていうのは不遜ですけど、そういう言い方をしているんですよ」と矢野さんは答えた。矢野さんによれば、「いっぱい取材して考え抜いて言葉を紡ぐから、1年とか2年とか必要。そしてこれでいいだろう、ヨイショ！って出した」ものが作品になるのだそうだ。僕は〝職人〟という言葉に、矢野さんの仕事へのこだわりが表れているように思えた。

一見したところ、3つの作品に一貫したテーマはない。最初の作品『まいにち生活です』は1年間ボランティアとして過ごした日々を綴ったエッセイ、2作目の『注文でつくる――座位保持装置になった「いす」』は障害者の道具作りに携わってきた人たちの「その後の30年の歩み」を追ったルポ、最新作の『濁る大河――赤い北上川と闘った男たち』は鉱毒に汚染された川が再生するまでを描いた作品である。

2作目と3作目については約100人ほどの人物に取材、かかった時間も2年と長い。繰り返しになるが、根気のいる仕事である。

職人・矢野陽子が誕生するまでの道のりはどんなものだったのだろうか――。

ここから逃げたらダメになる

大学4年生になり就職活動の時期を迎えると、矢野さんは頭を抱えた。やりたいことが見つからない……というより将来どうしていくべきか考えたことがほとんどなかった。

「小学校から大学まではいわゆる決まった路線があるわけじゃないですか。だけど、その先がなかった。すごい不幸な出来事もなくきちゃったもんだから、何をして生きていこうなんて考えたことがなかったんですよ。なんとなくもうレールに乗っかっていってるみたいな感じで。それでいきなり就職って言われてもなぁっていう感じでした」

一時、イラストレーターを志したこともあった。矢野さんは文章だけでなく、イラストも得意だ。小学生の頃からマンガを描いていた。大学生のとき、イラストを出版社に持ち込んだこともある。「でもね、こっぴどく言われて。それでヘコンでおしまいみたいな。だから自分の生きる道じゃないんだなって思ったんです」

では諦めて就職……というわけにもいかなかった。社会に出て働くことに対して勇気が湧かなかった、という。「社会に出てもいないのに《私は通用しないと思う》と勝手に思ってたんだよね。バイトとかしてても、なんかちょっとテンポ違うよなっていうのがあって」。

大学時代、いくつかのアルバイトをしたが、特に要領が悪かったというわけではない。「失敗して怒られて、これじゃダメだっていうんだったらまだ分かるのに、そうじゃなくて、ひとりで勝手に……」

『まいにち生活です』によれば、矢野さんは活動先で「お嬢さま」と呼ばれていた。それはたとえば高級住宅街に住んでいるという意味ではなく、社会を知らない箱入り娘という意味で周りはそう呼んでいたらしかった。

実際はごく普通の家庭に育ったと矢野さんは言う。しかし、本の中にはこんな表現も出てくる。「そりゃ『はしより重いものを持たされたことがないほど大切に育てられた』と言われるような節が、ないわけではない」――かなり遠まわしに、お嬢さまを認めているように思われる。「社会に出てもいないのに通用しないと思う」とは、あながち自分で勝手に決め付けていたことではなかったのかもしれない。

1年間ボランティアに参加する前の心情を、「右にいっていいか左にいっていいか分からなかった自分の前に、何か突破口が開かれるのではないかという期待をもって臨んでいた」と語っている。その一方で、「その記事を見たときに私ここから逃げられないと思ったんだよね」とも言う。本当は逃げたかった……だけど〝逃げられない〟と思った。

「嫌だと思ったんですよ。そんなところ絶対行きたくない、そんなこと絶対したくないって思ったんです」。ボランティアや福祉については、当時は暗いイメージしかなく、《これは私のしたいことではない》と強く思ったという。

では、逃げるとどうなると思ったのだろうか？

「これを選ばなかったら私はもうどうしようもなくなる、堕落していく、人生終わりだ、みたいに思ったんです」。だから「お前、これが最後だぞ」と言われているような感じだった、と矢野さんは言う。

「就職とかいろんなことから逃げてきたことの反動かもしれないんだけどね。だからボランティアっていう行為に惹かれたんじゃないと思うんですよ。このまま大学卒業しちゃってどうすんのよっていうときに、1年という期間が区切られてて、家から出られて新しい経験ができるというところに惹かれたんでしょう」

そしてやっと申し込んだ……が、なんだかんだと理由をつけて逃げようとしていた。「もっといいことできるんじゃないかという気持ちが沸々と……。海外行くとかイラストレーターになるとか違う道があるはずなのに、すごい回り道をしているんじゃないかとかね」

そして矢野さんはついに、辞退の連絡を入れてしまった。「『あ〜辞めるって言っちゃった……でも嫌だったんだもん』っていうような感じで。それくらい嫌だったんですよ」。

だが、「辞めちゃったら私の人生ここで終わっちゃう」と思い直し参加することに決めた。

1年間ボランティアは選ぶまでが一番大変だったと、矢野さんは言う。そこまで迷いに迷った経験は、その前はもちろんその後にもなかった。

海外に行ったときに近い解放感

補欠扱いとなり、活動先は選べる立場になかった。それが、埼玉の活動先に決まったと聞かされたときには、「あまりにも華がないなと（大笑)。《それにしても埼玉かぁ……》」と、そのときは落ち込んだという。住まいのあった調布市とは電車でわずか2時間ほどの距離しか離れていないのだ。

活動先にはイヤイヤながら赴いたが、迎えに来てもらっていた活動先のスタッフに会った瞬間、矢野さんのモヤモヤは吹っ切れた。

「ボランティアの事前研修でいろんな施設行って、すごい暗いイメージしかなくて《あ〜これはもうやっていけんわ》みたいな感じだったんだけど、思ってたのとまったく違う世界があったんです」

『まいにち生活です』の中で、矢野さんはそのときの心境をこう書いている。――「『あれ、こんなところにアメリカがあった。』というのが、実に正直な第一印象だったのである。学生の時訪ねたアメリカ。彼らの笑顔は、あの大自然の中に生きる人たちの笑顔を思い出させてくれたのだった。そのとき2つの世界の何かが同じなんだろうと思った」。

「海外に行ったときの解放感に似てたんですよ。すごく自由な感じで。まさか埼玉にこんなフリーな空間があるとは思わなかった（笑）。私の感性にピタッとあっちゃったってことだと思うんです」

活動先である「わらじの会」では、障害のあるなしに関係なく、また介護者と利用者という構図とも違った雰囲気があった。障害者の親、昔関わっていたボランティア、学生、社会人、チラシを見てきたという主婦などなど……いわゆる障害者と呼ばれる人と健常者と呼ばれる人が一緒に地域で生活していた。みんなで自分の友だちや家族や近所の人や職場の人とどうやって関わっていくかを考える場所であるという。

再び『まいにち生活です』から。――「ここが自分の見た、あの多民族国家（つまり人々が、皆違って当たり前という大前提のもとに生きている。）アメリカの持つ雰囲気に似ていると思ったのは、障害者も健常者も、わらじの会に集まる人々のもつこだわりのなさ、その余裕と寛容のせいなのかもしれない」。

それが、2つの世界に共通する〝何か〟だった。

活動は矢野さんにとってどれも新鮮だった。

わらじの会のスタッフも一度は殴られた経験があるという、あるメンバーに突然顔面をなぐられて鼻血を出した……。脳性マヒの子の車椅子を押しているとき、車道と歩道との段差でひっかかり大量のチラシを道路に撒き散らした……。トイレ介助のとき「のめらして（座ったまま上半身を前に倒す）」という方言が分からず体格の大きな女性を相手に悪戦苦闘した……。ペーパードライバーの矢野さんが万引きに間違えられたメンバーを夜の10時に迎えにいった……。一緒に食事に出かけたときにはあたりかまわず喋るメンバーに肩身が狭い思いがした……。旅行中、脳性マヒの女性と同室になり、宴会でたっぷり飲んだビールにたたられて夜中に何度もトイレ介助にたたき起こされた……などなど。

そんな日常を綴ったのが『まいにち生活です』だ。障害がテーマというととかく重くなりがちだが、ユニークとも言える人物が次から次へと登場する物語にはそうした暗さ、硬さはない。そこには、「腹が立った」、「うんざりだった」、「イライラしてくる」という率直な表現もちらほら出てくる。もし関係が希薄なものであれば、そんな言葉を吐けるだろうか。それらの表現は、矢野さんがわらじの会の一員として深く溶け込んでいた証拠のように僕には感じられた。

1年間ボランティアでは完全燃焼したと矢野さんは言う。「もう灰になりましたね。人生でただ一回燃え尽きて灰になったとハッキリ言えるのが1年間ボランティア。ここまで燃え尽きればいいだろう、もう悔いはないって」と言って矢野さんは笑った。「ホントそうなんです。そのあと灰になるだけやったことはないね。それだけ楽しかったんです」。

それほど熱中した自分をこう分析する。

「やっぱり1年と区切られていたから力を惜しみなく注げたと思う。区切られていなかったら出し惜しみしてたり、なんとか長続きさせようとしたりするのかもしれないけど、区切りがあったから、その1年を煮るも焼くも自分次第と思えば全力投球できたんだと思うんです」

『まいにち生活です』は、活動中にわらじの会の会報に載せていた原稿と1年間で大学ノート3冊になったという日記をもとに書き上げた。文章に添えてイラストも描いた。

もともと文章を書くことは好きだった。常日頃からちょっとした会話のやりとりや印象的な言葉を書き留める習慣があったし、海外旅行へ行った際は1日2、3ページの日記を書くのも珍しくはなかった。矢野さんにとって書くことは心を落ち着けるための作業だった。「特に悩んでいる時期なんかは、書かないと整理できないみたいなところがあって、それで書いてたかな。書くことでやっとひと息つける感じだった」。

最初は、ザラ紙に印刷するだけで、わらじの会への置き土産として考えていた。「海外旅行に行くような気分で紀行文的に書いたら面白いだろうなって思って。夢中で書いてました」。しかし、いくら日記にまとめていたとはいえ、2カ月で書くというのは、相当にしんどいことだと想像できる。事実、書き上げたあとしばらくしてから体の具合を悪くしてしまった……。執筆のことを含めて考えると、「灰になった」、「完全燃焼」という言葉もまた納得いく。

一方、ザラ紙の置き土産としてしか考えていなかった原稿は活動後の研修でJYVAのスタッフの目に留まり、出版社へ持ち込まれると、トントン拍子で出版の運びとなった。

10年目にめぐってきたチャンス

本が世に送り出されたことはそれとして、この時点で出版によって矢野さんの人生が大きく変化していったわけではなかった。「突破口が開かれるのではないか」という期待もあった1年間ボランティア。しかし、期待は期待でしかなかった。

「結局1年間やってみたけど、だからといって先は見えなかった。気持ちの上でスッキリしたから良かったけど、具体的に何やるのかっていったときにやっぱり見えなかった」。やっぱりという言葉に力がこもった。

アルバイトをしながら、アメリカに滞在した経験をまとめてみたり、自分史を書いてみたりしたこともあった。しかし、どうもうまく書けない……。やがて矢野さんは悟った。「自分から書こうと思って書いたものはダメなんだっていうのがハッキリしたんです」。

それからは、一切〝書く〟ことは頭からなくなった。アルバイトをしながらただひたすらに「一日一日が充実したものになるように」と思い生活していた。

アルバイト生活もすでに8年以上になっていたある日、一本の電話がかかってきた。それはまったく突然の連絡。『まいにち生活です』を出した出版社からで、単行本の執筆依頼だった。断る理由がなかった矢野さんは二つ返事で引き受けた。そして、取材相手の工房でアルバイトをしながら第2作を書き上げたのだった。

最初の出版から実に10年。それは、とても長い時間だ。矢野さんは振り返ってこう言う。

「10年後に出版社の人が思い出してくれたっていうのは、『まいにち生活です』の実績があったからですよね。やっぱり本という形になるのが大きいと思うんですよ。あのときただザラ紙に印刷して置き土産で終わってたら、もちろんそんな電話もかかってこないですしね」

その後、2作目を父親が方々の知り合いに配ると、それがひとりの目に留まった。「このシャープな文章が好きだ」と気に入ってくれ、また単行本の執筆依頼を受けることになったのだ。

矢野さんと話していると、言葉の端々に自信がうかがえるようなところがあると思えた。それは、そうした「誰かに認めてもらう」という経験から湧いてくるものだろうか。「別の分野の人が読んでも通用するんだって、さらなる自信が湧きましたよね。技術を買ってもらえたとも思ったしね」。

僕は、〝技術〟という言葉を聞いて〝職人〟という言葉を矢野さんが口にしているのを思い出していた。現在は3作目の取材が縁で仙台を舞台とした作品を執筆中という。

と、ここで、僕は少し不思議に思うのだ。1年間ボランティアが終わってから矢野さんは、「自分から書こうと思ったものはダメだ」と悟るわけだが、最初にまとめた『まいにち生活です』は自分から書こうと思ったものだったはずだ。しかも、わずか2カ月、あとで体を壊すほど夢中になった。それほどまでに矢野さんを突き動かしたものとは一体何だったのだろうか？　僕はそう思わずにはいられなかった。

「やっぱり、わらじの会が強烈だったんでしょうね」。短い言葉だったが、その一言で僕は納得した。

わたしの居場所

これから、について聞いてみた。

「要するに依頼を受けて、いつまでに書いてくださいって書くパターンですよね。テーマも自分で選んだことないんですよ、『まいにち生活です』以外は。だから、やりたいことが分からないのは未だに変わらないんですよ」。矢野さんはそう言って笑った。

「いろんな人といっぱい知り合って話して作品ができていく、そういう流れっていうのは面白いですね。こういう仕事だったら、ずっとやっていってもいいんじゃないかと。勝負できるのはここしかないんじゃないかなって思うんです」。今、矢野さんはやっと自分の〝居場所〟を見つけたのだと思う。

矢野さんは活動後も機会があるたびに、わらじの会と関わりを持ち続けてきた。だが、活動が終わってからずいぶん時間も経ち、わらじの会の組織も人も変わってゆく。だから、今の生活の中で当時のことを思い出すことはほとんどない、という。

「でも周りの人たちは私の成長を見守っててくれたなぁって、ふと思い出すこともあります。私も周りからどう見えていたのか……1年間ボランティアの後輩たちを見てると、こうやって自分も育ててもらっていたんだなって感慨深く感じることはあるんですよ」

わらじの会は今どんな存在として残っているのだろうか？

「参加したことによって、ものを考えるときの幅が広がりましたよね。わらじの会というそれまでとはまったく違う哲学を持った人たちの生き方に触れた。だから、そのあと新聞読むとか新しい分野に飛び込むとか、あとは、原稿を書いているときや取材で人と会って話すとき、わらじの会の人たちだったら何て言うかなって考えるようなところがある。

みんなが当然と思っていることが果たしてそうなんだろうか？って。まず疑ってみるという考え方が身に付いたよね。そういう意味でわらじの会は原点ですよね。育ててもらった、経験させてもらったって言えるのかな」

矢野さんは、活動から14年後のわらじの会の会報に寄稿してこう書き記している。――「あのときの選択の延長上に今自分が立っていることだけは確かである」と。

決めるまでが一番大変だった――そんな逃げたくて仕方のなかった1年間ボランティア。矢野さんはそこから逃げなかった。

その後、『濁る大河』を書くことができたのも、『注文でつくる』を執筆したからで、その『注文でつくる』の執筆も『まいにち生活です』を書いたから依頼が来たわけだ。つまり、『まいにち生活です』を書いたからこそ執筆に追われる〝まいにち〟という今が、ある。この一連の流れが矢野さんの言うところの「延長上に立つ自分」ということだろうか。

「大学を卒業した時点で、敷かれたレールがもう終わっちゃったんですね。初めて敷かれたレールをはずれて歩き始めた出発点が1年間ボランティアだったんです。

もとをただせばそれから逃げなかったから、自分らしい人生が始まったっていう感覚はありますね。だから、ホントあそこから始まってますよね」

▼矢野陽子（やの・ようこ）さん▲

1968年　東京都生まれ
1990年　大学卒業後、1年間ボランティア〈12期〉に参加。埼玉県にある市民グループ「わらじの会」にて活動
1991年　ボランティア活動中の記録をまとめた『まいにち生活です』を出版
1992年　フランスに語学留学
1993年　帰国後、建設コンサルタント会社でアルバイト
2001年　障害児・者の使う椅子等を製作する木工所「でく工房」でアルバイトをしながら取材・執筆を開始
2004年　でく工房を取材した『注文でつくる――座位保持装置になった「いす」』を出版。わらじの会のある埼玉県春日部市に移住
2006年　わらじの会でアルバイトをしながら、著作第3弾『濁る大河――赤い北上川と闘った男たち』を出版

▼活動先およびボランティアの活動内容▲

わらじの会――障害のある人もない人も共に生きる街づくり

活動内容…障害者の自立生活および雇用支援、普通学級就学、交通アクセスの改善など会が取り組む活動に、自らの興味・関心に応じて立てたプログラムに沿って活動する。さまざまな関連団体への活動参加、交流も行う。

所在地…〒344－0021埼玉県春日部市大場690－3

16 これがナースなんだ

おはなし ▶◀ 大角美津江さん

離島での健康指導

「自分が生きてきた流れの中での1年間だけど、そこだけの1年ではないんです。その1年間は私にとって必要な1年間だし、誰かから必要とされていた1年でもあったと思うんです」。看護師の大角美津江さんはそう語る。

なぜ〝そこだけの1年間〟で終わらなかったのだろうか？　それは大角さんが看護師、ナースという仕事の原点を発見したからだろう。

「理論だけじゃなくて実践で学んだっていうのが大きいですよね。生活に密着した健康指導はそこでしか味わえなかった。病院の中で働くのとは違って、その土地の風土や社会まで見た上で医療を考えなければならなかったんです」

大角さんが1年間ボランティアとして派遣されたのは小さな離島の診療所だ。鹿児島県トカラ列島に属する小宝島は、周囲約3・2キロ、歩いても30分ほどで一周できる小さな島だった。当時の島の人口は43人だったという。体調を崩したときに普段行く病院や診療所が島にはなかった。設置基準を満たすことができなかったからだ。そのため本土の鹿児島の医師が定期的に島々を巡回した。他の島々には看護師など医療従事者がひとりはいた。しかし、小宝島には一人もいなかった。そこで、1年間ボランティアによる看護師の派遣（要請）となったのだ。

小宝島を希望したのは大角さんの意向だった。

看護師にしかできない仕事とは

参加するまで大角さんは、茨城県内の救命救急センターで看護師として働いていた。看護師になろうと思ったのは、中学生のとき。自身の体験と周りの環境によるところが大きい。

幼い頃は体が弱く、よく入退院を繰り返した。虚弱体質だった。入院を繰り返すうちに、幼いながらも大角さんは看護のあり方について想いを募らせていったのを覚えている。「もし自分だったらこういうふうな看護ができる、こういうことをしたいって考えるようになったんですね」。単なる憧れだけではなかった。「それに看護を必要とする人が身近にたくさんいて、小さい頃から役に立ちたいという気持ちが強かったんだと思います」。

祖父は脳梗塞で寝たきりだったし、その祖父を看病していた祖母も脳出血で倒れた。両足が義足の叔父もいた。闘病する身内を見てきたそうした環境から、将来は看護師になろうと決意。目標を持って以来、エネルギーが湧いた。「それからは私の生命力が大きく強くなっていった気がするんです」。

救急の現場では、辛い状況もたくさん見てきた。救命救急はもちろん命を助けるのが仕事。しかし、やっとの思いで命を救っても《心臓だけを動かすのが本当の救急なのか?》と疑問を持った。助かったかもしれない命を救えなかったときは自責の念にかられた。常に緊張状態に置かれ、燃え尽き症候群のようになって精神のバランスも崩していった。

看護師という存在にも疑問を持つようになった。高度な医療環境の中では治療が優先され、看護師としての本来の仕事が見えなくなった。

《医師の補助的な仕事ではなく、看護師にしかできない仕事がしたい!》、《看護師にしかできない仕事って何なのか……》。原点に戻ってもう一度考えたくなった。だからこそ医者のいない場所で活動したかった。「しかも離島で、自分がどこまでできるんだろうか? 自分にとって何が医療活動だろうか? 看護師としてできることって何だろう?という想いがあったんです」。

1年間ボランティアを新聞で知ったのは、看護師として3年目のときだった。もともとアジアやアフリカなど第三世界での医療活動や災害医療などに興味を持っていた。将来は青年海外協力隊に参加しようと考え、どんな現場でも対応できる力と知識を身に付けようと救命救急を希望したのだった。世界で頻発する自然災害や紛争、それに貧困、差別。その中で理不尽にも命を落とさなければならない命があることへ、虚しさや悔しさを感じていた。なんとか自分の手で少しでも救いたいという想いがあった。

また、身近なところでも弱い者が見捨てられている、そんな社会のあり方への反発も、1年間ボランティアへの参加を考えるきっかけとなった。

「僻地は体制から常にはじかれるような存在。そういう人たちって社会保障とかの恩恵を受けられないままに、生活しているような気がするんです。普通ではごく当たり前にもかかわらず、離島では病院に行くこともままならない。そういうことへの関心がすごく強かったんです」

その土地にあった医療を

活動は主に島民の健康管理。朝から全家庭を回って血圧を測り、問診をし異常がないかを聞いて回った。病人が発生した場合は本土と連絡を取り対処するが、意外にも島民の健康は安定したものだった。

島民の多くは半農半漁の暮らし。朝は早く起きて畑に出る。日中は魚を獲りに出かけ、夕方はまた農作業をするという生活だった。畑で作った食物と海や山で獲れた産物を食す。そんな生活は自然体で理にかなっていた。

「もともと医者がいないところの人は自分たちの命は自分たちで守るみたいな意識がしっかりしていて、自己管理ができているんですよ」

だから、果たして自分がここまでやってきた意味は?という疑問も湧いた。しかし、その中で看護師としての役割に気づいた。

「島の人の不安っていうのは大きいんだなって感じました。何かあったときがすごく怖いと思うんです。いざというときの保障っていうのはやっぱり必要なんだなって。だから、私に求められているのはそこにいるだけでいいという、安心感なんだって思ったんです」

やがて看護師としての真の役割にも気づいた。各家庭を回る中で、お年寄りは歴史や土地の風土について話して聞かせてくれた。戦後占領下のトカラ列島・沖縄の話も聞いた。

小宝島は知る人ぞ知る小島。そこには、島めぐりをする旅人、写真家やダイバーなどいろいろな人が訪れ知り合いになった。あるとき、島を訪れた民俗学者の言葉が特に印象に残っている。その土地の風土や文化を気兼ねなく話せるのは看護師が一番なんだという話だった。「看護師って聞くと、自分の生活だったり健康問題だったりすべて話すじゃないですか。看護師だから心を許してくれるところもあると思うんです。看護師の仕事ってすごく恵まれてるんだなって感じましたね」。病院の中だけでは、患者の生活や日常を理解するのに限界がある。だから、生活にまで入り込むことのできた小宝島での体験は新鮮なものだった。

医療についての考え方も変わってきた。「それまではこの人のためにはこうした方がいい、ああした方がいいというのを自分のものさしで考えることが多かった。でも風土や歴史、生活を理解しながら住民と一緒にその人や土地にあった医療というものを考えられたのかなって思います。《これがナースなんだ！》っていう思いをしたような気がするんです」。

結婚、そして子どもの喪失体験

ボランティアを終えた大角さんは、語学留学のためハワイに渡った。そこで知り合った男性とその後結婚。結婚式は夫の地元である千葉で挙げた。

実は千葉での挙式の前に、2人で小宝島を訪ねている。島で2人だけの結婚式を挙げるためだ。前日になって島の人に連絡を入れたにもかかわらず、当日は島の花で作った花束と手作りのケーキ、あたたかい祝福の言葉で迎えられた。小宝島の小さな神社で祝詞を挙げた。2人にとっての本当の意味での結婚式だった。

「自分の中でやっぱり小宝島の存在ってすごく大きいから、それを夫にも分かってもらいたいなって思ったんです」

結婚式を挙げることにこだわった小宝島が、他に代えることのできない特別な存在なのだということを、このエピソードを聞いて僕は強く感じた。

2番目の子どもを授かったときが、大角さんにとってもうひとつの転機になった。出産してから数カ月後。数十万人にひとりという先天性の重い心臓病を患っていることが判った。当初は《なぜ自分の子が……。どうしてこの子だけが……》という思いに駆られた。

何度も入退院を繰り返す中で、やがて悟った。「私に医療の知識があって子どもを守れるという立場だから、きっとこの子は私を選んで生まれてきてくれたんだって強く思ったんですよ。だから、できる限りのことをしてあげよう……」と。

しかし、症状は悪化し生後11カ月で大きな手術を行った。それは大角さん夫妻にとっても医師にとっても重い決断だった。術後7日目。心臓の手術は成功したものの合併症を起こし、小さな心臓はその動きをやめた。もうすぐ1歳の誕生日だった。

ちいさなたからもの

その後、大角さんは看護師として復帰。母親でもあり、看護師長として若手の指導にあたる忙しい日々を送っている。

日常は大変だが、大角さんには是非とも叶えたいことがある。看護学校の教員になるという夢だ。現実は、若い看護師の育成に手を焼くことも多い。「我慢ができない人たちが多いのはすごく感じますね……」。

でも、と大角さんは続ける。

「全然悲観はしてないんです。若い人たちはこれからの可能性をいっぱい秘めているから、関わる人の情熱や想いが強ければ絶対いい方向に育っていう信念があるんです。人はやっぱり人によって育てられると思うんですよ。だから、自分が経験したことを人に伝えることによって、いろんな人間の生き方を学生に示せたらって思うんです」

手を焼くのは部下だけではない。今でも医師と看護師との関係の難しさに悩むこともある。

部下の指導にあたるにしても医師と看護師の関係を考えるにしても、悩んだとき1年間ボランティア当時のことを思い出すことがある。「常に原点に返るというか、振り返らないと自分を保てないときがあるんですよ。自分の確固たる信念をもう一度確かめたいっていうようなときにそのとき綴った手記とかを見返すんです」。

大角さんは活動当時、小宝島で出会った人たちに向けて活動の様子などを記した「ちいさなたからのしまより」という通信を書いていた。「それを読んで自分の想いをもう一度再確認するんです。当時のことは忘れることはないいし、今でもつながっているっていうのかな。やっぱり常に初心に戻れるところだという気がしているんです」。

大角さんにはもうひとつ大切にしているものがある。亡くなった子どもの四十九日法要に合わせて自分の気持ちを整理しながら書いたメモだ。タイトルは「ちいさなたからもの」。「小さいまま亡くなってしまったけど、私にとって存在はすごく大きいから、ちいさなたからものなんですよ」。小宝島という存在。亡くした赤ちゃん。そして看護師としての仕事——そういうたからものを大角さんはたくさん持っているのだと僕は思う。

▼大角美津江（おおすみ・みつえ）さん▲

1967年　茨城県生まれ
1987年　看護専門学校を卒業後、土浦市にある総合病院に就職
1991年　1年間ボランティア〈13期〉に参加。鹿児島県の小宝島にて活動
1992年　ハワイに語学留学。エイズのボランティア活動に参加
1994年　結婚により千葉に転居。千葉県内の病院に就職
1998年　先天性心疾患で産まれた次男が死亡
2003年　看護教員資格取得
2005年　認定看護管理者取得
2008年　勤めていた病院を退職し第4子の出産育児中。近い将来、再び看護師として復帰の予定

▼活動先およびボランティアの活動内容▲

鹿児島県十島村役場——鹿児島沖に浮かぶ人口約40人の島での看護支援

活動内容…十島村を構成する10の島のひとつである小宝島。医師が常駐していないその島の診療所にただひとりの看護師として滞在し、本土の医師と連携しながら島民の健康を守る活動を行う。

所在地…〒892-0822鹿児島県鹿児島市泉町14-15（ただし、これは十島村役場の住所）

17 島のお母さんになった幸せ

おはなし ▶◀ 朝岡友加利さん

島での子育て

東京、調布飛行場。

小型セスナ機のエンジンは耳元で轟音を発し、今ようやく飛び立とうとしている。狭い機内に乗客は10人ほど。ジャンボ機にしか乗ったことがなかったから、《揺れるんだろうな》と不安に思う僕にとっては、他の見知らぬ乗客が運命を共にした家族のように思えた。

フライト時間はわずか40分。自宅の最寄駅から電車で東京の中心部まで行く時間とほとんど同じだ。ちょっと出かけてくる――そんな感じがした。

本土から南へ150キロ。伊豆諸島の北から3つ目に位置する東京都新島村は、周囲約30キロ、人口2600人ほどの小さな島だ。

新島空港で出迎えてくれた朝岡友加利さんに会うと、電話で話したときの声から想像していた人物像とは違って一瞬とまどった。マリンスポーツがさかんな新島にはサーファーもよく訪れる。実は朝岡さんもサーファーのひとりだという。小麦色に日焼けした肌は健康そのものといった感じだった。

さっそく島をドライブしながら案内してもらった。遠くにぼんやりと見える三宅島は2000年に噴火。今でも三宅島の粉塵が飛来してくることもある。同じ年に起こった新島・神津島近海を震源とした地震では、島内の2つの地域を結ぶ幹線道路のトンネルが崩落したという。今でも残る地震の爪跡をいくつも目にした。

朝岡さんは車ですれ違う人のほとんどに会釈している。みんな知り合いなんだろう……と思うものの、それにしても知り合いが多いんだなと僕は思った。

島内にある温泉で足湯に浸かっていた男性には、「ちょっと熱いね」と声をかける。もしかしたら知らない人でも挨拶していたのかもしれない。「知り合ったらもう知ってる人になるので」――朝岡さんはそう言っていたが、まさにそれを体現しているかのような光景だった。

移住を目的に新たに島にやってくる人もいる。その一方で、人間関係がうまくいかず去ってゆく人もいるという。その点、朝岡さんはもうすっかり新島の一員となっているようだ。

1年間ボランティアの活動が終わった後、現地の人の世話もあって、島の人と結婚。女の子ひとり、男の子2人をもうけた。

そして、2005年に里子を受け入れることに決めた。養育家庭（里親）に登録していたところ、要請があったからだ。家族も理解してくれた。子どもが好きだという朝岡さんらしい選択だった。

それにしても、子どもひとりを育てることすら難しくなりつつある時代にあって、自分たちと関係のない他人の子どもを預かって育てる理由が何かあるのだろうか？

「もし預かれるんだったら、それはいつでもようこそという感じなんです。だけど、養育家庭に登録しておかなかったら、うちに縁のある子も来れないじゃないですか。たまたまきっかけがあって登録してたんです。そしたら頼まれて、それで『はい』と。誰も反対しなかったので、そのまま受け入れたんです」と朝岡さんは言う。しかし、僕にとってはそう簡単に受け入れられるものだろうか?と気になった。あとになって、こう考えてみると納得がいくような気がした。

子どもがいるかいないか、ゼロとイチの違いは大きい。が、3と4の間にはもうそれほど大きな違いがないのかもしれない、と。朝岡さんの口からは、「3人も4人も一緒よぉ」、そんな心の広い言葉が聞こえてきそうな気もしないではない。

そして里子の男の子を加えて6人での生活が始まった。親子で6人とは今では〝大家族〟の部類に入るのかもしれない。

4人の子どもたちがいる朝岡家はとても賑やかだった。僕はすぐに4人のおもちゃにされてしまった。ドタバタする子どもたちにカミナリも落ちる。その姿は大家族の〝おかあちゃん〟という感じがした。僕にはどの子が里子かまったく分からない。どの子も平等に叱られていたんだから。

新島に来て13年。現在は子育てに専念中だ。

いつも身近にあったボランティア

朝岡さんは、小さい頃から障害のある人と知り合う機会が多かった。それにはまず弟に障害があったことが影響している。母親に連れられて弟のいる病院には何度も通った。そこで重い障害がありながらも生きる、自分と年の違わない子たちと出会ったのだった。小学校の頃の担任が養護学校へ異動となると、それをきっかけに養護学校の交流会やキャンプに参加するようにもなった。

中学生になってからは、従兄がボーイスカウトをしていたことがきっかけで、小児マヒの団長が率いる障害児だけのグループの活動を手伝った。従兄自身も重い病気を抱えていた。社会福祉協議会にも出入りするようになり、点訳やテープ起こし、障害児が通う学校への訪問活動のボランティアにも携わった。

ただし、決してボランティアをしようなどと思って活動したわけではない。関わる人に障害のある人が多かったという環境で、自然に行動していたに過ぎないと朝岡さんは言う。自分のやっていることが、何か特別な行為だろうか？　むしろそんなふうに思っていた。「私のやっていることに、周りからいいことやっているね、エライねと言われたけど、何がよくってエライのかよく分からなかったですね」。それが“ボランティア”だということは、あとになって分かった。

高校を卒業すると保育専門学校へ進学した。この頃には福祉施設で働くことを考えるようになり、そのためには保育士の資格が必要だったからだ。

卒業時に保育士の資格を取得したが、保育園へ就職するのでは納得できなかった。やはり福祉関係の仕事に就きたいという希望は簡単にあきらめられなかった。先生に相談すると別の学校に進むよう勧められ、そうすることに決めた。

そして卒業後は念願の福祉施設に就職。しかし、学んだことと現実とのギャップはどうにも埋めることはできなかった。男女一緒に入浴させられていることや、職員が女性ばかりだったことにどうしてもなじめなかった。そのたびに気持ちを入れ替えて臨むものの、空回りするばかり。そんな日常に次第に疲れていった。《なんでうまくいかないんだろう……》と辛いだけの日々が続いた。

そんなとき、1年間ボランティアのポスターを見た。実は、学生時代に関わった社会福祉協議会に貼り出されていたポスターで、1年間ボランティアのことはすでに知っていた。さらに、新聞記事でも見かけた。「あまり何度も目にしたんで、運命かなぁと思ったんです」。誰かに呼ばれているような気もした朝岡さんは、参加を決意した。

「参加前は一番苦しい時期だった」という。

とりあえずもう少し島に

朝岡さんが新島村への派遣を希望したのは、〝地域で暮らす〟とはどういうことかを考えたかったからだ。当時は障害のある人も施設ではなく地域で暮らそう、と言われ始めた時代だった。外部との交流があまりない島で、どういうふうに人が暮らしているか——それを実際に目で確かめたかった。

新島村役場の職員として、日中の活動は電話番やコピー取りが多かった。将来は福祉の現場で体を動かす仕事をするつもりだった。だから事務仕事は苦手。それに島特有の言葉で仕事を頼まれても意味が分からなくて戸惑った。

人間関係も希薄だった。役場の職員ふたりとしか話さない日も一度や二度ではなかった。キャンプやサーフィンといった、アウトドアが好きな朝岡さんにとっては、それは窮屈で仕方のない日常だった。《私は何も貢献できないいんじゃないか？》活動中、そんな思いが何度も頭をよぎった。それでも電話ひとつとったこともなければコピーを取ることもできなかった自分が、要領よくこなせるようになると、小さな喜びが湧いてきた。

秋には地域の運動会やソフトボール大会、バレーボール大会などのイベントが目白押し。「人とのつながりができてゆくごとに、楽しくなったりうれしくなったりしました」。最終的には、「生活そのものが楽しい」と思えるまでになった。

あるとき、島の社会福祉協議会の企画で小学生のキャンプに付き添った。それをきっかけに、島の子どもたちとの交流も始まった。「ここで子どもを育ててみたい！」、自然にそう考えるようになったという。その想いは活動修了が近づいてきても消えることはなかった。

1年間ボランティアとして活動した役場ではちょうど職員募集が行われていた。

「とりあえずもう少しいよう」。役場の職員として採用された朝岡さんは、新島に残ることを決めた。

悩んだこともすべて正解だった

生活の上で何かと手続きなどを行わなければならないため、役場を訪ねることがよくあるという。子どもが4人もいるとそういうことも多いのだろう。そんなとき、1年間ボランティア当時のことが思い起こされる。

僕は、参加したことに複雑な気持ちがあるのかもしれないと思っていた。活動では期待はずれに終わった部分もあったようだから。だから、「あの1年があったから今がある」と聞いたときは少し安心した。

「一番大きく学んだことは、自分の力で生きていくことですね。周りがどうにかしてくれる、そういう甘えもあったと思うんですよ。終わったらきっと何か素晴らしい未来が待ってるって思ってた。でも自分で地に足をつけて生きていかなければならないってことがよく分かった。それから、あまり期待してはいけないということも」と言って朝岡さんは苦笑した。

「おもちゃの人生ゲームはいくつも分かれ道があって、こっちに進んで行ったら大損しちゃったとかってあるじゃない。それと同じように私も人生の岐路でその都度選択してコマを進めてきたけど、今思うと全部正解だったなぁーって思うんです。いろいろ悩んだこともすべて含めて正解だったって思える。まぁいい方に考えてるっていう部分もあるかもしれないけど。だけど、今すごく幸せなんですよ」――幸せです。サラリとそう言われて僕は少し照れてしまった。それを真っ直ぐに言える人が今どれだけいるのだろうと考えた。

参加してなければ？と聞くと、「どうでしょうねぇ。多分日本にはいなかったでしょう。日本に住んでいたらいつも『疲れちゃう』とか言ってついには海外に出ちゃったと思うんです。私って日本人っぽくないでしょ。でもまだ一回も海外行ったことないんですけどね」。朝岡さんはまた苦笑いを浮かべた。

「それは両親にも言われるんですよ。あんたは新島に行ったから、こうやってちょうどいい距離のところにずっと住んでるけど、あのときにもし新島に行ってなかったら、どんどん遠くに行ってしまってついには日本にはいなかったんじゃないかって。……私もなんとなくそんな気がするんですよね」

そうした両親の心配は、母親になってみて初めて分かる。「両親には感謝してるんです。男の子ならまだしも、誰も知った人のいないところに女の子をひとりでよく出してくれたなって思うんです。そういう気持ちは徐々に湧いてきました。子どもを持ってからは感謝の度合いが違いますね」

両親を見倣うようなところもあるのか、子どもたちには「心配はするけど反対はしない。冒険する人間になってほしい」というスタンスで育てているという。

両親が住む静岡からは新島までフェリーも出ている。けれど、そうそう行き来することはない。「海で隔てられているのが私にはちょうどいいんです。すぐ行けないでしょ。そこがまた私にはいいのかなって」。遠いようで近い、近いようで遠い、それが朝岡さんの今いる場所なのだろうか。

一瞬の家族

新島で生活するのは1年こっきりのはずだった。吹き抜ける一瞬の風になるつもりだった。しばしば1年間ボランティアの存在が、参加した者たちの間では「風」にたとえられる。1年間たつと風が吹き抜けるようにして、その土地から去っていくからだ。

風に対して、その土地に居ついてしまった者は、「土」。朝岡さんもそのひとりだ。「根を張る生活ができるタイプではなかったんだけどな」。朝岡さんは苦笑いを浮かべた。

「きっと新島だったから残ったんでしょうね」。隣の式根島にも行ったことがあるが、新島とは何か違うものを感じた。「式根島だったら残っていなかった。空気が違うというのかな。新島の空気が自分にあってたということかな」。

新島の好きなところは厳しい自然だという。「台風が直撃したり、船が何日も止まっちゃったりすることもあるけど、その自然がいいですね。本当に人が生かされてるんだなってことを感じるんですよ」。

島には釣りやサーフィンをやりたくて遠くからやってくる若者が少なくない。朝岡さんの家ではそんな旅人たちに自宅を宿として提供することにしている。

「私はやっぱり新島が好きだから、ひとりでも多くの人に新島に来て、何か感じてほしいんです。たとえば海がきれいだと思ったら、どうして海がきれいなのかって環境問題とかにつながっていくじゃないですか。自然を大事にしたいと思ったら、帰ったときに都会でできることを考える人もいるんじゃないかな。だから、とにかく来て何かを感じてほしいっていう想いがあって。私たちに何ができるだろうと考えたんです。

高いでしょ？　交通費も泊るのも。だから釣りを楽しみたくてとかサーフィンやりたくてとか、そのために頑張って頑張って働いてやっと交通費だけ溜めたっていう人には、泊るのにお金かけるんだったら、その分何回も来てよって私たちは思うんです。テントに泊るんだったら、ウチ、テントよりは少しはいいかもよって。だからホントに来てくれたら歓迎だし、いい思いして帰ってほしいですね」

子どもたちの誰もがまったくと言っていいほど人見知りしないのは、きっといろんな旅人と一瞬だけど〝家族〟になったからなのかもしれない。僕はそう思った。

「知らない人といえば僕もまだ知らない人ですね」。笑いながら僕は言った。

「でも一度会ったらもう知っている人なんで、いいんです。そのへんが日本人的じゃないって言われるんですよ」。確かにそうかもしれない。朝岡さんは、どこまでも風通しのいい人だった。

これから、について聞いてみた。

「とりあえず楽しく生活できれば。なんかあのウチいつも楽しそうだゾ、みたいに思われればいいかなって」


再び、新島空港。

まさに今飛行機が飛び立とうとしている瞬間、見送ってくださった朝岡さんたちが手を振るのが見えた。ロビーからきっと僕の姿は見えなかっただろう。

「また来てね」――きっとそんな想いで、一瞬でも〝家族になった旅人〟をたくさん見送ってきたんじゃないか……僕はそう思った。

離陸して小さくなっていくこちらに、いつまでも手を振り続けている姿は、今でも思い出せる。

風は種を運んだ。種はやがて地中に向かって根を張り、太陽に向かって芽を出した。

そしてときに風にたゆたい、ときに風に耐える。

そしてまた新たな花が咲く。

朝岡さんにとって1年間ボランティアとは、〝わたし〟という種を運んでくれた風だったのかもしれない。

▼朝岡友加利（あさおか・ゆかり）さん▲

1968年　静岡県生まれ
1990年　保育専門学校を卒業し保育士資格取得
1991年　埼玉県にある保護指導職員養成所に進学
1992年　知的障害者施設に就職
1993年　退職後、1年間ボランティア〈15期〉に参加。東京都新島村役場にて活動
1994年　新島村に残り役場職員となるが、結婚を機に退職
2005年　養育家庭（里親）となり里子を迎える

▼活動先およびボランティアの活動内容▲

新島村役場――地域活性化の拠点づくり

活動内容…伊豆諸島に浮かぶ2つの島から成る人口約3300人の新島村。その地域活性化の拠点である「21クリエイトセンター」に籍を置き、地域の人たちと関わりながら島民塾づくりとその運営を中心にさまざまな活動を行う。

所在地…〒100－0402東京都新島村本村1－1－1

18 闘病の末に見えた、いくつもの夢

おはなし ▶◀ 安間光利さん

不思議なメッセージ

僕は「取材なんか面倒くさい」と思われていやしないかと思っていた。会う前に何度かやりとりした携帯でのメール交換で、そっけない感じがしたからだ。

そんなことを考えながら待っていると、白い軽自動車が入ってくるのが見えた。中からバンドマン風の男性が降りてきた。ファミリーレストランの窓からその光景を見ていた僕は、「おそらくあの人が……」と思ってドキドキして待った。

「僕なんか取材していいの?」と安間光利さんは言った。なぜ僕が安間さんに話を聞いてみようと思ったのか?

「★　絵本作家を目指してます。

☆　田舎暮らし

◎　若返り

◆　未だ独身です。
今の生活から逃亡を計画中！」
これはＪＹＶＡへ寄せたメッセージ集の中に見つけた安間さんのメッセージだ。おまけに自分が「なまけもの」であるかのようなことも書いてある。僕は訳の分からなさと同時に興味を持ったのだった。

1年間ボランティアへの参加は消去法

目立ちたがり屋で、人と違うことをやりたい性格は小学生のときから。「昔からひねくれものだった」と安間さんは言う。中学校では生徒会長だったこともあり、今でも人前で話すのに緊張はしない。高校では3年間弁論大会に出場した。押し付けるような学校の教育に反抗し、制服の着用という校則に対して反対運動を起こしたこともある。

高校卒業後は地元の浜松を離れ東京の大学に進学。専攻は文化人類学。

文化人類学への入り口はレゲエ音楽だったという。先輩が好きで聴いていたのが安間さんにも影響した。それまで楽器といえばベースやギターという程度だったが、アフリカの音楽などを聴いているうちに独特な音を発する太鼓などの民族楽器に魅了された。そしてバンドを結成。路上で歌ったり、曲を録音してみんなに配ったり、ちょっとした友人たちの集まりで歌うというような活動をしていた。今でも詩を書いては仲間に送り、曲を付けて細々とではあるが活動を続けているという。

「表現のひとつとしてバンドがあるんです。デッサンとかもよくするんだけど、僕は何らかの形で自分が感じたこととか感情をそのときそのときで〝凍結保存〟みたいに、残しておきたいんですよね。時間が経つといろいろ気持ちも変わってくるだろうから」とバンド活動を続ける意味を話してくれた。

4年生になった安間さんは進路のことで悩んだ。選択肢はいくつか用意されていた。卒論には民族音楽を選んでいたが、書き進めるうちにもっと知りたいとのめり込んでいった。その気持ちが高じて、《アジアを旅してから就職しても遅くないんじゃないか?》と思ったりもした。アルバイト先から「ウチで働かないか?」という話もあった。

「普通にこのまま就職するのはなんか違う、なんか物足りないと思ってた。それにいきなり外国に出るのは怖かった。1年間ボランティアは消去法なんですよ」。1年間ボランティアを知ったのは大学の先輩を通じてだった。興味を持ち選択肢のひとつではあったが、今ひとつ踏ん切れないでいた。そんなとき、大学で催された講演会での話が安間さんの心を動かした。

「人は生まれた時点で行き着くところは決まっている。だからどんな道をたどっても最後はそこに行き着くわけだから、今思うことをやりなさい」。ダライラマの講演だった。「あの言葉がなかったら僕は参加してなかったでしょうね。その言葉には今でも勇気づけられているんです」。

ダライラマの言葉に後押しされた安間さんは1年間ボランティアへの参加を決意した。「そのとき、今やりたいこととかやるべきこととかを大事にしていこうというふうに決めたんですよ」。

また参加についてはこういった心境であったことも安間さんは話してくれた。

「スゴロクみたいにすべてを偶然に任せようと思ったんだ。参加してサイコロを振ってみようと。それに、知らない土地にひとりで行って何ができるんだろうっていう思いもあった。自分探しみたいな感じですよね」

自分について考える時間

派遣されたのは日本で2番目に古い歴史のあるオーケストラ「群馬交響楽団」。楽団は3年かけて県内の小・中・高校を巡回するという。子どもたちに少しでも楽器に馴染んでもらい、感動を与えようという目的で行われていた。

活動は、もっぱら楽器の運搬や舞台のセッティングだった。トラックが入っていけないような山間の学校では、重い楽器を担いで運ぶことも少なくなかった。

「すごい山奥とかも行ったんだけど、学校の先生はありがたがってくれた。わざわざこんなところまで来てくれてって。もちろん子どもたちも喜んでくれた。演奏が終わったあとは、楽器を見せてくれってわーっと集まってきたんだ。そうやって喜んでくれる人がいるっていうことだけでも、あぁ意味があったなって思いましたね」

今となっては苦しいことは忘れた。「楽しかったことが圧倒的に多いよ」と安間さんは言う。

自分の存在についても考えた。「大学を卒業してからすぐに参加したので、まだ社会に出ていない自分の存在をきちんと認めてくれたことがうれしかったな」。

僕は、大学時代初めてバイクに乗って道路を走った日を思い出していた。免許を取りたてにもかかわらず、他のドライバーがちゃんと僕の姿を認めて道を譲ったりしてくれる。いっぱしのライダーになったような気がしたのだ。今から思えばなんてことのない話だが、そのとき僕は〝僕〟という存在が社会の中で認められたような気がした。安間さんも同じような感覚だったのかもしれない。

一方で、「そこに自分がいるっていうことがなんだか不思議でしたよね。普通だったらもう会社員になって働いているはずなのに、何でこんなことしてるんだろう？　なんでここにいるんだろう？って思うこともありました」。

1年という時間が流れていくうちに、安間さんの心にはすっきりとしない想いが募っていた。3年かけて学校をめぐる楽団に対して、在籍できるのは1年間。なんとも中途半端な気がしたのだ。そこで、せめて一巡はしたいとボランティア後はアルバイトという形で楽団に残らせてもらうことになった。

それに、1年の間に「立場」や「お金」、「働くとは？」といった本質的な問題について考えさせられる問いが周りから投げかけられていた。

あるとき、楽団の職員たちとこんな話になった。「同じ仕事をしているのにボランティアとかアルバイトとか職員の違いって一体何なんだろう？」と。また、「お前、ただ安く使われているだけじゃないのか？　それでいいのか？」とも。

考えればキリがない。ただ、ハッキリしていることは受け取るお金の額が違う。しかし、もともとお金のことはどうでもよかったはずだった。「だけど、周りの人はそういうことを考えていたらしく、よく言われるものだから、それで《ボランティアって一体何なんだろう？》とか考えるようになったんです」。

僕は1年間ボランティアとは参加した本人だけの体験として考えていた。だが、ボランティアを受け入れることによって、周りの人間が〝考えさせられる〟ということもあるのではないか？と思った。それは、ボランティアがアルバイトや正規職員とは異質な存在だからというのがひとつの理由だと思う。安間さんが残った理由、それはこうした問いに、いましばらく向き合いたかった、ということもあるのかもしれない。

2年目も3年目も相変わらず舞台の設置の仕事は続いた。今度はもちろん給料が支払われた。そこでまた考えた。「去年の1年と今年の1年は何が違うのか？とかいろいろ自問自答しましたよね。同じ仕事してるのにって」。

そうして自分の中で問いを深めていくうちに、安間さんはひとつの答えにたどり着くのだった。

「給料がいいから何でもするっていう生き方じゃなくて、社会的に意義がある仕事かどうかとか、世の中の役に立てているっていうことが感じられる仕事がしたいと思った。そういうことが感じられれば、給料はあまり関係ないっていう思いに至ったんですよ」

学校を巡り先生や子どもたちのうれしそうな顔を見ながら、自分が受け取るお金や立場を考えた。1年間ボランティアから始まった3年間という時間は、安間さんにとって、自分が何に価値を見出す人間かという、〝自分〟や〝自分の生き方〟について考えた時間だったのだと僕は思った。

3年が経過しようとしている頃、同じところにずっといた安間さんにはマンネリ感が付いて回るようになる。「ずっとここにいるべきなのかな？」と思うようになった。大学時代には見出せなかったやりたいことが次々に湧いてもいた。

「社会を知らなかったからまずそれを知りたいと思った。会社勤めもやってみたかったし。今までの経験を地元に還元したい、何か役立ちたいという思いもあったんです」

❖──ベーチェット病の発症

静岡に戻ってからは、しばらく市内の市民オーケストラをボランティアで手伝ったり、音楽に関係する仕事をしたいと演歌歌手のマネージャーをやったりした。カラオケボックスで働いていた時期もある。いろんな仕事に手を出した当時の心境について、「頭の中が空っぽになったような感じだったですよね。群馬でのことが大きかったので」と安間さんは話した。独立志向が強かったことから、パン屋のフランチャイズにチャレンジしたこともあった。

群馬での出来事があまりに印象的で、どこか地に足をつけられないような感じだった……僕はその心境を想像してみたものの、やはり疑問が残った。安間さんのやりたいことはいったい何だったのだろうか……と。

安間さんはこう言う。「選択ごとに社会的な意義がある仕事をやりたいと思っていたというよりは、社会との関わりの中で、喜んでいてくれる人がいればいいということを意識して働いていたんです」。パン屋であれば、パンを買って喜んでくれる客の姿はもちろん原動力になった。

「どんな仕事でも結局はそうなのかもしれないですけどね。たとえ希望じゃない会社に入ったとしても、自分次第だと思うんですよ。何かしら人と関わっていくわけですからね」。要は人と関わらない仕事はないから、逆に言えば自分を役立てられる可能性はどこにでも転がっている、どこに価値を見出して働くか、それは自分次第だ──安間さんはそう言いたかったのだと僕は思った。

その後自動車メーカーの下請け工場に転職した。パン屋の仕事は休みがなかったが、工場ではきちんと休みも取れた。空いた時間で社会のために何かやろうと思っていた。しかしそう考える余裕はなくなった。工場での仕事はのちの人生に大きな影響を及ぼすことになる。

仕事は車の点検。欠陥が見つかり、リコールされると何千台という車を点検して回らなければならなかった。ストレスの溜まりやすい仕事だからか、上司も部下も病んだ。

そしてある朝、目をあけるとただ真っ白な世界が広がっていた。なんの前ぶれもなかったという。病院に行くと、ベーチェット病だと診断された。簡単に言うと、徐々に視力を失っていく病気だ。原因は現在でも不明の疾患。効果的な治療法がいまだ確立されておらず、国から難病に指定されている。

安間さんがベーチェット病を発症したのは工場に勤めて2年目、30歳のときの出来事。仕事のストレスが原因と考えられた。職場の配慮ですぐに比較的楽な部署へ異動となり、その後数年は順調に過ごした安間さんは係長になりやがて部下もできた。

ところが、ひょんなことからまたクレーム処理の担当にさせられてしまったのである。クレームとおぼしき電話に誰も出ようとしないのを見かねて、その電話をとったのがきっかけだった。それは他の部署にかかってきた電話だったのだが……。

ストレスで、そのうちに病状が悪化。2カ月間休職し復帰したものの、医者からは失明の危険もあると言われ、会社を辞めることにした。

病気によるダメージは肉体だけではなかった。当時は結婚を考えた相手もいたという。しかしどうしても相手のことを考えると前に進む決断は下せず、自然消滅してしまったのだった。

人生を諦めかけていた。うつうつとし、前向きに生きられない日々が続いた。

1年間ボランティアに通じる思い

うっすらとではあるが、光が差し込んできたのは2006年の冬のことだ。同じベーチェット病を患った人と出会った。その人は、ベーチェット病を克服して視野を回復したという人だった。病状や経過には個人差があるものの、「克服した人がいたということだけで希望が持てた」という。

食事療法が効くという話を聞いた安間さんは、さっそく栄養学を勉強し生活習慣の見直しを試みた。そのおかげか、一度あきらめた車の運転も今は昼間ならできるようになった。仕事も身体に負担がからない仕事を選んだ。それが、現在勤めている旅館だ。ここでバーテンダーとして働いている。

主だった観光地のない場所にポツンと存在するその旅館だが、意外にも人気で老若男女問わず大勢の客が訪れるという。隠れ家的な雰囲気からか、現実を忘れたいという人が少なくない。そんな客に対して「逆に人を癒してあげられれば」と言う安間さんの胸には、自動車工場で働いていたときの想いがやはりあるのだろう。

図らずも難病を患ったわけであるが、かつて部下が精神的に追い詰められていく姿をたくさん目撃し、「若い人が潰れていくのを救ってやれなかった。情けない」という悔いは今でも感じている。

安間さんの左眼は今、9割がた視力を失っている状態だ。右眼は徐々に回復したが今でも3割程度光を失った状態にあり、徐々に視野は狭くなっている。進行性の病気であるため、現状を維持するのがやっと、ということに変わりはない。

「仕事を変えたのはギャンブルみたいなものだったんです。いい方に出るか悪い方に出るか分からないけど、病気にはいいはずだと思って今の職場を選んだんですよ」。職場の気に入っているところは、まず環境だ。静かなところで水や食べ物も美味しいと感じられる。さらに、住まいとして与えられた一軒家は畑もあり、土いじりを楽しむことができる。「特に悪いところはない……ただ寂しいっていうだけで」と安間さんは苦笑いを浮かべた。

旅館のある場所からは三河湾に浮かぶ小さな島々がいくつも眺められる。テレビで「島」の映像を見たりすると1年間ボランティアのことが思い出される。離島で行われたボランティアの参加前研修が特に印象深く心に残っているからだ。

自分探しの第一歩にすればいい

「参加してなければなんの疑問も感じずに生きて、ひとところにずっといたんじゃないかな。1年間ボランティアは自己実現のための土壌作りだったと思うんだ。種を撒いておく時期だったのかなって。これが終わったら何か芽が出るはずだと思ってた」。今でも鮮明に覚えているという1年間ボランティア。その記憶は普段の生活では「奥にしまってある」。

安間さんにとって1年間を過ごした群馬はどんな場所として、心の中に残っているのだろうか?

「隠れ家というか、基地というか……。とにかく行きたい場所」

それを聞いて僕はこんなことを考えた。子どもの頃、秘密基地をつくった経験のある人も多いはず。そこは、安らげる場所で、ありのままの自分でいられる場所ではないかと思う。きっと大切な宝物も隠してあるその場所は、家族にも知らせず、親しい友だちにしか教えない場所。つまりそれは、自分が自分らしくいられる場所。1年間を過ごした群馬はそういう場所なのだろうか?と。

「みんな自分探しの第一歩にすればいいと思うんだ。僕は人生の歩くペースは一歩目で決まったような気がする」

大学時代にみつからなかった「やりたいこと」は今たくさん、ある。

絵は昔から描いてきた。友人の誕生日には肖像画を描いてプレゼントしたりする。いつか絵本を描いてみたいという夢もある。

「いつのことだったか絵本っていいなって思ったんだ。子どもに何かメッセージを伝えようと教本とか見て勉強してるんだ。でもストーリーを完結させるのが難しいね」

安間さんが口にした〝これから〟はそれだけではなかった。近い将来は、地元・浜松で友人とオムスビをメインにした居酒屋を出す、という計画もある。そして最終的な目標は『たこやきバー』を開くこと。休日には友人たちと、たこやきの試作品を作ったり有名店を食べ歩く。

安間さんには、「工場勤務が長かったからサービス業はまったくの素人」という自覚がある。今働く旅館は自分を鍛える場として文句はない。マニュアルは一切ナシ。気づいたことをやる。それが職場の方針でもある。「そんな中で自分がどこまでやれるのか」、安間さんは決意をそう語った。

安間さんの「やりたいこと」を聞いていると、訳の分からなさを感じたあのメッセージを読んだときのような気持ちになった。でもきっと、《人のために役に立ちたい》、《何か役に立つ仕事がしたい!》という気持ちは貫かれているのだと僕は思う。

そして、安間さんが揚げたこんな目標も忘れてはならない。

「もし視力が戻ったら講演会で全国を回りたいんだよね」。話をしているうちに、僕は病気のことはすっかり忘れてしまっていた。だからその一言がより印象に残っているのかもしれない。

▼安間光利(あんま・みつとし)さん▲

1968年　静岡県生まれ
1992年　大学を卒業後、1年間ボランティア〈14期〉に参加。「群馬交響楽団」にて活動
1993年　群馬交響楽団でアルバイト
1995年　静岡に戻りパン販売会社に就職
1997年　自動車部品製造会社に転職
1999年　ベーチェット病を発症
2006年　愛知県渥美半島の旅館に勤務

▼活動先およびボランティアの活動内容▲

群馬交響楽団——市民オーケストラの草分け的存在

活動内容…群馬県内外で行う公演旅行に同行し、その演奏活動をサポートする。また、楽団と地域とをつなぐためのさまざまな交流プログラムの企画を行う。

所在地…〒370−8501群馬県高崎市高松町35−1

III部 あらたな出会いを求めて

19 おもちゃが持つ可能性

おはなし▶◀濱田百合子さん

発達にいい木製おもちゃ

子どもたちと一緒におもちゃ作りをしていると童心が甦るのかもしれない。僕が訪ねたとき、ちょうどおもちゃ工作教室が開かれている最中だった。小学生に混じって教えている小柄な濱田百合子さんのうしろ姿は、どこか少女のようにも見えた。濱田さんは、木製・手作りのおもちゃと、子ども用の家具を販売する「森のゆうえんち」という店を経営している。

空港からバス、電車、バスと乗り換えてたどり着いた店は山間の国道沿いにあった。あたりには数軒の家があるだけで、夜はほとんど明かりのない場所だ。「森のゆうえんち」は一見すると普通の民家だと思って通りすぎてしまいそうになるが、ちゃんと看板も出してある。

最初は、夫が経営していたおもちゃ工房で、木製のおもちゃと子ども用家具の製造・卸しとインターネットによる販売を行っていたが、人と直接触れ合いながら販売したいと考え、それまでの自宅を店としておもちゃの販売を行うようになった。現在は、当時の自宅兼店舗を改装しもっぱら販売店として使っている。装いを新たにした店は真新しさが十分に残るきれいなトイショップだった。

「営業も企画も全部店のことをしないといけないし、どうやったら売れるかな、どうやったらお客さん来てくれるかなといろいろ考えると、経営はしんどいですよ。私は商売には不向きだと思うんです。口もうまくないしね」。地元の高知で店を始めて10年。子育てもひと段落し、店も地域の多くの人に知ってもらえるようになった。

「絵本と同じようにおもちゃっていうのは、子どもの心の発達にはすごくいいんだよっていうことを広めたいですね」と濱田さんは意気込みを語る。

木製のおもちゃについてはこう話す。

「実際遊んだら木のおもちゃの方が飽きがこないんです。遊べば遊ぶほど変化もあるしね。それに適度な重さがあることによってすごく遊び甲斐があるんです。手触りも成長の中ですごく大事なポイントなんです。それと匂いというのもね。いい匂いと、いい音と、いい感覚のあるおもちゃが大事なんです。そういうのって五感を刺激するからすごくいいんですよ」

2年前に「おもちゃコンサルタント」と「おもちゃインストラクター」という資格を取得した。「たかがおもちゃと思われないようにと思って取ったもの。おもちゃには専門的な側面もあるということを認めてもらいたくて」。説明に説得力があるのもそのためだろう。

地域をテーマに選んだ活動先

濱田さんはもともと看護師をしていた。看護師になったのには、小学生時代に遊びがてら出入りするようになった近所の病院での体験が影響している。病院では、庭の草むしりや食事の配膳、掃除などできることは何でも手伝った。ボランティア精神からの行いというより、あくまで〝遊びがてら〟だったと濱田さんは強調する。

看護師は《どうしてもなりたい！》というわけではなかったが、看護専門学校へ進んだことで、その後の進路が決まった。卒業後は地元の大学の付属病院に勤めた。

実際に働いてみると、退院してもすぐにまた入院してくる患者が多いことに気づいた。そうした光景を目にするたび、濱田さんは病院のあり方や看護師としての限界を悟った。病院は、入院した人を治療するだけ。その先の社会復帰までは支援できていないのではないか……。

しかし、逆に地域での支援があれば、入退院を繰り返さずにすむのでは？と考えるようにもなった。次第に患者がそれぞれの地域で《どんな生活を送っているのだろうか？》という素朴な疑問が湧いてきた。

「まず地域の中での人間のナマの暮らしっていうのを見たいなと思っていたんです」。そう思っていた頃、新聞記事で1年間ボランティアを知った。

「看護師をしていて、《このまま働いていていいのかな》という迷いがあったときに、たまたま新聞を見たんです。病院に来る人たちだけじゃなくて地域の中でいろんな人と会って話をすることが、今後の看護師としての仕事に役に立つんじゃないかと思ったんです」と濱田さんはそのときの心境を話してくれた。

参加に際しては、まず両親から反対された。賛成してくれる人は周りに誰もいない中で参加を決め、職場を辞めた。「若かったからそのときは人の意見を聞くよりは、まず自分でできるかを試してみたいという気持ちの方が強かったですね」。

すぐに実家に帰ってしまわないようにと、できるだけ遠い活動先を希望。それに、地域の人と接することをテーマとしていたから、人間関係が固定化されそうなところよりも、さまざまな人が集まってきそうな活動先を選んだ。

希望は叶い、長野県の「松代ボランティア協会」に派遣されることが決まった。

活動させてもらっている、という思いで

松代では24時間ボランティアをしているようだった。まず日中は、ひとり暮らしをしている高齢者宅を訪問して話し相手になる活動を行った。給食サービスは作って配るだけでなく、ひとり暮らしの人を一堂に集めての食事会も催した。子どもたちに図書を貸し出す手伝いも濱田さんの活動のひとつだった。

仕事場兼生活の場所となったのが「ころぼっくるの家」。そこには、さまざまな人たちが集まってきた。「ころぼっくるの家」は、利用者の「これがやりたい！」という希望に応じ利用スペースを提供していた。たとえば、人形劇サークルを結成していた地元の高校生には練習場として、音楽をやりたいという青年たちには演奏したり歌ったりできる場所として開放された。

ときにはそういう若者らと語り合い、深夜に及ぶこともしばしばだった。次第に、睡眠時間は削られるようになった。おまけに「ころぼっくるの家」は年中無休。おちおち休んでもいられない状況だ

った。「自分の生まれ育ったところとまったく環境が違うし、気も遣うし、しんどかったよね」。けれど、必死の思いで1年間を乗り切った。参加に対する強い思い入れが活動の原動力ともなっていた。それは活動中に受け取っていた5万円の活動費についての考え方からもうかがえる。

「5万を欲しい人はいっぱいおるわけよ。それを誰かにあげたら、その人はひもじい思いから解放されるかもしれません。でも若者に自分の生き方を見つけてもらうひとつのきっかけのために、国がお金を出して*やりたいことをやらせてあげるっていうことはすごいことですよ。それに対して一生懸命やるのが当たり前で、それを裏切ったりしたら申し訳ない。5万もらって活動〝させてもらってる〟わけです。それが看護師として働いてきたから言えることだと思うんです」

しかし、肉体的にも負担の大きかった活動は長く続くものとは思えなかった。

「1年間だからできたんですよ。1年という限られた期間だから当然！と思っていましたね。二度とこういう体験はできないだろうから休むのももったいない、やっておかないと後で後悔すると思ってました」

ただ、疲労は限界をすでに超えていたに違いない。活動修了後、濱田さんは結核に罹っていることがわかり、しばらく自宅での静養を余儀なくされた。


*国がお金を出して……当時、1年間ボランティアの実施にあたっては、その資金の一部について文部省（現・文部科学省）からの補助金を得ていた。

おもちゃがとりもつ縁

おもちゃに出会ったのも1年間ボランティアの活動中だった。

長野市のあるデパートで、おもちゃの展示会が催された。展示会は「おもちゃ図書館」開設のための準備も兼ねていた。

おもちゃ図書館とは、ひとことで言えば図書館のおもちゃ版である。濱田さんによれば、玩具を貸し出すことはもちろんだが、子どもと母親、ボランティアたちが一緒に遊べる広場を作り、楽しい時間を過ごすことに狙いを置いているという。なかでも障害のある子どもに対しては、おもちゃを通して発達を促す助けとしたり、気兼ねなく自由に遊べる場を提供するものである。利用は無料で、運営をボランティアが行っているのも特徴だ。今では全国に400カ所以上あるという。

おもちゃ図書館は東京で始まり、次いで動き出したのが長野だった。もし濱田さんの参加がこの年より前であれば、おもちゃ図書館とは出会えていなかった。また、もし後だったら、おもちゃ図書館の立ち上げに関わることもなかったかもしれない。

長野での活動が濱田さんのその後の人生の伏線となった。

1年間ボランティアを終え、高知に帰ってきてまもなく、偶然にも新聞である人の記事を読んだ。自分で手作りの木のおもちゃを作っていて、なおかつおもちゃ屋さんでおもちゃの貸し出しをしたり、障害のある子どもとおもちゃで遊んだりしているという記事だった。《高知でもこういうことをしている人もいるんだ》と興味を持った。「長野での体験がなければ、何もピンと来ないで終わったかもしれませんね」と濱田さんは言う。

すぐにその人の工房を訪ねていった。その工房を開いていたのがのちに夫になる人だった。看護師として復帰するまでの半年間、工房をボランティアで手伝い、復帰してからも仕事の合間を縫って手伝いを続けた。

工房には近所の子どもたちが遊びに来ていた。おもちゃでうれしそうに遊ぶ子どもたちの様子を見て、《おもちゃが子どもの発達や成長に役立つんだ》との考えを深めた。

その後、2人は結婚。看護師は辞め工房の手伝いに専念するようになった。子育てや福祉専門学校の教員をしながら手伝っていた時期もあった。

それから間もなく、全国に広がりを見せていたおもちゃ図書館はやがて高知にもできた。濱田さんは週1回、子育てと店の仕事の合間に、高知市の社会福祉協議会でおもちゃ図書館のボランティアを始めた。それはもう21年も続いている。

おもちゃ図書館の活動をやっている限りは松代での活動を忘れられないね、と濱田さんは言う。

「それがあって今に至っているわけだし。だから、1年間ボランティアは『青春の一ページ』という感じかな。1ページ目があって2ページ目、3ページ目があって今がある。その1ページ目を無駄にしたくないですね。いつも1年間ボランティアを根本に置いておきたいから、忘れることはできませんよ」

松代は自分が生きていく中でひとつの方向を示してくれた場所でもある。「自分の今後の生き方にプラスになるような何かがあると思っていました。それを学ぶための人生修行の時間として位置づけてたんですね。だからしんどいことも乗り越えられたし……まぁ若かったしね」と言って濱田さんは笑った。

おもちゃで地域に尽くす

これから是非とも挑戦してみたいことがある。おもちゃ図書館をさらに進化させた「おもちゃ移動図書館」だ。「車におもちゃをいっぱい積んで、児童養護施設や保育園、孤独がちなお母さんとか、そういうところを回る訪問活動をしたいですね」。

テーマである〝地域〟は変わらないようだ。「地域福祉は私に課せられたテーマかな。地域福祉をずっとやっていかなければ私じゃないみたいで」と濱田さんは言う。松代で一軒一軒の家庭を訪問して回ったことは、地域に対する目を養うことにもなった。

「地域に対して福祉的な目で見られるようになったというのは、すごく大きな糧になっていると思うんですよ。道路を歩くにしたって、こういうふうにした方がみんなが歩きやすいとか、あの人ひとり暮らしだけど大丈夫かなって思ってあげられるようになった。それはやっぱりボランティア活動をしていたからなんだと思います」。1年間ボランティアに参加したから今の私がある、と濱田さんが言うのにはそういう意味も含まれている。

ただし濱田さんは、社会的に弱い立場に置かれている人だけに目を向けているわけではない。店に来る人たちに対しても温かい気持ちを忘れたくないと思っている。またそこでも松代での経験が活かされているようだ。

「お客さんから話すのは勇気の要ることだと思います。そういうときこちらから声を掛けることが私の役目。こちらとしても全然知らないお客さんが来るんだけど、人を選ばずに話すことができるっていうのは、1年間見ず知らずの人たちばかりのところにいたからというのはあると思いますね。ボランティア後はどんな場面でも勇気を出さないといけない、と思うようになりました。それが今も続いてるんです」

親子のこころのかけはしに

濱田さんは『心の架け橋』という手書きの通信を毎月発行している。タイトルの『心の架け橋』（現在のタイトルは店名と同じ『森のゆうえんち』）は、1年間ボランティア当時、日々の活動の中で使っていたものだという。子どもたちの遊ぶ姿を写真で掲載したり、イベントの企画やおもちゃコンサルタントならではのアドバイスが書かれている。

「買ってもらえなくても、おもちゃ遊びの楽しさを理解してもらえたらうれしいんです。子どもとおもちゃで遊ぶことは楽しいことだと分かってもらえることが、私の大切な仕事なんです」との想いが基本にある。そうした想いは、地域に暮らす子どもやそのお父さんお母さんたちへと、橋渡しされているのことだろう。

「買わなくてもいいから、お父さんお母さんにとにかく子どもと遊んであげてほしいと思います……」と語る濱田さんだが、最後に本音もこぼれた。

「支払いが重なる時期になるとストレスが溜まりますね。普段は楽しいんだけどねぇ」と濱田さんは苦笑いを浮かべた。

▼濱田百合子（はまだ・ゆりこ）さん▲

1958年　高知県生まれ
1976年　看護学校に進学
1979年　地元の大学病院に就職
1983年　退職して1年間ボランティア〈5期〉に参加。長野県の「松代ボランティア協会」で活動
1984年　看護師として復帰。結婚
1986年　福祉専門学校の教員をつとめる
1992年　「工房なかよしライブラリー」の事務員
1999年　「森のゆうえんち」の経営に携わる
2004年　「おもちゃコンサルタント」、「おもちゃインストラクター」の資格を取得

▼活動先およびボランティアの活動内容▲

松代ボランティア協会――地域の福祉課題解決のためのボランティア活動の推進

活動内容…ひとり暮らしの老人に対する給食サービスや友愛電話訪問の定着化と推進への協力、地域子どもも文庫や子どもの創作活動推進への参画、福祉読本研究会や社会福祉講座、ボランティアスクールの開催など協会の活動全般に関わる。

その他…松代ボランティア協会はその後、発展的に解散し、そこで生まれた文庫活動等は現在も独自の活動を継続している。

20 いのちの温もりを知ってから

おはなし ▶◀ 石田日登美さん

❖――会うたびパワフルに

「ハタチくらいの私には好きなことをやり続けるパワーはなかった。だけど和歌山に行って新潟へ帰ってきたら、みんなから会うたびにパワフルになっているって言われたもんね。もちろん同じ人間なんだけど何かが変わったんでしょう。1年間ボランティアは私の原点なのかなって思うんです」。そう語る石田日登美さんの元気と情熱はとどまるところを知らない。

仕事の傍ら水上スキー選手だった――全日本選手権にも出場したことがあるという――経験を活かして夏のライフセイバーや、水上での安全を教えるための日本赤十字の指導員をボランティアで続けている。最近では、週1回、水の安全を守るための後進を育てるサークルを作って週末に教えている。

石田さんは話の中でたびたび、「救える命を救う」、「命の大切さを教えたい」と口にしたが、それはどんな体験から来たものなのだろうか。1年間ボランティア当時のことを振り返りながら、ある出来事について話してくれた。

「あのときがひとつのきっかけだったのかなーって。手の中で体温が下がって冷たくなった命が助かったっていうのは、命の大切さというところにつながっているような気がするんです」

つなぎとめた命のぬくもり

1年間ボランティアで派遣されたのは盲導犬訓練センター「日本ライトハウス和歌山行動訓練所」。高校を卒業してすぐに就職したが、自分ってなんだろう？　もっと広い世界があるんじゃないか？　そんな思いがあっての参加だった。

任されたのは生後6カ月未満の子犬の面倒を見ること。その数およそ40頭。子犬たちはしばらくすると盲導犬の訓練を受ける。まるで犬の保育園のような感じだった。石田さんは犬の保育士というところだ。

犬も十犬十色、それぞれ性格も異なる。40頭いる犬を本格的な訓練が始まるまでにある程度同一のレベルまで躾けなければならない。しかも落ちこぼれを出さないように。それが石田さんの仕事だった。

犬の出産に立ち会うのもボランティアの仕事だ。人間と同じように生まれた子犬は鳴き声を上げる。ところがそのとき、最後の10頭目の子犬は鳴くこともなく時間とともにどす黒く変色していった。呼吸停止の瀕死の状態で生まれたのである。

石田さんは見よう見まねで心臓マッサージを始めた。といっても人間のようにはできない。タオルでやさしくさすることしかできなかった。体が冷たくなるとお湯につけてまたマッサージ……。ひたすら繰り返した。

「自然に手が動いたんです。ドラマとかで見てて、なんとなくこうすればいいんじゃないっていうイメージで手が動いていたと思うんだよね」

4時間は経っただろうか。やがて空が白んできた。石田さんはマッサージをやめることがどうしてもできなかった。この日が初めての出産の立ち会いでもあった。

そのうち職員が出勤してきた。「この子は生きても、きっと脳に障害があったりして盲導犬にはなれない。他の9頭を守るのもひとつの仕事なんだから。もう諦めなさい」。職員はそう言った。

しかし、石田さんはマッサージを続けた。そのときの様子をこう語ってくれた。

「子犬って400グラムぐらいしかないと思うんです。手のひらくらいの大きさじゃないですか。それが一回冷たくなって、数時間後にまたホワンって体温が上がってきた。だから自分が一生懸命やれば、もしかしてこのままこの子生きるんじゃないのって思ったの。犬の体温で命の大切さが少しだけ分かったような気がするんですよね」

やがて獣医が来て子犬を診察した。すると、子犬の心臓が正しいリズムで動いていることが分かった。子犬は命をつなぎとめたのだ。

「やったね！」、どこからともなくそんな声が上がった。

子犬にはアルファベット順に名前を付ける。このときの出産の10頭はTから始まる名前。たとえば、トムやタカなど。たいていは施設の指導員が名前を付けるが、「この子はどうなるか分からないから、石田さんが付けていいよ」と言われ、10頭目だけは石田さんに任せられた。

「私はTって書いてアルク（歩く）って無理やり読ませたんです。せっかくとりとめた命だから、確実に歩いてくれっていう意味です」

1年間ボランティアの活動が終わる頃、アルクは一緒に生まれた10頭の中で一番大きく、一番やんちゃな犬に成長していた。

それから2年後に、アルクが無事盲導犬としての訓練を終えたという手紙を故郷の新潟で受け取った。

「あの子が卒業して一丁前に盲導犬として働いてるって思うと、もう自分の息子みたいな感じになりましたね」。石田さんの表情が自然と和らいだ。

一生懸命動けば何かが変わる

1年間ボランティアでは大好きな水上スキーとも出会った。住んでいた寮の目の前は海。カヌーの練習場もあった。最初はカヌーを教わっているうちに水上スキーに誘われた。

小学校から高校まではずっと陸上部に所属。運動神経には自信がある。ほとんどのスポーツは難なくこなしてきたが、水上スキーだけはどうも勝手が違った。ボートが発進しても水中から体が出ない。「どんくさい、お前のは水中スキーだ」とひやかされた。それが悔しくて人一倍努力した。

努力が実って滑られるようになると、スピードに乗って水面を滑る感覚のとりこになった。「《こんなに面白いスポーツってあるの⁉》って。もうベタ惚れみたいな感じですよ」。

1年間ボランティアの活動が終わると、リゾートホテルの臨時職員として働き、週末は練習場のある和歌山まで出かけて練習に明け暮れた。

1992年には水上スキーで新潟・佐渡ヶ島間の海峡（越佐海峡）を女性で初めて、単独ノンストップ横断に成功した。

素人考えで言えば、引っ張られているだけだからスポーツとしてはそんなに難しくないのではと思える。しかし、実際は体力的にもしんどいという。それに、安全確保のために伴走してくれるボートが何艘もいないとできないということだ。

越佐海峡横断は、石田さん曰く、「仲間がやってみろよと言ったからやっただけ」だという。横断成功の裏には、石田さんの練習する姿を見続けていた仲間の存在が大きかった。

「人の何倍も練習を積んでいたので、あいつだったらやれるだろう、応援してやろうっていう周りの雰囲気とかあったと思うんですよね。

もう好きで好きでしょうがないっていうのを常に身体全体で表していたし、言葉でも発していたんで。やっぱりそれがみんなを動かして、船を出そうか?とかみんなでサポートしてやるぞとか、そういうことにつながったんだと思います」

「一生懸命動けば、何かが変わること、人も感動してサポートしてくれることを実感した」。あるレポートの中で石田さんは、水上スキーに打ち込んでいた頃のことをそう振り返っている。

しかしその後は苦難の連続。

勤めていたリゾートホテルが倒産。水上スキーレースのタイムも思うように伸びなくなっていた。

「なんとかして食っていかなくちゃいけない」と土木や建築を夜学で学んで現在の会社に入った。太陽の下で身体を動かしながら仲間と汗を流して働きたい、という理由からだった。

しばらく水上スキーは続けたが、肉体的な負担の大きい仕事に就いたということもあって、両立は難しく自然と競技からは身を退くかたちになった。

男ばかりの現場をとりまとめる日々

現在は地元の土木管理会社に勤務している。地面を掘り、矢板を打ち込み、地面に潜って太い水道管を通す。それは僕たちが街でよく見かける光景だ。

現場は10人程度のチームを組んで作業にあたる。その指揮を執っているのが石田さんだ。周りは自分の父親ほどの年齢の人ばかり。「最初は《ナンダこの小娘は⁉》と思われてたでしょうね」。

入社当時はデスクに座って施工図を描く毎日。しかし、施工図は現場を見ないことには描けない、という思いから石田さんは上司に直訴して現場に行かせてもらった。毎日のように顔を出し、できることから始めた。道具を取ってこいと言われる前にできるだけ察して動くようにした。そうしているうちに存在を認められた。

「アイツやるじゃん、もしかして仲間……？　たまにはアイツの言うことも聞いてやるかってことになったんじゃないですか。今、ついてきてくれているっていうことは」と石田さんは笑った。それにしても、男社会の中でよく監督になれたものだと思う。

新潟を訪れる前に、石田さんから封書が送られてきた。そこにはパソコンできれいにまとめられた送付状から始まって、参考になるような資料がいくつも入っていた。コピーして丁寧に切り貼りし蛍光ペンでマークされた、待ち合わせ場所を示す地図も同封されていた。そんな細やかさが、男ばかりの職場で、しかも年の離れた人たちを相手にしながらも、一目置かれている理由なのかもしれないと僕は思った。

新聞記事も同封されていた。それは読者の投書欄の記事で、80歳の男性からのものだった。

「騒音を響かせて工事が始まったのを見ていると、たくましい男に混じり、てきぱきと先頭に立って動く彼女の姿は猛暑を忘れさせてくれるようなさわやかさだった。

ある日、彼女が顔中汗だらけになって仕事をしているので、冷たいものでもと勧めると、『いやみんなも頑張っているので』と頑なに断った。逆に『一人暮らしは大変ですね。体を大切にしてください』と言葉を掛けてくれた。（略）ようやく工事も終わった先日、郵便受けに〝協力ありがとうございました〟のメッセージ入りの彼女の名刺が入っていた。女性監督の真っ黒に日焼けした美しい顔を私は思い出していた」（『新潟日報』2001年8月7日）

「特に苦しい現場にあたるときは、私みたいな女がいた方が現場はまとまるんですよ」と石田さんは言う。「アイツがあそこまで頑張ってるんだから、俺たちも頑張んなきゃって」。

「……女性ゆえに細かいところに口出ししたいときもあるけどね」。石田さんにつられて僕も笑った。

ところで、女だてらに工事現場監督と聞くと、どうしても男勝りな女性を想像してしまう。しかし、目の前にいる石田さんはまったく違った。髪は少し茶色でパーマをかけ、マニキュアやペディキュアがおしゃれな雰囲気を漂わせている。

しかし現場に入るときには、もちろんおしゃれどころではない。ヘルメットをかぶり、会社のネームが入った作業着、安全靴に身を包む。図面を描くための手帳をいくつかと、定規と図面を色分けするための蛍光ペンが欠かせない。伸ばした髪はヘルメットの中に入れる。

「安全靴とヘルメットがチョー似合うって言われてますからね」と石田さんは笑った。そのさっそうとした出で立ちは、目の前のおしゃれな姿にもどこか通じるものがあるように僕には思えた。

地震被災地での花絵のボランティア

記憶に新しい2004年の新潟県中越地震では、ライフライン復興5次隊として被災地の小千谷市に入り、水道本管の復旧工事に奔走した。被災地の市役所からの要請を受け、片っ端から直して回った。その後、12月の雪の降る寒い中、仮設住宅の建設にも携わった。年が明けると今度はボランティアとして仮設住宅の除雪で現場を訪れた。

何度も被災地に足を運んでいるうちに、石田さんはあることを思いついた。チューリップを仮設住宅に持ち込もう！と。

「仮設住宅建設の段階から、味気ないなと思ってたんです。無機質なアスファルトとプレハブ住宅の中で、お年寄りは土に触れたりすることや、共同して作業することを恋しがってたんですよ。山古志にしても長岡の山間の人も、緑が多いところに住んでいましたからね。それで私が花絵をやっていたから、春になったらこんなのどう？って言ったら、いいねっていうことになったんです」

花絵とは新潟市の市花、チューリップを使って、公園や公共施設の壁いっぱいに花で絵を描くもの。

石田さんは10年前から、花絵を作る街づくりボランティアグループに参加している。新潟県はチューリップの球根栽培が全国一。ただ、球根の状態で出荷するためには、6分咲きのところで花を切り落とさなければならない。その捨てられていく花を活かして花絵は描かれる。畳1畳のものもあれば何十畳という大きさのものまで描く。

始める前には、住民が怪我を負ったり事故に遭ったときの対応をめぐって慎重な意見もあった。しかし最終的には、長岡・山古志の両災害ボランティアセンター、日本赤十字、社会福祉協議会、石田さんが所属する花絵ボランティアグループなどの協力で大型バスを借り、仮設住宅の住民と一緒にチューリップを摘みに出かけた。

震災からちょうど半年後の2005年4月23日、総勢300人の花絵祭。山古志村では、村の特産品「にしき鯉」を、長岡市では市祭「大花火」を花で描いた。最後には見物人がどんどん集まってきて盛況のうちに幕を閉じた。

石田さんはそのときの様子を写真に収め、一冊のアルバムとしてまとめている。それを1ページめくってはうれしそうに眺め、いつまでも話が尽きなかった。

続けること、がテーマ

石田さんにとってボランティアとは何だろうか?

「ボランティアって堅苦しく考えたくないいんですよ。自分の中で気づいたこと、感じたことをすればいいんじゃないのって思うけどね。

その活動が細くなるときも太くなるときもいろいろあるだろうけど、続けていればきっと、『アイツまだやってるんだ、応援してやろうよ』っていうような仲間とか先輩ができて、大きな輪になっていくのかなって。自分が動かなければ周りも動いてくれない。私もこうしたいんだけどと言っていたのが少しずつ輪が広がっていったんです。ちょっと空いた時間で自分ができることをお手伝いしたいっていう気持ちは、これからもどこかで持っていたいな」

越佐海峡横断のときもそうだった。現場監督になるときもそうだった。花絵祭のときもそうだった。そしてアルクの命を救ったときもそうだった。〝続けること〟、それが石田さんという人を貫いているテーマなのだと僕は思った。そして続けた向こうに喜びがある。だからこそ、また続けられるのかもしれない。

「自分から大きく動くことってあんまりなかったんです。いつも人のうしろを歩くような受身なところもあったんだけど、1年間ボランティアに参加してからは、なるべく興味を持ったことはトコトン自分から積極的にやるようになりましたね」と石田さんは言った。

そして、石田さんの人生を貫いているもうひとつのテーマは〝いのち〟なのだろうか。

石田さんはあることを打ち明けてくれた。実は、リゾートホテルで働いている頃、バイク事故で弟を亡くしたこと、さらに、水上スキーに導いてくれたコーチを亡くしたことを。話の中で繰り返し〝いのち〟という言葉を口にしたのには、そうした悲痛な体験もあったのだ。

最後に、ひとつ気になっていることについて聞いた。

――アルクは今もまだ盲導犬として頑張っているんでしょうか？

「いやー、人間の年齢で言えば１００歳を過ぎているだろうから、もうこの世にはいないと思うよ」

僕はアルクの話がつい最近のことであるように錯覚していた。そうだ。それほど、時間が経ったのだ。

時は流れたが、石田さんのそばにはいつもアルクがいるのだと僕は思う。

▼石田日登美（いしだ・ひとみ）さん▲

１９６４年　新潟県生まれ
１９８３年　高校を卒業後、就職
１９８４年　１年間ボランティア〈６期〉に参加。和歌山県にある盲導犬訓練施設「日本ライトハウス和歌山行動訓練所」で活動
１９８５年　リゾートホテルのプール監視員をしながら、水上スキー選手として活躍
１９９２年　越佐海峡横断に成功
１９９６年　土木管理会社に就職
２００４年　新潟県中越地震では、十日町市災害ボランティアセンターで活動。仕事でも小千谷市に入る
２００５年　日本赤十字社の救急法の指導員資格取得。長岡市災害ボランティアセンターにて除雪のボランティア。仮設住宅で長岡花絵祭を実施
２００７年　日本赤十字社の水上安全法の指導員資格取得。海辺の安全、水の安全教室を開講

▼活動先およびボランティアの活動内容▲

日本ライトハウス和歌山行動訓練所――盲導犬の貸与、育成および普及

活動内容…日常的には盲導犬の養育・世話を行うほか、年数回、視覚障害者を受け入れての合宿訓練を行う際にはそのお世話を行い、他に視覚障害者のキャンプ、特別訓練などの参加、交流を行う。

その他…行動訓練所は現在、大阪府（南河内郡千早赤阪村東阪１２０２－11）にあります。

21 タイのストリートチルドレンとともに

おはなし ▶◀ 川口泰広さん

通訳としてだけではなく

「Ｈｅｌｌｏ！」

当然のように「もしもし」か、「はい、〇〇です」を待っていた僕はちょっと慌てた。冷静に考えれば受話器から聞こえてきたその受け答えは自然なものなのだ。川口泰広さんははるか遠くの異国にいるのだから。

タイの首都バンコクから北へ約５００キロ、北部最大の都市チェンマイ。1年を通して最高気温が30度を超えるものの、湿度が低いせいか過ごしやすい。チェンライという似た名前の都市もあるが、チェンとは「城壁都市」という意味だと川口さんは教えてくれた。チェンマイもかつては城下町。旧市街は堀で正方形に囲まれ、街には城壁の一部が今もまだ残されていた。

観光都市チェンマイには、世界各国からの旅行者が年間約60万人も訪れる。観光客もさることながら、在留邦人の数も徐々に増え３０００人近くにまでなった。定年を迎え、日本からやってきた年配者がロングステイするケースも増えてきたという。

　川口さんは、タイ人女性との結婚をきっかけにチェンマイにやってきた。もう10年以上が経つ。現在はフリーの通訳として生計を立てている。なかでも多いのが、学生や社会人のスタディーツアーの案内である。現地NGOの見学やチェンマイ北部の村で山岳民族と交流する場を提供しているという。「そういうことを通してタイの暮らしや問題を伝える。それはタイのことに関わってほしいとかじゃなくて、そこで考えたことを自分の暮らしの中でもう一度見つめ直してほしいって思うから。通訳ではあるけど、そういう仲立ちができれば」と川口さんは言う。

　時期によって仕事に波があるのは悩みの種だが、生活は楽しい。これまで大変なことも多かったが、人とのつながりでここまでやってこれた、という思いが強い。ひとつの出会いによって、人生が大きく左右されるということは現実にはあまりない。しかし、出会うことで何かきっかけが生まれればと川口さんは願っている。

　僕がタイに滞在している間、川口さんにはいろいろな場所へ連れて行ってもらい、いろいろな人を紹介してもらったが、そこにもやはり同じ思いがあるようだった。「自分もそうやっていろんな人を紹介してもらったからさ」。

漠然としていた将来の進路

「自転車で行くと差し入れもらったり、昨日まで全然知らなかった人の家に泊めてもらったり、『え、そんな世界があるの?』っていう話が聞けるのが面白くて好きだったな」。そう話す川口さんは、小学生の頃から新聞配達で買った自転車でキャンプに出かけたりすることの多い少年だった。中学生のときには自転車で琵琶湖、信州あたりを、高校のときには部活の夏合宿をサボって野宿をしながら北海道を一周した。

「何かやりたいと言ったときに親は反対したけど、自分で貯めたお金なんだからっていうことで結構好きなことさせてもらえたかな」

高校卒業が近づいてくると、将来の進路について改めて考えた。将来何をしたいのか?と自問すると、「学校の先生」という考えが浮かんだ。記憶は定かではないが、友人から「教師に向いているんじゃないか」と言われたように覚えている。川口さん自身、「すごい漠然としていた」と言うように、どうしても先生になりたい理由があったわけではない。

「理系はもともと興味がなかったし、じゃあ文系。文系行くとなったら何があるかなって。じゃあやっぱり先生かなっていう感じで……」

卒業とともに地元の大学へ進学。教員採用試験の合格率がひときわ高いということで選んだ大学だったが、通い始めてすぐに幻滅することになった。大学であるにもかかわらず服装に厳しい学校だった。スーツ着用、ジーパンは禁止。生活していた寮でも上下関係を絶えず強いられることに煩わしさを何度となく感じた。《なんでこんな大学へ行かなければならないのか?》と憤りの気持ちが湧いてきた。果ては、《このまま先生になってもいいのだろうか?》と疑問に思ったりもした。暗澹たる日常の中で急に将来がぼやけてきた。

そんなとき、学内に貼り出されていた1年間ボランティアのポスターを見たのだった。ちょっと環境を変えてみたい、そう思った。

参加にあたって大学は辞めるつもりだった。ボランティア後は大学に戻る気もなかった。しかし、退学は両親が大反対。奨学金をもらっていたこともあり、一応は教官や両親の説得を受け入れたかたちで、休学して参加することに決まった。

大学より社会で学びたい

派遣された先は、京都の私立幼稚園に併設されている子どもたちの遊び場「雑創の森プレイスクール」(以下、雑創の森)だった。小学校の教員を目指していた川口さんは、子どもに触れ合えると思ってこの活動先を希望した。

雑創の森は、新興住宅街にあり会員制をとっていた。ちょうど塾に行きだす子どもが増え始めていた頃で、子ども同士の関係も希薄になった――特に新興住宅地ではその傾向が強いとされていた――と言われていたときだった。子ども同士、あるいは子どもと地域との絆を取り戻そうというのが雑創の森の活動の目的だった。

時には、子どもたちとミニコンサート、無人島キャンプ、料理、肝試しなどをして遊んだ。

「何をするにも初めてのことが多くて苦労したけど、なんか楽しかったな。子どもとは初めて接したけど、子どもだけじゃなく、地域の大人とかスタッフとも人間関係築いて一緒にやっていかなければダメじゃない。そんな経験がなかったし、まして1年間住み込んでやるっていうのはすごい勉強になったし、鍛えられたね」

雑創の森で最初に出会った大人が1年間ボランティアの面接をしてくれた人。反戦活動やフリースクールの活動をしている人だった。休みの日もいろいろな会合や集会などに幾度となく連れて行ってもらった。「あの人と会ってなかったら今の自分はなかったかなって思うんだけど、そのくらいインパクトのある人だった」と川口さんは言う。「それまで社会の問題とか全然知らなかったから、集会の情報とかあるといろんなところへ出かけて行ったね」。

あるとき、大阪の野宿生活者のドヤ街に連れて行かれた。ドヤ街にあった子どもの養護寮で言われた一言は今も印象に残っている。「子どもだけ見てたんじゃダメだ。その後ろにいる大人や社会とも付き合っていかなければならないんだよ」。教職を志していた川口さんにとってハッとさせられる言葉だった。

活動が終わる頃には職業観も変わった。「学校の先生だけが子どもと接する職業じゃないって思った。羽根木とかのプレイリーダー*っていう形もあるしね」。

ボランティア修了後、休学中の大学は多くの人からの説得を退け、退学した。

「1年を通して変わったんでしょうね。もう大学行っても仕方ないって思った。行く前は大学が嫌で他が見てみたいっていう気持ちが強かったと思うけど、終わってからは大学よりも社会というか外に出た方が、もっといろんなことが学べると思って。大学の2年間よりももっとすごいことをその1年

＊羽根木とかのプレイリーダー……東京都世田谷区の羽根木公園内にある「羽根木プレーパーク」は、廃材や古タイヤなどを使って秘密基地作り、木登り、焚き火などをして遊ぶ子どもの遊び場。禁止事項の方が少ない。子どもの相談相手、遊び相手、監督者がプレイリーダー。

で知ることができたから、大学は辞めることにしたんだ」

海外を旅した末の決意

学校を退学した川口さんはピースボートに乗船した。

特にベトナムで見た光景は強く印象に残っている。子どもが裸足で歩いて、物乞いをしていた。現地の若者たちと交流会を開いたとき、会場は金網で仕切られていた。安全上の配慮もあったようだが、その光景はあまりにもショックだった。《なんで金網の向こうの人は入れないんだ？》と思った。物乞いをする子どもたちにお金や物を与える人もいれば、反対に「そんなことは子どものためにならない」という議論もあった。

「そういう中でいろいろ考えた。僕が関わってきた子どもは、普通に暮らしができているという前提の上に『遊び』があった。でも暮らすことで精一杯の子どももたくさんいることが分かって、同じ子どもと関わるならそういう子たちと関われないかなっていうのを考え始めたんだよね」

一旦帰国した後、今度はひとりでインド・ネパールを2カ月かけて回った。

旅には、ケン玉を持って行った。ケン玉はボランティア時代に覚えたもの。実演すると思いのほか好評で人だかりができた。ピースボート、ひとり旅を終えた川口さんの胸には、もっと外国を見てみたいという気持ちが膨らんでいた。

次はバンコクからトルコまで行こうと計画を立てた。当時バンコクはバックパッカーのメッカ。川口さんも、バンコクまでの片道切符を手に飛び立った。両親にはまた反対された。

旅のテーマは、その土地の人と一緒に生活する、こと。「インド、ネパールの旅での出来事があったから、観光じゃなくてその土地の人と一緒に暮らしたりしながら移動したいと思ってたんだよね」。そこで、日本を発つ前にたまたま本で見かけたフリースクールに手紙を書いた。いくら待っても返事がなかったので、バンコクからバスで3時間離れた施設を直接訪ねた。すると、日本人のボランティアから「タイ語ができないと受け入れることはできない」と断られてしまった。よしそれならとバンコクに戻って語学学校に通ってから、もう一度掛け合った。ようやく受け入れてもらい、施設では子どもたちに日本語や工作を教えたりして過ごした。

2、3カ月の滞在予定が、その後1年半にまで延びたのは、イギリスの有名なフリースクールの考え方を取り入れたという施設に魅力を感じていたからだ。もうちょっといたい、もうちょっと……という具合に滞在を延ばしていった。

ここで知り合ったのが、学園で職員のベビーシッターとして働いていたタイ人の妻である。まだ言葉が満足に話せない川口さんに言葉を教え、タイの文化や習慣についても折に触れ教えてくれた。やがて交際に発展。その後、結婚を決め妻を連れて帰国した。やはり両親には反対された。

そのあと2年間を日本で過ごしたが、妊娠が分かったとき、妻の出身地であるチェンマイで生活することにした。妻が慣れない日本での生活に苦労している姿を見るにつけ、自分がタイに順応する方が無理がないだろうと考えたのである。

移住してからは、国立チェンマイ大学で日本語を教えた。ただ、これまでの生活があまりに自由だったこともあり、縛られるのが苦手でどこか居心地が悪かった。それでも2年は勤め、次に妻と2人で通訳と翻訳の会社を立ち上げた。

今は解散してしまったが、「タクライ」というボランティアネットワークの事務局にも関わってきた。「タクライ」とはタイ語でレモングラス。株分けがしやすく大地にしっかり根を張ることから名づけられた。18年前に始まったタクライは、当時はタイの情報が少なかったということもあって、ボランティアをしたいという人とタイで活動する日本人が集って、さまざまな情報を交換する場だった。ときには飲みながら夜遅くまで話し込むこともあったという。

解散の理由はいろいろあるが、ひとつには、今ではインターネットの普及により情報が簡単に手に入るようになったということがある。川口さんが若者と接していて最近特に感じるのは、「情報は要るけど人間的な付き合いは要らない」とする人が増えてきているということだ。そうした若者の気質の変化も少なからず影響しているだろう。

川口さんには夢がある。いつか再び、タクライのような誰もが語り合える場を作りたいと考えている。だが、そこにジレンマもある。

「フリースペースを作るってなったら、日系企業に勤めて給料もらった方が絶対いい。土地を買う、場所を借りるっていうときに、やっぱりお金は必要。でもそうすると今やっていることができなくなる。

以前は日系企業などから声もかかったけど、やっぱり今のような生き方というか生活を続けていくには、ひとりでやる方がいいな。そのへんの葛藤は確かにあるよね」

ストリートチルドレンとの関わり

ジレンマは他にもある。「最低月1回は続けていきたいな。やっぱり子どもたちが大きくなっていくのを見守っていきたいんだよ。本当はもっと深く関わりたいって思うんだけど、仕事が入るとどうしてもそっちを優先しちゃう。そういう葛藤はあるなぁ」。

川口さんは数年前からチェンマイ市郊外にあるストリートチルドレンの子どもたちが暮らす施設にボランティアとして関わっている。日本のODAで建てられた、まだ新築の雰囲気が残る寮には、小学生くらいの子どもを中心に20人ほどが共同生活を送る。川口さんは月1回か2回、この施設で農作業を手伝ったり、子どもたちと遊んで過ごす。子どもたちの中には元「花売り」の少年たちもいる。

——夜。一緒にチェンマイの繁華街を歩いたときのことだった。

薄暗がりの中に小さな人影を見かけるたびに、川口さんは何事か話しかけていた。「もしかして、○○か?」、「○○のお母さんかい?」とでも言っているように見えた。

繁華街では、年若いタイ人の女性と西欧人らしき観光客のカップルをあちこちに見かける。その一方、ネオンが眩しいカフェやバーから少し離れた薄暗い場所で、少年とその母親らしき女性が腰を下ろして休んでいる。少年たちはまだ小学校にも上がらない年齢だろうか。手に花を持ち、カップルに声をかけている。おそらく、こう言っているのだ。「この花を買ってくれませんか?」と。チェンマイの繁華街ではそんな光景が夜ごと繰り返されている。

ストリートチルドレンの彼らは多くが山岳民族の出身。親はさまざまな理由から国籍が持てない場合が多く、まともな仕事に就けない。そのため、母親と子どもで、1本数バーツ（1バーツは約3

円）で花を売って生活の糧にしているのだ。そんな子どもたちやその親に川口さんは声をかけていたのだった。

そのときできることをちょっとずつ

施設で子どもたちと遊んでいると、自然と1年間ボランティアのときのことを思い出すという。

――紙相撲、折り紙、しゃぼん玉……。「子どもたちと遊んでいることの原点をたどってみると、雑創の森に行きつくなぁ」。川口さんはそう言った。

ストリートチルドレンとの関わりは細々とでいいから、体力が持つ限り続けたい。

「1年間ボランティアのときにやったことや考えたことは、そのあとの人生でもできるんじゃないかな。そのときどきの事情や制約はあるけど、そのときできることをちょっとずつやっていけばいいんじゃないかと思うんだけどね」

それにしても、何が川口さんをこのボランティアに突き動かしているのだろうか？　僕は気になった。

「ボランティアと思ってないんだよ。施設に行って子どもたちに会うことが息抜きになっているんだろうね」

もうひとつの疑問は、1年間ボランティア以降、ずっと「子ども」という存在と関わり続けてきた川口さんだが、なぜ子どもばかりを対象として関わってきたのだろうか？ということだった。

「子どもが好きだからね。それは理屈じゃないよ」

さらに僕が気になっていたのは教員にならなかったことについてだった。

「最終的に学校の教壇に立つことはできなかった。でも教科や知識は教えられなくても、ストリートチルドレンの子どもたちや、通訳の仕事を通して関わる日本の学生や大人に、伝えていくことが僕にとっては先生みたいなもんかな」

何を伝えたいのだろうか？

「世間体とかレールに乗って暮らしていくんじゃなくて、自分にとって何が大事なのか、何をしたいのかっていうのをその人が見つめ直すきっかけを提供できたらと思うんだよね」

ストリートチルドレンの施設に出かけるときに決めていることは、家族以外の誰かを連れて行くこと。しかも、できるだけ毎回、違った人を連れて行きたい。ロングステイする年配者や日本人留学生など、少しでも顔を知っていれば誘うことにしている。

「ロングステイの人たちも、単にこっちの方が安いからって暮らしてる考え方そのものが変わってくる。子どもたちもいろんな大人に会えるのは勉強になると思うんだ」

1年間ボランティアの最中、影響を受けたという人物からいろいろなところへ連れて行ってもらった。その経験が今も川口さんの中に生きているのだろう。

「確かにストリートチルドレンのところに1回行ったくらいでは変わらないけど、きっかけになれば。それに、そのときは分からないけど、何年か経ったときに何かのきっかけでつながることもあるから、と思っているんだけどね」

川口さんのやろうとすることに、ことごとく反対してきた父親は最近、他界した。それまで日本に帰るのは2年に一度くらいのものだったが、その機会も増えた。日本を身近に感じるこの頃である。

「チェンマイには家族もいるし家もあるから、もうずっとチェンマイかなぁ」。川口さんの口から日本に帰りたいという言葉は最後まで聞かれなかった。

「子どものときから旅が好きであっちこっち行っていろんな人と会って、そこで学んで知ったことがきっかけで次に進んでいった。1年間ボランティアに行ってなかったら、今の自分はいないよね。小学校の先生になっていたか、社会福祉施設の職員になってたんじゃないかな。

それまでの人生っていうのは常識というかレールに従って、小中高校と上がった。でも大学を休んでその1年間にいろんな人と知り合ったことがきっかけで大学を辞めて、海外に行くことになった。そういう意味では、それからが新たな旅の始まりというか、長い旅の始まり。もうひとつの旅の始まりというか、そんな感じがするんだよ」

▼川口泰広（かわぐち・やすひろ）さん▲

1966年　三重県生まれ
1986年　大学を休学して、1年間ボランティア〈8期〉に参加。京都府にある「雑創の森プレイスクール」にて活動
1987年　大学を中退後、ピースボートに乗船。その後アルバイトで資金を貯め、インド・ネパールへ。さらに、アジア横断の旅へ
1992年　タイのフリースクールでのボランティア活動を通してタイ人女性と知り合い、結婚
1995年　国立チェンマイ大学で日本語を教える
1997年　チェンマイで通訳と翻訳の会社を興す
2003年　チェンマイ市郊外のストリートチルドレンが暮らす施設にボランティアで関わるようになる

▼活動先およびボランティアの活動内容▲

雑創の森プレイスクール――子どもが生き生きと遊べる遊び場、環境づくり

活動内容…子どもたちが自然と親しみながら遊べる場で、子どもたちが安全に遊べるよう見守ったり、その自発的、創造的な遊びを促したりするなど、プレイスクールの日常活動の補助を行うほか、子どもたちと学び合うさまざまな場づくりの企画・準備も手伝う。

所在地…〒610－0343京都府京田辺市大住虚空蔵谷55

22 わたしらしく、つっぱり人生で

おはなし ▶◀ 勝沢朝子さん

大ニュータウンのそばの静かな営み

１９７０年代に大開発された多摩ニュータウン。勝沢朝子さんの自宅からはその整然と並んだ団地群がすぐそこに見える。

農家ということで、僕は開けた土地を想像していた。しかし、あたりは家々が立ち並ぶ住宅街。農家らしき家はなかった。そこに突如として現れた勝沢さんの自宅は周りの家々に溶け込みつつ、建物の隣にはぶどうが実る果樹園があって、ちゃんと農家の雰囲気も漂っていた。３階建ての建物の１・２階はシイタケを栽培するための温室だ。中には丸太が何百本と並べられている。丸太の正体は、シイタケの菌を植え付けた「ぼた木」と呼ばれるものだった。

昔は何種類もの野菜を作っていたが、ニュータウン開発によって農地が買収され、狭い土地でも作れるシイタケをメインに栽培することにしたという。シイタケの栽培は夫の仕事。栽培したシイタケを袋詰めにし、出荷作業をするのは勝沢さんの仕事である。

8年ほど前からは、農家に嫁いできた女性たちで直売グループを作り、最寄りの駅で週1回それぞれの家で採れた野菜の販売をするようになった。グループの名前は「八王子ぷりんせすマーケット」。「プリンセスはひらがなだよ。かわいい名前でしょ」と勝沢さんは声を上げ笑いながら言った。グループの会員は現在、15人ほどだが、直売に参加するのは毎回4、5人といったところである。

最近、グループでオリジナルのレトルトカレーを作った。他の地域でレトルトカレーを作っているということを聞いた勝沢さんが、自分たちも作ってみようと提案した。「ここらへんで記念にと思ってね。ぷりんせすマーケットも今、だいぶ直売に参加する人数も場所も減ってきちゃって、会自体がこの先どうなるか分からないっていう時期なんだけど、自分たちがやってきたことのひとつの形として何か残したいっていうことでね」とカレー作りに賭けた意気込みを語った。

カレーには、自分たちの作ったにんじんやシイタケ、じゃがいもなどを入れる。パッケージの裏にはメンバーからのメッセージと写真が載っていた。——「地下足袋はいて畑で泥まみれになっても心はプリンセスのように〝輝いていよう〟が合い言葉です！『食』は生活の基本です。八王子では沢山の畑でおおぜいの農家がみなさんの食を支えていこうとがんばっています」

売れ行きは好調のようで、第1弾は完売し第2弾の製作にとりかかっている。

自宅のすぐ近くに障害のある人が通う作業所がある。そこからひとり、シイタケ栽培の仕事を手伝いに来ている軽度の障害のある人がいる。5年ほど前に作業所から受け入れを依頼されたという。「障害のある人たちとの関わりを持った生活をしてみたいなっていうのはやっぱりあるんですよ」。

勝沢さんは高校時代にある障害者施設で1週間ほどボランティアをしたことがある。そこで忘れられない体験をした。そこは重度の障害を抱えた子どもたちのいる施設だった。目の前の光景にショックを覚え、最初は何もできなかった。それでも食事やトイレの介助をしているうちに徐々に慣れてきた。

「何にもできないと思っていた子どもたちも、実際はそうではなくて、自分なりの意思があって、何か言おうとしていた。知らないばかりに悪いイメージしか持っていなかったんだよね。そんな自分をすごく反省しましたね」

3児の母親でもある勝沢さんは、ＰＴＡ活動の中で障害のある人たちと児童との触れ合いの場を何度か企画したこともある。その理由を次のように明かす。

「子どもたちには、小さいときから障害のある人たちと接する機会があれば私みたいに会ってびっくりすることもないし、もうちょっと当たり前に打ち解けられると思う。そういう人たちも生活しているのが当たり前なんだとか、身近にもいるんだっていうことが分かるようになってほしいという想いは、そのときからありますね」

数年前からは行政の要請もあり、地元の中学校の職業体験を受け入れるようになった。１日から２日という短い実習ではあるが、そのときは畑での農作業とともに、作業所での仕事も体験してもらっている。生徒たちからの評判も、上々だ。

自分のことは自分で

勝沢さんは、中学を卒業すると定時制の高校に進学した。昼は下町の青果市場で働きながら学校に通った。中学2年生のときに両親が離婚。下には弟と妹がひとりずついた。定時制高校は家計を助けるためでもあった。

担任の先生は「奨学金もあるしアルバイトもできる。だから昼間の学校でもいいんじゃないか」と言ってくれたが、勝沢さんには考えがあった。

「自分の中ではどこへ行っても勉強することは同じだし、やっぱり自分のことは自分でとりあえず面倒見られて、ちゃんと給料も稼ぎたかった。だから定時制高校でもいいんじゃないかって思ったんです」

実際に通ってみると、高校とは言うものの、勉強は中学の内容の復習だった。しかし、先生は懇切丁寧に時間をかけて教え、生徒も一生懸命勉強していた。

「そんなことが驚きでもあり、新鮮でもあったんです。私自身は一通り分かっていたしもっと上の勉強がしたかったけど、アットホームな感じですごくいい4年間でしたね」

4年生になると勝沢さんは、ひとり暮らしを始めた。実家にいるときは朝早くに家を出て、あとは夜遅くに寝に帰るだけ。洗濯も掃除も食事も親任せだった。それがとてもいけないことのように思えた。何でも自分でしなくてはいけないのではないか?と考え、思い切ってアパートを借りたのだった。

卒業後の進路を考えたときも、先生は大学には行った方がいいと勧めてくれたが、このときも勝沢さんは自分の考えに従って行動した。

「大学っていうところは専門のことを学ぶところだから、これが勉強したいから行くんだっていうものがないとダメだと思ったんです。それで、自分は大学行って何を勉強したいのか分からなかったから、それはちょっと違うんじゃないかなと思ったんです」

ではどうしようか？と考えていたときに、新聞で1年間ボランティアを知った。

「仕事場にちょっと早く行って新聞を見てたんだよね。それを見てなんか面白そうだなと思って。これに参加したら自分の今後のこととか、何か見つかるんじゃないかなと思ったんです」

しかし、応募してみたものの面接で不合格。他に何も決まっていなかった勝沢さんは途方に暮れた。いろいろな体験や人との出会いを求めていた勝沢さんは、とりあえず何かボランティアをしてみようと、活動場所の紹介を求めＪＹＶＡに電話しておいた。すると後日、参加予定だった人がキャンルしたのでどうか？との連絡があった。諦めて電話をしていなければ、そんな展開もなかったことになる。

「それがすごくラッキーだった。運命っていうかね」

世の中にはいろんな人がいる！

派遣先は長野県松代市の「松代ボランティア協会」。勝沢さんが2代目のボランティアだったこともあり、毎日の決まった活動というものはなかった。とにかくいろんなところへ連れて行かれた。街全体がフィールドと言えるものだった。

会報を会員に届けることもボランティアの仕事のひとつ。バイクで20軒の家々を回って配った。ひとり暮らしのお年寄りには昼食の弁当を届けた。訪問介護でお年寄りの入浴の手伝いもした。家に上がって話し込むこともあったし、お茶やご飯をご馳走になることも少なくなかった。障害のある子を持った母親、福祉事務所に勤めているお父さん、民生委員や主婦――その人たちが今考えていることなど、それぞれの想いに耳を傾けた。

「とにかく世の中にはいろんな人たちが生活してるんだなっていうことがすごく分かったんです。それとともに、松代の人たちと本当にそこの住民になって生活できたような感じがしましたね。活動は特にこれをやったという感じじゃないんだけど、そんな感じがするんです」

東京生まれの勝沢さんにとって、松代はまさに第二のふるさとと思える。「私には田舎っていうところがないじゃない。だからあそこに帰れば、みなさんがいるっていうか。今行っても温かく迎えてくれる人たちがいる、そういう感じのところだよね」。

水俣を訪れて農業に興味を持つ

勝沢さんは活動が終わると地元に戻り、世田谷のボランティア協会に勤めた。「地元に帰って何かできるんじゃないか、地元で何かやりたい」と思ったからだ。そこではまたいろいろな人との出会いがあった。ボランティアをしたいという学生や主婦が大勢やってきて、忙しくも充実した生活を送っていた。

農業に興味を持つきっかけをつくってくれたのは、あるとき、水俣病の映画を見たことだった。それまでは「公害のひとつ」程度の認識しかなかったが、映画を観て自分が何も知らなかったことにショックを受けた。そして実際に水俣に足を運んだ。

水俣病が最も報道された時期からはずいぶん時間が経過していたが、地域の人々が食を大切にし、農業から普通の生活を取り戻していく姿を見て考えさせられた。「人間が生きていく上で一番の基本は食べることだから、それに関わる仕事っていうのは、とっても大切な仕事なんだなっていうのをそこで感じたんだよね。水俣に行ったからこそ食の大切さを実感できたし、農業に目が向いたんだよね」。

その後、ボランティア協会で働いているときに夫となる人と出会った。当時彼は、農家出身の農大生。話しているうちに農業に対する考え方に共鳴したという。そして、結婚を機に退職し、夫の実家で就農を果たした。

それからもう21年が経った。

❖――松代での出会いを大切にし続ける

「私にとってボランティア365とは何だったのか？　それは私の人生の大きな節目。ゆっくり自分の人生、生き方をたくさんの人とのかかわりの中で、人それぞれの生き方を目のあたりにみることによって考えさせられる《時》だったのではないかと思います。この1年間の体験をこれからの人生にどう生かせるか？　大きな課題です」

――これは勝沢さんがボランティア修了後から欠かさず続けている『あさこのつっぱり人生』という通信の第1号からの引用だ。通信を発行するようになったきっかけは、活動先の代表から松代での出会いを大切にする上で、何か書いてみてはどうかと提案されたことだった。もともと書くことが嫌いな方ではなかったから始めてみた。内容は、その年に自分の身の周りで起こった出来事などをまとめ、松代で出会った人たちや親しい友人、1年間ボランティアの同期に送っている。

タイトルの由来は、「自分の人生は自分で切り開いていくもので、人がなんと言おうと自分らしく生きていけばいいのだという突っ張った気持ちがあったからです」と、第1号にそんな説明が載っている。

「人の意見は聞くけど結局、最後に決めるのは自分だからそう書いたんです」

『あさこのつっぱり人生』は、書き始めた当初は年に何度か出すこともあったが、現在は仕事との兼ね合いもあり、1年に1回出すので精一杯。それでも2008年で25号を数えた。発行部数は100部程度だが、毎回楽しみにしていると返信してくれる人もいる。通信の厚さはその都度マチマチ。ただ、やめようと思ったことはないという。「大変だけど自分の中での1年間の区切りとして、毎年残しておきたいと思うんです。通信を書くことによって、その1年を振り返られるかなって。だからずっと続けていきたいと思うんです」と語る。

勝沢さんは現在、22歳、19歳、14歳になる3人の子どもを持つ母親だ。『あさこのつっぱり人生第25号』からは、それぞれが夢を持って成長していっている様子が分かる。

勝沢さん自身、子どもたちのこれからを考えると、自分の歩んできた道と重ね合わせ思いを巡らすこともあるようだ。

「子どもにもね、1年間ボランティアをやらせたいと思ってるんですよ。というのも、頭の中で考えるんじゃなくて、いろんな体験をする中で自分のこれからの人生にしても、職業にしても考えてもらいたいっていう想いは、とってもあるんですよね。自分もそうだったから。そこで感じたことを次につなげていってほしい、と子どもたちに話しているんです」

親としては、家業である農業を継いでもらいたいという想いは確かにある。

「でも、やっぱり自分でやるって思わないと無理だろうし。いろんな経験の中で考えて、農家を継ぐことも考えてもらえたらいいいと思うんです」

平凡だけどその人なりの人生

勝沢さんにとって1年間ボランティアは、自分の人生を歩き出すための一歩だった。

「あの1年間がなかったら全然違った人生だっただろうね。参加するときに思っていたことはね、平凡な人生は送りたくないってことだった。何年か働いてそのあと結婚して子ども産んで育てる、そういう人生は送りたくないって思ってました。

だけどボランティア中に子どもからお年寄りまでいろんな人たちと出会って、その人たちの生き方や生き様を見させてもらった。みんな平凡だと思われる人生を送っているんだけど、その平凡な生活の中にもその人なりの主張や想いがあった。自分なりの人生があるんだっていうことをすごく思ったんだよね」

〝平凡な中にも自分なりの人生がある〟。その言葉を僕は心の中で何度も繰り返していた。

「だから自分も平凡って思われようが自分なりの人生を送っていけばいいんだって、そう思えたことはすごく大きかったような気がしますね。

それで『じゃあどうするの？』っていうことを、絶えず突きつけられているような1年間だったような気がします」

ニュータウンのそばに広がる住宅街。その一角の小さな農園が勝沢さんの生き方を現しているように僕には思われた。

▼勝沢朝子（かつざわ・あさこ）さん▲

1961年　東京都生まれ
1980年　青果市場で働きながら、定時制高校を卒業
1981年　1年間ボランティア〈3期〉に参加。長野県にある「松代ボランティア協会」で活動
1982年　世田谷ボランティア協会に就職
1986年　結婚。農業を始める
2000年　「八王子ぷりんせすマーケット」を設立

▼活動先およびボランティアの活動内容▲

松代ボランティア協会――地域の福祉課題解決のためのボランティア活動の推進

活動内容…ひとり暮らし老人に対する給食サービスや友愛電話訪問の定着化と推進への協力、地域子ども文庫や子どもの創作活動推進への参画、福祉読本研究会や社会福祉講座、ボランティアスクールの開催など協会の活動全般に関わる。

その他…松代ボランティア協会はその後、発展的に解散し、そこで生まれた文庫活動等は現在も独自の活動を継続している。

23 とうふ横丁の四季

おはなし ▶◀ 椎原大さん

待っていてくれる人がいる

〝職人〟ということで、僕は寡黙な人を想像していた。けれど、意外に話し好きなのかもしれないと思えた。僕を連れて自宅に向かう車の中、小麦色の肌と口ひげが印象的な椎原大さんは、ずっと年の離れた僕にまるで遠方から来た友人を迎えたかのように鹿児島を案内しながら接してくれた。それが2人の距離をぐっと縮めてくれた。

椎原さんは、とうふ屋の主人だ。毎日一般の家庭以外に近くの病院や老人ホームにも配達に出かける。1日に130キロは車で走るという。時間を決めて待っていてもらうため、焦ることもしょっちゅう……椎原さんはそう話してくれた。「だけど、待っていてくれるお客さんがいるのはうれしいよね」。

配達で走り慣れているせいだろうか。市街地では裏道のような細い道を抜ける。県道を通って自宅に向かう途中、椎原さんは道を間違えた。あっ、と言ってすぐ引き返す。その道は、いつも配達に使うルートだったようだ。

話に夢中だったからなのか、それともいつものクセで間違えてしまったのか僕には分からなかったけれど、なんだか椎原さんとはまた距離が縮まったような気がした。

こだわりのとうふ

「とうふ横丁」は全然目立たない。椎原さんの自宅兼店舗は一見普通の民家である。看板は出してあるが、大々的なものではないし、国道から離れた場所にある。見渡せば周囲は畑と林ばかりだ。

そんな場所にあっても、今では「とうふ横丁は？」と聞けば地元の人はたいてい知っている。「やっと見つけた！」と言って訪ねてくる客も少なくない。

「ここはさ、見りゃわかるけど、国道から来たら絶対分からないもんね。みんな道を間違う。間違ってみんな山の中に……。それでも来る人はいるよね」

客のほとんどが口コミだ。とうふの価格は一般のスーパーよりかなり高い。3倍近くもするが、熱心な固定客がいる。「値段で勝負はしない。とうふにこだわっているからね」。

こだわりは、原材料の仕入れに表れている。無農薬で作られた大豆は遠く青森から仕入れている。また、にがりは海水からつくる海水にがりを伊豆大島から取り寄せている。どちらの材料も今では手に入れることそのものが難しくなっているという。価格はそんなこだわりを反映したもの。それでも、遠くから買いにやって来る客はいる。

自宅に併設された6坪ほどの作業場はいつもサウナのように暑い。とうふづくりは体力勝負。だから体調がすぐれないときは特に辛い。よい形のとうふができないときも同じく辛い。納得できるものを作れるまでに2年かかった。「今は失敗も少なくなったけど、百点満点はなかなかできないね」。だから、完璧なとうふができたときは疲れも吹き飛ぶ。そんなとき、つくづくこの仕事が面白いと感じられる、と椎原さんは言う。

とうふ屋といえば早起き、というイメージが強い。でも椎原さんは実は早起きが苦手だ。

「疲れていると目覚まし3つかけても起きないもんね。目が覚めたらもう5時とかさ、びっくりするよね。6時すぎには最初のお客さんが来るんだもん。起きてから1時間40分はかかるわけよ。最初にできるまで、とうふ」

おまけに長時間労働。1日16時間くらいは働いているという。

「朝4時くらいに起きて、作って配達して仕込みして片づけたら晩の8時頃までかかるわけじゃない。だから、とうふ屋の子どもは親の姿見て、みんな跡を継ぎたくないって言うんだよ。潰れるんじゃなくて廃業が多いんだよ。それに大手スーパーならウチよりずっと安く売ってるしね」

椎原さんは自分のとうふへのこだわりに確かな自信と、誇りを持っている。自分が作りたいと思うとうふを作り続けることしか頭にないようだ。

会社勤めから逃れるように

「僕はそういう運命なんだよ」。そういう運命とは、朝早起きしなければならないという運命だ。

中学から高校にかけての5年間、家計を助けるため新聞配達をした。朝5時半から近隣170軒へ配達。盆も正月も休みなし。今のような新聞休刊日もなかった。そんな10代の頃のアルバイトで体力がついた。高校時代は無遅刻無欠席。それが体力勝負の今を支えてもいる。

高校を卒業すると、大阪にある菓子メーカーに就職。営業マンとして問屋、デパート、百貨店などを回ってチョコレートを売り込んだ。

やがて大阪から東京へ転勤。東京にはよりシビアな世界が待っていた。売り上げが思うように上がらなかったことや人間関係の難しさ、それに友人や知人もいない寂しさに耐えられなくなっていった。体にはじん麻疹もでき気分は落ち込んで最悪だった。朝起きられず、遅刻することもしばしばあった。どちらかと言えば内気で、積極的に何かをやろうとする性格でないのも災いしたかもしれない。大きな契約を取ろうとしたら、ときには〝賭け〟に出なければならないこともあるが、そうした駆け引きが下手だった。この仕事に向いているとは思えなかった。

そんなある日、新聞で1年間ボランティアの記事を読んだ。何か閃くものがあった。

椎原さんはスクラップ帳に当時の記事を保存していた。また、アルバムの中に会社の送別会で撮った写真もあった。うす茶色に染まったそれらを前に椎原さんは話した。

「当時の気持ちはよく思い出せないけど、1年間ボランティアに興味を持ったっていうのは、やっぱり会社勤めが嫌になったんだろうね。逃げたかったたっていうのもあっただろうし。疲れていたというか、息抜きしようっていうのがあったんだろうね」

元気の源は家族のようなみんな

1年間ボランティアとして愛知県にやってきた椎原さんが、最初に連れて行かれたのは市役所だった。記者会見のためだったという。また地元の学生は1年間を記録映画として残したいと取材を申し込んできた。それほど、この長期ボランティアが珍しがられる時代だった。椎原さんが参加した1985年というのは1年間ボランティアが始まって7年目だった。

1年間ボランティアに参加するまで障害のある人と関わった経験はなかった。だから活動にあたって、《自分に何ができるんだろう》と不安に思っていた。すると、活動先からは逆に「知らない方がいいから」と言われて救われた思いがしたという。

活動先は岡崎市にある小規模作業所「くろまつの里岡崎共同作業所」（以下、くろまつの里）。作業所の隣にあった古ぼけたアパートの一部屋を借りて生活がスタートした。

スタッフは椎原さんを含めて2人だけ。こじんまりとしたところが逆に心地良かった。「人数が少ないからちょうどいいよね。家族ぐるみの付き合いで」。

作業所には、重度の障害のある人たちばかり5、6人が通所していた。主な活動は、廃品回収や簡単な内職のサポート。特に週1回、軽トラックで岡崎駅まで空き缶回収に行ったときのことは今でも鮮明に覚えている。

空き缶の中には飲み残しもあったし、ゴミも混ざっている。飲み残しの液体がダラダラと垂れるような空き缶を大きなビニール袋に入れ、トラックいっぱいに積んで帰った。そして、ゴミを取り除きゆすいだら、アルミとスチールに分別し最後に平たく潰す。それを再びトラックに積み、名古屋市の廃品回収センターに持ち込んだ。空き缶だけでなく、ダンボールや布切れ、新聞、雑誌も回収した。

廃品回収は体力的にも一番辛かったが、障害のある人たちの思いがけない一面を知って癒された。

「みんな自分の身体をうまく利用してやってる姿が印象的だったよね」。

言葉はしゃべれなくても買い物には行ける子は皆の注文を聞いて買い物へ。食事のとき介助が必要な子には、食べさせてあげる仲間がいる。まとめ役の子は常に活動の先頭に立った。歌を唄っているだけの子もいたけれど、その歌声が場の雰囲気を和ませた。

障害の重い軽いじゃない――椎原さんにはそう思えた。

「彼らを連れて街をグルグル回って、リヤカーに廃品をいっぱい積む。そういう現場にいるときが一番楽しかったな」

地域のボランティアからも強い印象を受けた。ボランティアとして作業所に関わっていた人は多く、その中には晩御飯をご馳走してくれる人やお風呂を貸してくれる人もあった。地域に溶け込んでいると感じられた。

夏場は、持ち帰った空き缶が悪臭を放つ。すると近所からはいくつもの苦情が舞い込んだ。そんなときは、ボランティアのおじいちゃんやおばあちゃんが、作業所の様子を丁寧に話してくれた。それで苦情も収まった。

通ってくる子たちの親がみな元気で前向きだった姿も忘れられない。

「こういう人たちが頑張って生きてるんだって思った。全部初めての体験のはずなのに、なんか自然に受け入れられたのがまた不思議だったね。共感できるところがあったんだろうね」

自然食ブームがきめて

活動を終えると、静岡県の「じゃがいも天国」（以下、じゃが天）という共同生活寮に移った。じゃが天は、不登校の子ども、家庭内暴力や非行などの問題を抱える子どもたち、さらに社会で疲れた大人たちも受け入れて共同生活の中で立ち直らせる現場だった。

働き始めてから3年後、父親が亡くなった。31歳のときだ。葬式のために鹿児島に戻ると、椎原さんが地元に戻ってくることを家族が強く望んでいるのがわかった。「土地もあるから帰ってこい」とも言われた。考えた末、じゃが天を辞めることにした。

だが一方で、地元・鹿児島に戻ることにはまだ少し抵抗があった。それがある出来事を境に気持ちが固まった。

じゃが天にいるとき何度か手伝いに行った、長野にある「おむすび長屋」を訪ねたときのことだ。おむすび長屋は、味噌や野菜そしてとうふなどを作り、障害のある人の自立を助けながら共に生きる場だった。

地元に戻るつもりだと打ち明けると、思いがけない展開になった。とうふを作る機械をちょうど入れ替えるという。「お古だけどこれでとうふ屋をやってみないか？」、言外にそう言われているように感じられた。

たまたま読んだ『豆腐屋の四季』（松下竜一著）という本で、その厳しい仕事ぶりが強く印象に残っていた。それでも、おむすび長屋でとうふ作りを手伝ったときに興味を持ったのもまた事実だった。にがりをうつと一瞬にして固まる、そんな様子にドキドキした。

土地もある。機械もある。商売を始める環境も整いつつあった。

「じゃが天を辞めたあと特に予定も決まっていなかったし、会社に勤めるのも嫌だなーって思ってたから、じゃあ、やってみようかなって思ったんだよね」

鹿児島に帰ると言うと、母親や兄弟は喜んだ。ところが、とうふ屋を始めると告げると一転して今度は猛反対にあった。「どうして先行きのない商売なんかに手を出すのか！」と。

しかし、椎原さんは違う考えを持っていた。自然食ブームでまったく採算がとれないとも思えなかったからだ。無農薬の大豆と海水にがりを使ったとうふなら売れるかもしれない、そう思った。「とにかく安全なとうふを安心して食べてほしかったんだ」と、椎原さんは当時から続く想いを語ってくれた。

とうふ屋を始めることを決断してから、おむすび長屋で研修を受け、餞別代わりに譲り受けた中古の製造機と包装機一式、そしてじゃが天でもらった中古の軽ワゴンとともに鹿児島に向かった。

開業資金は営業マン時代の退職金と身内からかき集めたお金でなんとかまかない、開業にこぎつけた。パワーショベルで土地をならしたり、看板やチラシを作ったり、振り返ればよくできたものだとつくづく思う。

「あのときは勢いがあったね。なんでもできそうな気がしたもん。勢いっていうかさ、なんとかなるよっていう感じだった」

人生の半分にあたるほどの濃い1年間

これからやってみたいことのひとつは、障害のある人たちとの交流を広げること。それは少しずつかたちになってきている。「うちにも障害のある子が来たりするんですよね、とうふを買いにお母さんと。店でその子が作ったぞうきんとか売ってるんです」。応援したいという気持ちからそうすることにしたという。

「その子見るとやっぱり思い出すよね。当時のことはずっと心に残ってる。今の生活があるのはそのときのおかげだから忘れることはないよ。くろまつの里に行ったから自分を変えられたんだろうな」と椎原さんは言う。

1年間ボランティアを通して、ありのままの自分でいることの大切さを教わった。「くろまつの里にいるときが一番自分らしさが出たよな。相手に何か言ったらストレートに返ってくる。言いたいことが言えるし、笑いたいとき笑えた。自然体で生きてたからね、1年間」。椎原さんは当時を振り返ってそう言う。「今思うと活動中の1年間は、じゃが天の3年あるいは人生の半分と同じ価値がある」。それほど濃密な時間だった。

「1年間は長いようで短い、走っている最中は特にね。終わってから考えることが多いよね。これは終わってから何年もしないと分からないんじゃないかな」

椎原さんにとって、1年間ボランティアとは何だったのだろうか？

「やっぱり、変わるきっかけだったよね。そこに全部つながっていくもん、結局」。思えば、くろまつの里で1年間ボランティアとして過ごし、その後はじゃが天で働き、その合間に手伝いに行っていたおむすび長屋から、とうふ作りの機械を譲ってもらった。その数年を通して得たものは〝出会い〟だった。「そういう出会いがあったから、丸裸で鹿児島に帰って来れたのかなぁ」。

思い切って会社を辞め、1年間ボランティアに飛び込んだことが、その後の積極的な行動の原動力になっているように僕には思えた。

理想とする暮らし

自然食ブームは過ぎた。しかし、大豆やにがりにこだわり続けてきた今、一番のやりがいと喜びはやはり食べてくれる人とのつながりだ。「1丁買う人にも10丁買う人にも同じ気持ちで『ありがとうございます!』」と言いたい。

それに、店を始めたから出会えた人がいる。たまたま、客として来た人と結婚し、2人の子どもに恵まれた。

家庭を持った今も、経営に余裕があるとは言えない。それでもこの店を続けたい、と椎原さんは言う。なぜなら、「作業所では障害のある人たちが自分たちで製品を作って売っていた。じゃが天でもお金がないから、自分たちで野菜やしいたけを作って売ってた。くろまつの里でもいろんなものを作ってた。自分たちで生産して自分たちで売ったお金で生活する。それはやっぱり理想」だと思うから。

とうふ作りも経営も楽じゃない、ということは話を聞いていて伝わってくる。だがそうだとしても続けられる理由が、この言葉に集約されているのだと僕は思った。自分たちの力でものを作り、それを売って生活を営んでゆくことの喜びがきっと体の奥深くまでしみ込んでいるのだろう。

明日もまた、夜明け前に小麦色の椎原さんの手から、白いとうふが生まれる。

▼椎原大（しいはら・だい）さん▲

1957年　鹿児島県生まれ
1976年　鹿児島の高校を卒業、大阪にある菓子メーカーに就職
1985年　退職して1年間ボランティア〈7期〉に参加。愛知県岡崎市にある共同作業所「くろまつの里」で活動
1986年　静岡県にある共同生活寮「じゃがいも天国」のスタッフとして働く。合間に長野県の「おむすび長屋」でもボランティアをする
1989年　地元・鹿児島で「豆腐横丁」（現在は「とうふ横丁」）を開店

▼活動先およびボランティアの活動内容▲
くろまつの里岡崎共同作業所――障害者が地域の中で生きる

活動内容…指導員と協力し、障害者の作業や生活の補助、PR活動を通して作業所の活動の充実を図るとともに、岡崎市ボランティア団体連絡協議会への参加や地域ボランティアとの交流を深めることを通して作業所と地域をつなぐ役割を果たす。

所在地…〒444-0054愛知県岡崎市田町22

24 普通に暮らしていく中で

おはなし ▶◀ 林一美さん

子育てと1年間ボランティア

事前にどんなことを聞くのか質問をまとめてメールで送っておいたが、林一美さんはそれをプリントアウトしてノートに貼り付け今日の日に備えていた。その様子は林さんの律儀な人柄を表しているようで、僕の印象に残っている。

僕は小学生の頃、仕事なのか僕が持って帰った学校のアンケートなのか、母親がノートに紙を貼ってなにやら作業している様子を思い出していた。確かに子育てという忙しい日々の中では、ある程度整理して物事にあたらなければ、うまく処理しきれないということなのかもしれない。母親の姿と重ねながら僕はそう思った。

林さんは現在、2児の母親でもある。子ども会活動やPTAの活動もあり、忙しい毎日を送る。子どもからはまだまだ目が離せない。子育てはいろいろなところから大変だ!という話を聞く。林さんも同じに違いない。だが、ひとつ〝強み〟もある。そのひとつが1年間ボランティアの体験だ。

「1年間ボランティアで培ったものかもしれないけど、全然人と違ってもいいというように育てているんです。周りと比較したり合わせようとかっていうことは、あんまり思わないんですよ。わりと楽に子育てしているかもしれないですね。まぁ楽天的なのかもしれないけど」と林さんは笑う。「1年間ボランティアのときのことが多分、影響しているでしょうね」とも言った。

林さんと話していると、自然と子育ての話も多くなった。

「子どもを育てているとすごい気長になるんですよね。子どもって全然親の思い通りにはならないし、動いてくれない。すごくゆっくり付き合わないといけないところがあるので、自分が我慢しなければならないんです。今はそれが自然にできちゃうんですよね、あんまりカッカしなくなったかな」

逆に、いつもカッカと心の炎を燃やしていた時代もあった。いつも頭に血を上らせていた、という姿は、今目の前にいる柔和な表情と声のその人からは想像し難いのだが――。

怒ってばかりいた職場での思い出

林さんはもともと子どもを対象とした仕事に憧れていた。高校時代に地域の児童館に出入りするようになり、温かい眼差しで子どもと接するスタッフの姿に憧れた。その職業に就くには教員免許か保育士免許が必要だったため、最短ルートを選択。短大に進学した。

福祉に関心が出てきたのは教育実習で母校の中学校に行ったことがきっかけだった。林さんが通っている頃は、荒れた中学校で、警察沙汰になるような事件も少なくなかった。「だけど驚いたことに、すっごいみんな落ちついちゃってたんです。管理されているような感じで、感情を表現できないようなところがなんとなくあるような感じでした」。

イジメは林さんの在学中よりも陰湿になっていた。その頃はいなかったはずの不登校の生徒の数も増えていた。

「短い間にこんなに変わるものなのかと思って、なんだかすごく抑圧されているような感じがしたんです。子どもやお年寄りといった弱い立場の者たちに、社会問題のしわ寄せがいっているんじゃないかと思ったんです」

これはちょっと考え直さなきゃいけないんじゃないか、日本の社会福祉がどんな様子なのか知りたいと思った林さんは、短大卒業後、専門学校へ進学することに決めた。昼はアルバイトをしながら夜間の福祉系専門学校に通い、社会福祉全般を学んだ。卒業後は、老人病院に医療ソーシャルワーカーとして就職した。

林さんの持ち場は、長期入院のお年寄りが集められた病棟だった。お年寄りの多くは、いつ自分の家に帰れるか分からないまま、寝たきりにさせられていた。それに、たとえ退院許可が下りてもすぐには家に帰れない人がほとんどだった。在宅福祉サービスが充実していなかった当時は、自宅に帰っても介護する人がいない、介護に適するような部屋がないなどの理由で、転院せざるを得ないケースが目立った。

そういった状況を目の当たりにすると、《家庭だけで支えるのは厳しい》、《もっと地域にいる人たちの協力があれば住み慣れた場所で生活できるのではないか?》との想いを深めずにいられなかった。

胸を痛めたのは患者の姿ばかりではない。林さんが属する事務局と看護課の対立の狭間で泣かされた。林さんは仕事の傍ら、レクリエーションの勉強をしてお年寄りを楽しませる催しなどを企画したことがあった。しかし、決まって「余計なことはするな！　そういうことは看護課が考えることでケースワーカーが考えることではない‼」と事務局の上司から反対にあった。

本来、患者第一で考えなければならないはずが、病院の事情を優先させるようなところも我慢がならなかった。

「患者さんの社会復帰を援助するというよりも、経営の方に加担したようなかたちだったんです。病院は患者を商品として見てるようなところもあった。それで上司ともすごくぶつかったんですよ」

その頃、朝日新聞のある論説委員が老人施設や病院、精神病院についての提言をさかんに行っていた。実際にはリハビリなんかやっていない、器具もまったく揃っていない、寝たきりをつくっている――というような内容だった。しかし、それは現場の看護師やソーシャルワーカーが病院側に対して訴えてきたことでもあった。

「私たちが何度も何度も車椅子を増やしてくださいとか頼んでいたのに、まったく無視されていたんです。でも、その人が書いたことによって病院はどんどん買うんですね。何で現場の声を聞いてくれなかったんだって腹が立ちました。職員の言葉なんか全然通じていないんじゃないかって」。社会に出て間もない林さんにとって、現実を見せつけられたときの衝撃は大きかった。「理想とのギャップに非常に悩まされました。だからいつも怒ってたんですよ」。

いつでも辞めてやる！――そんな覚悟でいたあるとき、1年間ボランティアを知った。病院の元同僚が1年間ボランティアに参加していたのだ。彼女の話を聞いて、「応募してみようかな」という気持ちになったという。

病院に対する怒りにとらわれていた林さんにとって、1年間ボランティアは自分を冷静に見つめ直すための機会であり、それは「現実からの逃避」でもあったにちがいない。

自分のスタイルをつらぬくお年寄りの姿

ボランティアとして派遣されたのは、群馬県榛名町。かつては結核患者の療養所があった空気が爽やかな街。榛名山のふもとの街での生活は、いつもすがすがしい気持ちでいられた。

「在宅痴呆性老人のための福祉ネットワーク推進事業」というのが林さんの活動先ならぬフィールド。ボランティアは、ひとつの組織に属して活動するのではなく、町の各施設と社会福祉協議会、行政、住民のそれぞれの間を行き来しパイプ役を果たすよう期待された。

この活動先は林さんの希望だったわけではなかったが、病院で働いていた経験を買われて是非に、と要請されたのだった。「人間関係に疲れたというのもあったので、なるべく人がいないようなところに行きたいと思ったし、今までの分野とはまったく違う活動先に行きたいと思っていたんです」。

遠くへ行きたいという気持ちもあった。八王子に住んでいた林さんにとって、群馬は微妙な距離だった。「場所はそんなに遠くないし、仕事も今までとそんなに変わらなさそうだし……」と考えさせられたが、「必要とされるのであれば」と受け入れた。

福祉の世界から少し距離を置きたいと思っていた林さんだったが、再びここでお年寄りと向き合うことになった。活動では、家庭奉仕員に同行して家事や食事介助を手伝った。朝は、「声かけ運動」

と称して一軒一軒めぐった。昼食時も給食サービスで家々を訪ねて回った。

ひとり暮らしのお年寄りの暮らしぶりを目の当たりにして、実にさまざまな人たちがいると実感させられた。ふた昔前を思わせるかのような、川で洗濯をし食器を洗うおばあさん……。老人ホームから逃げ出してきたおじいさん……。蔵に住み外で煮炊きをしているおばあさん……。傾いた家に住み続けるおじいさん……。

一方、周りはどうしても、「もう施設に入ったらどうか」などと心配してしまう。その気持ちも分からないではなかった。それでも、自分らしさ、自分なりの生き方、終の棲家としての生まれ育った家にこだわるお年寄りの姿は林さんに生きるヒントを与えてくれた。

「周りがどういうふうに思おうが関係ないんですよね。そうやって自分のやりたいことを、自分のしたい生活を貫いていくっていう姿からは、たくましさを感じたし、見習うべきものだという感じがしましたよね。そういう姿にすごく励まされたような気がします」

想いと現実を重ねた生き方

「いろんな人がいてていいんだ」、「みんなと同じじゃなくていいんだ」、そんなことを強く意識させられた1年間ボランティア。同時に、現実と向き合って働く人やできるだけ自分の力で生きていこうとするお年寄りの姿に、現実から逃げて来た自分を恥じ、反省した。かといってそれが、その後の進路まで結びついていたわけではない。どこか夢見心地のような1年間を過ごし、「もうちょっとそんな世界に身を委ねていたかったかもしれない」と活動修了後は当てもなく旅に出た。

しばらくして、見かねたJYVAのスタッフに「ウチでどうか？」と声をかけられ働くことになった。働いていた2年間は「現実に戻るまでの助走期間だったのかも」と林さんは言う。

働きながらも《これでいいのか⁇》という疑問は常に抱いていた。興味のあるテーマは〝地域〟だった。そして、友人からの誘いもあり地域で福祉の仕事をしようと思い、JYVAを後にする。その後、地元を離れ愛知に引っ越したのは結婚がきっかけだった。

引っ越してからも地域に対する想いは変わらなかった。障害のある人たちもない人も地域で生活していこう、というテーマを掲げるグループに会員登録しておいた。すると、今働いている店から誘いがあったのだった。

現在、社会福祉法人が運営する就労支援施設の実習部門である、うどん店で働いている。店は実習の場であり、知的・精神障害のある人たちが働く。店舗の清掃から始まり、仕込み、厨房の中で食材の調理や洗い物、そして店が終わるまでの片付けまであらゆる場面で、利用者がそれぞれの力を発揮して働けるよう手伝うのが林さんの役目だ。

僕は、店に入って白い法被に帽子を被っている林さんの姿を見た瞬間、《あっ、そうだったのか！》と妙に納得した。前日に聞いていた話がなんとなく分かったような気がしたからだ。

「たとえば環境、食糧、高齢者、教育や保育、少子化など子どもについての問題とかいろんな社会問題がありますけど、そういう問題に関心を持ちながら暮らして、何か自分にできることがあったらやりたいと思うんです」。林さんはそう言っていた。

グループの中ではちょうど若い人たちが出産や子育てに忙しくなりつつある。「もうちょっと子育てから手が離れたら、産休で休む人の穴を埋めるとか、そういう役割もいいなって思ってるんです」。

正直、僕は林さんのこれからに物足りなさを感じた。もちろん、子育てという忙しい日々もあるとは思うが、たとえばグループを立ち上げたりといったことをやってみたいという気持ちはないのだろうか？と思ったりした。

そう思ったのは、20代というやりたいことや夢を追いかけることがある程度許される年代に僕が属しているからかもしれない。少しでも世の中の役に立てればという林さんと、社会のために何か大きなことを！という僕たち若者。どちらがいいという問題ではもちろんない。ただ、店に入ったときに思ったのは、自分の想いと現実をうまく重ねた生き方を見せられた——そんな瞬間だったように思う。

“記憶”に残る体験

子ども会活動やＰＴＡ、他にも地域での活動はいろいろある。生まれ育った地元を離れ、いろいろな仕事も経験してきた。1年間ボランティアに参加したことは、新しいことに向かっていくときに大きな支えとなっている。

「私が今住んでいる地域の活動とかでも、すぐに入っていけるっていうのかな……。どこにでも入っていけるっていう感じありませんか？」

確かにそうだと思う。やはり1年間ボランティアというハードルを飛び越えたことが自信を与えてくれるのだろうか。

林さんは当時をこんなふうに思い出すこともある。

「1年間四季を過ごしてますから、たとえば春になると今頃れんげつつじが咲いているだろうかとか、夏でも夜は涼しくてよく寝られるんだよなぁとか、その季節ごとに思い出されるんですよ。あそこのおばあちゃんどうしてるかなとかね。でも聞くところによると、もう亡くなった方が多いんですけど」

活動中にはよく文章を書いた記憶があるという。JYVAから課されるレポートは毎月あり、そのときそのときの出来事や感じたことをまとめた。

「結構大変だったんですけど、やっぱりあれがあったから良かったと思うんです。体験が整理されるっていうのかな。あのときの体験って今こういうふうに活きてるのかなとか、そういう感じがなんかありますよね。そのときは面倒だなと思ってましたけど（笑）」

僕が何人もの人から話を聞いてきたことも〝記録〟のひとつだが、数年もすればそれは過去のものとなるだろうと思っている。だが、ある時点で時間を止めて整理しておくということの意味をちょっとだけ教えてもらったような気がした。時間が経ないと分からないこともあるのかもしれない。

同じようなことを思ったのは、林さんが1年間の体験を「……私のそばにいつも自然にあるっていう感じですね」と言った言葉について考えたときだった。〝自然にある〟という感じ方が僕にはいまひとつ呑み込めなかったのだが、それもある程度時間が経たないと分からない感覚なのかもしれない。

「今45歳なんですが、その45年の中に1年間ボランティアっていうのがハッキリあるんです。もちろん1年間ボランティアだけじゃなくて、その前後のいろんな場面も私の人生の一部ではあるんですけど、ただ他のどんな場面よりもやっぱりあの1年は記憶に残っているんです」

「……それがなんだか不思議ですよね」

▼林一美（はやし・かずみ）さん▲

1963年　東京都生まれ
1984年　短大を卒業後、社会福祉専門学校へ進学
1986年　病院にソーシャルワーカーとして就職
1988年　1年間ボランティア〈10期〉に参加。群馬県榛名町で活動
1989年　嘱託職員としてJYVAに勤務
1991年　国分寺市にある在宅福祉サービス支援団体に就職
1993年　結婚後、愛知県へ移住
2004年　社会福祉法人が運営する障害者就労支援施設に勤務

▼活動先およびボランティアの活動内容▲

社会福祉法人新生会――在宅痴呆性老人のための福祉ネットワーク推進事業。認知症高齢者の在宅ケアサービス体制を実験的に試みるプロジェクト

活動内容…高齢者の送迎・デイサービスおよび入浴サービスの補助、ひとり暮らしや寝たきり、認知症高齢者へのサービスの補助、プロジェクトチームの調査、広報編集および事務局の手伝い、在宅高齢者機能訓練サービスの手伝い、ボランティアの育成補助、郡部の社会福祉協議会の活動への参加などを行う。

所在地…〒370－3393群馬県高崎市中室田町5983

その他…同事業は期間限定のもの。

Ⅳ部 今、だから伝えられること

25 何もないところでユースホステルを

おはなし ▶◀ 塩崎健さん

——無難な生き方を選んできたはずだった

「人生のすべてを賭けて好きなことやります、なんて1年間ボランティアへ行かなかったら絶対思わなかった。その瞬間、1年間ボランティアの経験が僕の中で活きたね。

それに、会社を辞めるときのプレッシャーを乗り越える力に、ものすごくなったと思う。辞めたって人間生きていけるんだっていうのが分かったからさ。それを知ったから今があるかな。1年間ボランティアはそれまでの常識や価値観を覆してくれたんでしょうね」

慎重で臆病——と塩崎健さんは自分の性格をそう表現する。だから選択肢が複数ある場合は、無難な方を選んで生きてきたはずだった。それが1年間ボランティアを境に変わったと、当時を振り返って塩崎さんは言う。

知る人ぞ知る観光地の魅力?

エプロン姿で厨房に立つ塩崎さん。僕には、保父さんといっても通用しそうなほど温厚な顔に思えた。笑顔も自然だ。もともと目尻がぐっと下がっているから、いつもニコニコしているように見えるんだと後で気がついた。

塩崎さんは現在、ユースホステルを経営している。場所は北海道上士幌町《かみしほろ》糠平《ぬかびら》。糠平とはこのあたりの地名で、糠平温泉は知る人ぞ知る観光地でもあるが、冬という季節柄か行き交う人も車もほとんど見当たらない。

交通の便はすこぶる悪い。かつては帯広市から国鉄士幌線が通っていたが、1987年に廃線となり、今となってはマイカー以外だと路線バスしか交通の手段がない。観光地として成り立っている訳を塩崎さんに聞いてみた。

「何にもなさっぷりと糠平温泉のさびれっぷりにハマるんだろうね」と塩崎さんは答えた。確かに賑やかな一帯ではない。このあたりの人口は100人程度だろうと塩崎さんは言う。周囲を見回すと、国道を挟んで両側には民宿やホテル、みやげ物屋がいくつか目に入る。人家は数十戸しかないようだ。集落は距離にして300メートルほどのこの一帯に集中し、あとは山が広がる。

塩崎さんの経営する「東大雪ぬかびらユースホステル」は、国道から少し脇に入ったところにある、三角屋根で2階建てのクリーム色の建物だ。温泉の権利を借りたのを機に、老朽化していた建物を改築したばかりだった。やはり温泉のあるなしは宿泊する人にとって大きなポイントのようだ。近隣の民宿やホテルとも手を携え、宿泊者が思い思いに他の宿の温泉に入れるようにもしている。

そもそも、なぜ旅館やホテルではなく、ユースホステルなのか？　それは塩崎さん自身、若い頃ユースホステルによく泊まっていたということもあるが、もうひとつは経営を考えての作戦があった。ユースホステルの会員には、毎年ユースホステルガイドが配布される。そこには、全国のユースホステルの場所や連絡先、宿泊料金などの情報が載る。おかげで新規開業であっても全国に向けた宣伝ができた。それが功を奏し、今では安定した経営を行うことができるようになった、というわけだ。

ユースホステルは、主に若者向けに料金が低めに設定されている宿泊施設。10代や20代の若者が多そうだが、ここは30代が中心でどちらかというと旅慣れた人が多い。糠平が知る人ぞ知る観光地だからという理由もあるらしかった。たいがいは、本州から1週間程度の休暇を取ってやってくる。夏にはライダーたちもよく訪れる。

ユースホステルが旅館や民宿と違うのは、お客さんと一緒にイベントをすること。たとえば、夏は釣りやサイクリングに始まって、専門のガイドとともに登山なども楽しむ。夕食後には塩崎さんの送迎で、天の川がすぐそこに見えるという山奥の小さな露天風呂に出かける。まさに北海道を満喫できそうなイベントが用意されている。ちなみに、こういったイベントは全国どこのユースホステルでも、というわけではなく、北海道のユースホステルは比較的イベントに力を入れているんじゃないかな、と塩崎さんは言う。

開業して12年。リピーターとなって訪れてくれる人も増えた。「一番大切なのは、泊まりに来た人にとって居心地がいいかどうかっていうことだと思うんです。みんなちょっとずつだけど、ウチに求めてるものが違うんです」。《この人はこうなんじゃないかな？》とお客さんの求めるものを先読みしてサービスすることがある。その結果、笑顔が見られた瞬間はユースホステルをやっていて良かった！と思える。「こちらの気持ちが伝わった瞬間がすごく楽しいですね。それがあるから続くんです」。逆に、辛い苦しいと思ったことはあまりない。

「多分そういうときは何度もあるんだろうけど、好きなことをやっているからでしょうね」

シーズンオフだったこともあり、今日の宿泊客は僕ひとり。静かで、話を聞くには格好の機会のように思われた。ただ、ここでたくさんの出会いや楽しいことが起こるんだろうと思うと、なんだかもったいないことをしたと、誰もいない食堂で、ひとり僕は思わずにはいられなかった。

修了後は普通のサラリーマンに

塩崎さんには幼い頃テレビで見た北海道の情景がずっと印象に残っていた。画面に映し出された、馬で通学する大学生の姿に憧れた。「広々としたところが好き」で、小学校時代の夢は酪農家になることだった。だが現実には、父親が会社員の家庭に育った塩崎さんにとって酪農は遠い夢だった。

それでも大学1年生の夏休みに、北海道の酪農農家で牛の乳搾りや牧草刈りなどのアルバイトをしたことがあった。「それがすごくいい経験だった。農家の人もいい人だったしね」

大学3年が終わろうとしている頃は漠然と、「卒業したら普通に就職するんだろうな」と思っていた。将来、これをやりたいといったものも特になく、地味な学生生活を送っていた。ただし、旅には何度も出かけた記憶がある。アルバイトでお金を貯めては北海道を自転車で旅行し、ユースホステルにも何度か泊まった。

そんなある日、ユースホステルの会員向けに発行される新聞に1年間ボランティアの記事を見つけた。将来は普通の会社員でよかったし、特別なことを望んでいたわけではない。それを変えたのが1年間ボランティアだった。

北海道を希望派遣先とすれば、好きな北海道をたっぷり堪能できる、そう思った。

「酪農体験のときは1カ月ちょっとだったから、もう少し長く住んでみたいというのがあったんだと思う。それに社会に出たらできないことをやっておきたいなっていうのがあった。だから1年間ボランティアの募集を見たときに、《こういうことが俺はしたいんだ》っていうことに気づいたんだと思います」

ちょうどバブル景気が始まろうとしている頃だった。就職を1年延ばしても将来に不安は覚えなかった。

「会社に入ったら定年まで働くつもりだったから、そういうことをできるのはもう最後だろうというのがあったんだろうね。

ちゃんと行って、ちゃんと戻ってきて、そしてちゃんと学校を卒業して普通のサラリーマンになろうって思ってた。いわゆる普通の人生を送りたかったですね。あまり目立つのはどっちかっていうと苦手なんで」

やりたいからやる！　成功するようにやる！

派遣先は北海道を希望したものの、選考の結果は九州・熊本にある「財団法人水俣病センター相思社」（以下、相思社）というところだった。活動先が地理的に正反対だったことについて塩崎さんは言う。「あまりに違うから、逆に抵抗なく《じゃあ行ってみようかな》って思ったのかもしれない」と。派遣先の名前からして、なんだか胡散臭そうな感じがしたのにも興味をそそられた。

相思社では、住民への聞き取りに基づいた水俣病の調査や被害者への援助活動に取り組んでいた。話に聞くと、チッソによる公害が注目を集めた水俣には、70年代前半から九州を中心にたくさんの人たちが訪れた。反公害運動の大きな波が水俣を覆っていたという。しかしそれは、一種の「ブーム」であり、塩崎さんが参加したときは、最後まで水俣病の患者と共にあろうとする人たちがわずかに残るだけだった。そういう人たちの熱い生き方に触発され、やがて塩崎さんも自らの生き方を省みるようになる。

あるとき、廃油を使った石鹸工場の建設話が持ち上がった。このときの議論のやりとりは実に驚きだった。「採算が合うからやるっていうふうに物事が進むと思っていたら違うんだ。『やりたいからやるんだ！』みたいな議論なわけね。それで実際に始めちゃったのを見てすごくびっくりした」。それまでの価値観を覆された瞬間だった。

「その議論を聞いて僕は《あっ、そうなんだ》と思った。まずやりたいっていう気持ちがあって、それを決めた後に、物事が成功するように事を運んでいたんだ。僕が知ってる世界とは全然違う基準で行動していたんだ」。水俣病云々というより、各人がそれぞれの生き方、社会のあり方について真剣に考えている……そういう感じが伝わってきた。「その場にいられただけで1年間ボランティアに行った意味はあるね」。

活動が終わると大学に復学して、就職活動に入った。就職したのは農協関係の会社で、関東地方の営業を担当。バブルを前に、何もしなくても売れた時代だった。

それから3年後。会社のシステム変更で社内が混乱していたとき、ふとこんなことを考えた。ともに働いていた上司の姿を自らの将来に重ねてもみた。

「40代になったら……50代になったら……っていうのを想像したら、なんかすごい冷めたんだよね、気持ちが。それなら好きなことやった方がいいんじゃないかって思ったんです。何かをやって失敗しても今のうちならまだなんとかなるし、年齢的にもやるなら今しかないのかなって思って会社を辞めようと思ったんです」

そのときの心境は、まさに廃油を使った石鹸工場の話ではないが、

――やりたいから、やる！

――やると決めたら、成功するようにやれることをやる！

という腹をくくったものだった。「こうして、こうして、こうするから辞める、ではなくて、まず辞めようっていう感じだった」。

〝宿屋〟という目標と眠れぬ夜

会社を辞めたあと、塩崎さんは今できることを考えてみた。

「目標がないと僕はダメなタイプだから、じゃあ前から憧れていた〝宿屋〟をやろうという目標を仮に決めたんです。決めたらそれに向かって進んでいく中で、また違うことも見えてくるかなと思った

んです」

そこで、まず宿泊業が向いているかどうかを見極めるために、北海道のある民宿に住み込みで働いた。開業までの計画を立て、それからは宿泊業に必要な知識や技術を身に付けるため、道内各地の飲食店やホテルなどを転々とした。おかげで技術は習得できたが、土地や建物の算段は何もついていなかった。もともと好きな場所に土地を買って一からスタートさせることは資金的に難しいと分かってもいた。

ところが、計画は思わぬかたちで急展開した。料理の勉強のために働いていたレストランで、今は使われていない民宿があるという情報を得た。それが糠平だった。その土地は学生時代に旅した場所でもある。好きな土地のひとつでもあったことから、思い切って購入を決断した。

そして大幅な改装を経てついに1996年の暮れ、めでたくオープンさせた。当初7年としていた計画より2年早いスタートだった。相思社のスタッフが総出で泊まりに来てくれたことが心底うれしかった。

道外の人が約4割を占めるという土地柄か、外から入って来た人間に寛容だった。今ではすっかりこの土地に馴染んでいる。

塩﨑さんは当時の心境をこう明かしてくれた。

「月に1回くらいは寝れない夜があってね。それは先が見えなかったからだと思うんだ。でも反対に、そんな夜があることを楽しんでいるようなところもあったんだ。それだけ必死になっている自分がいたということだからさ」

最近の言葉で言えば、「オタク」なんです、と塩崎さんは言う。

「昔から興味があることにはハマるけど、そうでないことは目立たぬようにやっていけばいいやみたいな性格ですね。もうちょっと人間的にバランスが取れていれば、会社で働いていて面白くないことがあっても、折り合いをつけてちゃんと続けられるんだろうけど、イヤなものはイヤみたいなところがあって。

じゃあもう自分の好きなことをとりあえずやってみようかと思って仮の目標を立てた。幸いそれが運よく続いていて、好きなことをやれているって感じかなぁ」

そういえば、さっきも好きなことを「やらせてもらっている」と塩崎さんは言っていた。しかし、このユースホステルが成り立っているのは、塩崎さん、すべてあなたの力ではないんですか？

「いや一番はね、運ですよ。運が良かったからここまで来てる。それはね、謙遜でもなんでもなく、運。廃業していた民宿が手に入る値段で買えたのもそうだし。

僕の前にもそういう話は何回もあったらしいんですよ。でもこの物件は誰にも譲られないだろうと糠平の人も思ってたくらいです。だけど、たまたま僕が話に行ったタイミングが良くて譲ってもらえた。それは僕の熱意だとか、僕が何かしたとかじゃないんです。

今回も古い建物から温泉の権利を借りられて建て直したんだけど、それができたのも運が良かったから。そういうタイミングの良さに恵まれて、ここまで来てますね」

横から眺めている自分

　これからについて聞いてみた。

「僕にとっては、このユースホステルがすべて。この宿をいい宿にすることが今の僕にとってすべてなんです」。毎日、同じことの繰り返しのようでそうではない。宿に来る人は毎回違うし、求めているものも違う。リピーターでもそのときどきでニーズは異なる。

「退屈しないし、完璧にもならないことが続いてきた理由かな。だからこれからも続けていけそうな気がするんです」

　そして最後にこんな答えが返ってきた。

「自分がどれほどのもんだか、試してみたかったんです。宿屋やったのも、僕はどの程度の人間なんだろうっていうのが知りたいっていう欲求から。友だちも誰もいないところで何かを始めてどの程度までやれるのか、頑張っている自分をちょっと横から眺めているような自分もいるんだよね」


　帯広に向かうバスに乗ろうと、ユースホステルを出た。バス停に向かう小道を歩いていると、また雪がちらちらと舞いだした。玄関先で僕を見送ってくれた塩崎さんはもういないだろう。でも一応、と思って僕は国道に出る角を曲がるとき、振り返ってみた。すると、「気をつけて！」と大きな声で大きく手を振っている塩崎さんの姿が見えた。あの柔和な表情はもう離れすぎていて分からなかったけれど。

▼塩﨑健（しおざき・たけし）さん▲

1964年　埼玉県生まれ
1986年　大学3年生のとき、休学して1年間ボランティア〈8期〉に参加。熊本県の「水俣病センター相思社」で活動
1987年　復学。就職活動を経て就職
1991年　退職。北海道に移住。民宿に住み込みで働く
1993年　ホテルのフロントや、レストランで働く
1996年　「東大雪ぬかびらユースホステル」をオープン
2006年　温泉の権利を借り、温泉付きのユースホステルとしてリニューアルオープン

▼活動先およびボランティアの活動内容▲

財団法人水俣病センター相思社——水俣病患者の生活や運動を支える

活動内容…水俣病事件の具体的な事実についての調査・発掘・整理（漁・農民からの聞き取りなど）、漁具・民具の収集など水俣病歴史考証館の設立準備や被害者への援助活動に取り組む。

所在地…〒867－0034熊本県水俣市袋34

26 住職候補までの執行猶予

おはなし ▶◀ 野田瑞穂さん

跡継ぎ問題の決着

野田瑞穂さんは今、大分市にある実家の寺の候補衆徒（住職候補）を務める。もし正式に住職となれば、大分市では今のところ初の女性住職が誕生する。

寺に戻って来たのはつい最近のこと。葬式や法事の読経もようやく板につくようになってきた。

「今はまだお経の意味を理解して読み上げているということではないんだよね。社会情勢とかも分からなければ説法できないし。だから、ご門徒（＝信者、信徒）さんから『ある意味良かったよね』って言われる。会社勤めという一般的な社会経験と1年間ボランティアのような福祉経験の両方があったから、良かったんじゃないかって」

実は、お寺に戻ってくるまでにはかなりの時間と紆余曲折があったのだった。それはどんなものだっただろうか――。

20代の頃は、寺を継ぐことにかなりの抵抗があった。野田さんは2人姉妹の長女。当然のごとく両親は、野田さんが婿をもらって寺を継ぐことを期待していた。住職だった祖父は早くに他界。しばらくして父親が住職となったものの、それまでの間代わりに務めを果たしていた祖母の姿を見ながら野田さんは育った。当時はまだ珍しかったが、女性が僧衣を着けて仏事を行う姿には何の抵抗もなかったという。

高校卒業後の進路については、お寺の娘として生まれてきた以上、何も知らないでは済まされないと仏教系の短大に進んだ。仏教に疑問が湧くようになったのは、短大で学び始めてからだ。

「宗教って本来生きている人のためのものだからね。死んじゃったら説法もなにもないし。お寺って本来生きている間に関わるべきものでしょ。だけど今のお寺って、お葬式のときぐらいにしか必要ないじゃない」

疑問を抱くようになった野田さんの悩みは、将来、寺を継ぐかどうかということだった。「自分の将来を考えたときに、婿なんかもらって坊守さん（＝僧侶の妻）になってご門徒さんと一緒にお寺やって、そんな生活がいいのかって。それはちょっと嫌だなって思ってた」と野田さんは話してくれた。

何かに導かれるように

短大を卒業したあとは、とりあえず普通に就職。書類作成の事務が主な仕事だった。

福祉の世界に関心を持ったのは、あるとき、友人から借りた本がきっかけだった。福祉作業所について書かれた本だった。率直に《こういう世界もあるんだな》と思い、興味を持った。福祉の世界を知ったことで、たまたま開かれていた手話講座にも通うようになった。中途の聴覚障害のある人が講師だったが、教え方も面白く、何より明るく気さくな人柄に魅力を感じた。

その後、高校教師をしていた別の友人に、「福祉ってどんな仕事なんだろうね」と何気なく尋ねた。すると数日後、学校でボランティア関係のクラブを担当していたその友人は、野田さんを近くの障害者施設に連れて行ってくれた。そこでひとりの障害のある女性と出会った。

何度か施設に通うようになっていた野田さんに、彼女がひとつの望みを打ち明けた。言語障害のため聞き取るのに苦労したが、どうやら「ワンピースが着たい」と言っていることが分かった。彼女は最重度の障害があり、寝返りすらひとりでは打てなかった。その彼女にワンピースを着せるのは、施設の職員でも簡単にできることではなかったが、他の誰でもない自分に打ち明けてくれたことがうれしくて、叶えたかった。

後日、ワンピースに袖を通した彼女と一緒に写真を撮った。その写真は今も手元に残っている。そうしたことがあってから、ときどきふらっと寄っては爪を切ったり、トイレの介助をしたりするようになった。

そんなある日、1年間ボランティアの話を耳にした。施設に連れて行ってくれた高校教師の友人がやはり教えてくれた。《ボランティアやって5万円ももらえんの！　しかも県外で、行きたいところに1年間行ける……夢みたい》と思った。

「婿をもらって寺の跡を継げ！」。両親からのプレッシャーも日に日に強くなっている頃でもあった。1年間ボランティアでは食住は保障されるらしい。両親から少し距離を置くこともできる。仕事も7

年目を迎えマンネリに陥っていた。

「親と跡取り問題ですったもんだしてたから、もう半ば強引に家を出たんだよ」と野田さんは言う。会社を辞め、ひとり暮らしをしていたアパートも引き払い、両親にはただ一通の長い手紙を残し、1年間ボランティアへ参加したという。両親にとってそれは〝事件〟だったことだろう。

「成り行きのところもあったけれど、偶然のように見える出来事が重なって背中を押されたなぁっていうのが大きかった。施設でボランティアやって、ようやく慣れてきた頃に今度は1年間ボランティアの話を聞いて。一つひとつ順序を踏んでいるような気がしたんだよね。だから、これならいいかなと思って」。今から20年以上も昔の話だ。

一方、実家の寺は妹が婿をとって継ぐことになった。

当たり前の心地よさ

活動先は、長野県松本市の福祉作業所「筑摩工芸研究所」（以下、ちくま）。もとは、「信州木彫研究所」といい、専門学校で木彫りを教えていた代表の新井俊雄さんが障害のある生徒と出会ったことがきっかけで始めたものだった。

福祉作業所ということだったが、そこにはなぜかいつも大勢の若い男女がいた。ほとんどが新井さんを慕って集まってきた者たちであり、どこからともなくやって来てはいなくなった。新井さんは、さまざまな事情から親元にいられなくなった若者を預かっては育てるようなことをしていた。新井さんを中心に一風変わった異質な空間がそこには出来上がっていた。

ボランティアは、利用者である障害者の送迎、鉄くずの回収やリサイクル品の仕分け・販売を行い、さらには廃油を利用した石鹸づくりを行った。毎日違う仕事の連続で飽きることはなかったという。

野田さんがやって来てからは、経理もボランティアの仕事になった。これは、新井さんが野田さんの経歴について「事務経験ありイコール経理ができる」と勝手に誤解したことに端を発するらしい。

ちくまの元同僚がもう少し話を補足してくれた。新井さんがのちに語ったところでは、『ちょっと金貸してくれる？』と言えば、野田さんならきっと何も言わずに渡してくれる。いろいろと詮索しないという点で経理を任してもいいと思った」のだという。新井さんの野田さんに対する信頼ぶりがうかがえる。以来、帳簿付けは野田さんの仕事になったというわけだ。

ちくまでは、忘れかけていた当たり前のことを教わったような気がする、という。「社会の当たり前と、ここでの当たり前が違ってて。こっちの方がいいなって思えた」。野田さんはそう言う。たとえば、「俺の酒が飲めないのか！」などとアルコールを強要する人は誰もいなかった。「そうか。飲めないんだったら無理して飲むことはない。もったいないから」。それが新井さんをはじめちくまのスタッフのスタイルだった。今でこそそんなのは当たり前と思ってしまうが、当時では珍しいことだった。

「居心地がいいなと思ったのは、新井さんの考え方と自分が感じていた部分が近いかなっていうのはあったね。共感できる部分があったしね」

1年間ボランティア修了後もちくまに残った野田さん。その後、社会福祉法人化した、ちくまが運営する授産施設の施設長になった。「まさかそれから20年も信州に住むことになるとはね。当時いたスタッフの誰もが福祉がやりたくていたわけじゃないんだよね。自分にとって居心地がいいからいるだけで、他人のためなんて考えている人は少なかったと思う。それはボランティアの最中も同じ」と、ちくまでの長い年月を振り返った。

執行猶予という〝痛み〟を抱えた時期

「1年間ボランティアを一言で表現するとしたら？」という質問をすると、こんな答えが返ってきた。

「あの1年は執行猶予だったと思ってる」。野田さんはしばらく考えてからそう言った。どこか斜に構えるようなところがある野田さんらしい表現だと思った。

「実家の状況もあったからね、どうしようかなっていう部分での執行猶予だった。親から離れて1年間考えたい、それがあったね。今までの自分の中で〝痛み〟を抱えた時期だったよね」。野田さんの声と表情が少しにじんだような気がした。

「妹に寺を押し付けようとしている自分がいた。妹に対する負い目みたいなものはあったよね。その当時っていうのはとにかく、自分の意思を通したかった。ある意味わがままだよね。それは分かっているんだけど、一度思い通りにやらないと諦めがつかないという気持ちだった」

ちくまに残るか去るかといった問題ではない。活動を終えた後も、家業を継ぐ以外の途を本気で模索していた。

「できるだけのことをやって、それでも逃げられないんだったら、もう仕方ないと思ってた。それがいつになるのか分かんないなっていうのはずっとあったんだよね。だからずーっと執行猶予という感じだった」

そして、寺の跡を取ることは現実のものとなった。寺を継いでいた妹夫婦に問題が起きたのだ。もともと野田さんに婿を取る気などない。自分が住職になることに、決めた。

納得して自分で決断

ときどき帰省はしていたが、それにしても随分、大分の街も変わったと野田さんは言う。

広いお寺の掃除や花の生け替え、庭の草むしりと寺の維持管理に必要な仕事、「寺務《じむ》」は意外に多いという。最近〝デビュー〟したという法事や葬式が集中すると、一気に慌しくなる。

ちくまではTシャツにジーンズだったが、今は墨染めの衣に数珠という格好である。毎朝7時半から、月命日を迎えたご門徒宅回りで一日が始まる。一回の読経は15分程度だが、そのあとのお茶の時間が長くなることが多い。特にひとり暮らしのお年寄りの家では、しばし足を止めて世間話や悩み事の相談に乗る時間をつくったりもするからだ。

人を相手にする今の仕事。相手の話を聞くにしても、相手とどう関わるかにしても、ちくまにいたときのことはすべて血肉と化し役立っているという。

「これからお寺をどうしていきたいんですか?」と問うと、「それを今考えているところなんだよねえ」と野田さんは言った。

最近新築した真新しい大きな本堂の奥にある台所と食堂は、今も昔もずっと変わらない。その食卓で娘のあれこれについて注文をつける両親。少し煩わしそうにしながらも、ときおり苦笑いを交え言い返す野田さん。そんなささやかなバトルを見ていると、「継げ！」「継がない！」ですったもんだした日々は《どんなだっただろうな？》と想像してみるけれど、今ではどうでもいいようなことのようにも思えた。と同時に、正座しながら長時間に及ぶお経を唱える姿を思い浮かべてみた。

「しばられるのがキライなんだよねぇ」と野田さんが話していたのを思い出した。そして思った。やっぱり今の生活は少し窮屈なのかもしれないな、と。

逃げたい、逃げたいと思ってきた寺の跡を取るという道。跡を取った今、それについてはどう思っているのだろうか？

「跡取りから逃げ続けようと思えばできた。だけど、今回は納得して決めたんだよね。自分の決断で。仕方なしではなくね」。それを聞いて僕は少しホッとした。

「事情が変わらなければずっとちくまにいた」と野田さんは言う。「ちくまも法人になって落ち着いた頃だったから区切りがよかった。それにこれが60代だったら無理だっただろうね。まだ40代だったからさ」。野田さんは苦笑した。

今、野田さんにとってちくまはどんな存在として映っているのだろうか？

「松本は大切なところ。大事な人たちがいるからさ」。その短い言葉が野田さんの気持ちのすべてを表しているように僕には思えた。

▼野田瑞穂（のだ・みずほ）さん▲

1958年　大分県生まれ
1978年　短期大学（仏教学科）を卒業し、通信関連会社に就職
1986年　退職後、1年間ボランティア〈8期〉に参加。長野県にある「筑摩工芸研究所」にて活動。以後21年間にわたり在籍
2007年　大分県の実家、等應寺の候補衆徒（住職候補）となる

▼活動先およびボランティアの活動内容▲

筑摩工芸研究所——障害者が地域で働きながら自活を目指す

活動内容…木彫・七宝・健康食品の販売、無公害石けん作り、廃品回収などを行っている障害者の就労場所において、障害者の職域拡大のための技術開発（廃プラスチックの再生、廃油の利用、汚泥の処理、ボイラー、畑作りｅｔｃ）やリサイクル活動などに取り組む。

所在地…〒399―0001長野県松本市宮田8―22

その他…参加当時の名称は「筑摩工芸研究所」だったが、現在は「社会福祉法人ちくま」となっている。

27 若者を送り出す側になって

おはなし ▶◀ 浜本由里子さん

体験を重く感じるとき

他の団体にも1年間ボランティアと似たようなプログラムがあるということで、僕は興味を持った。送り出される立場から送り出す立場にポジションを変えた場合、送り出される立場での経験がどう活かされるのだろうか？

浜本由里子さんは、「NPO法人市民社会創造ファンド」という、インターンシップ・プログラムを実施する団体で働いている。NPOの現場で学びたいという若者を1年間、インターンとして派遣する事業だ。インターンには活動費が支払われ、その活動を支えている。浜本さんは活動する若者たちを支援しながら成長を見守っている。

浜本さん自身、1年間ボランティアが終わってからの長い時間の中で、自らの経験についていろいろな受け止め方をしてきた。楽しかったなと思うこともあれば、重く感じてしまうときもあった。

「同じようなことが、参加したインターンにも起こるんじゃないかなと考えました。活動に十分満足したとしても、しばらくはその活動から離れたいと思うときがあるかもしれないとか、活動に不満な点があったとしても10年くらい経って経験が活きるかもしれないとか。1年間ボランティアに参加したおかげで、インターンに参加した若者たちのその後の気持ちについて幅を持って考えられることにすごく感謝してるんですよ」

浜本さんが1年間ボランティアに参加するまでのいきさつはどんなものだったのだろうか――。

順調だったそれまで

大学卒業後、地元・広島で仕事情報誌を発行する会社に就職した。しかし、就職して半年も経たないうちに辞めたいと思うようになったという。

就職活動では、やりたいことがどうしても見えなかった。「どこか地元で働ければいい」という感じだった。「やりたいことを考えられずとりあえず仕事と決めたけど、《これはやりたいことではない》ということに気付いた。まぁ当たり前ですね」。

学校では友だちに恵まれていた方だ。人間関係で悩むこともなかった。大学まで自分の行きたい学校に進んできたし、親子関係も問題なかった。これといって自分の進路や将来について思い悩んだ記憶はほとんどない。「就職して、平平凡凡とした生活をしていた」という。だから、1年間ボランティアへの参加は周囲には突飛な行動に映った。

1年間ボランティアについては、たまたま見た新聞の記事で知ったに過ぎない。「ハッキリ言えるのは、ボランティア活動そのものに興味があったわけではなかったんです。おそらく当時の仕事に高い満足度が得られていなかったということでしょうね。だから、1年間ボランティアは違う世界に飛び移れるという期待を抱かせてくれた、ということだと思うんですよ」。

活動範囲を広げ、目に入ったのは

活動したのは、福岡県にある「西日本短期大学附属高等学校」。歴史はまだ浅いものの、さまざまな競技で有名選手を何人も輩出するなど、スポーツで知られた学校だった。また、当時の普通科高校としては珍しく、障害のある生徒を受け入れていたことでも知られていた。

期待を持って臨んだ1年間ボランティア。だが、学校のボランティア受け入れ態勢は整っていたというわけでなかった。進路相談室に机を置かせてもらってはいるものの、日がな一日何もすることのない日々を過ごした。《自分はいてもいなくてもどちらでもいいのではないか?》というような思いに駆られた。手持ち無沙汰な日々が続き、2カ月ほど悩んだという。

そんなある日、ひとりの生徒が現れた。ボランティア活動に熱心な生徒だったという。その生徒は、「学校にボランティアサークルを作りたい」という熱い想いを持っていた。そこで浜本さんが顧問という形をとってサークルを立ち上げた。牛乳パックの回収、手話教室の開催、高齢者施設の訪問、障害のある人とのサマーキャンプなどなど、次々に生徒たちのアイデアを実行に移していった。「ボランティアをやっているという感覚ではなかったんですよ。自然にいろんなことをやっているっていう感じだったですね」。

また、学校の外での活動に少しずつ関わるようにもなっていった。1年間ボランティアのことを知る人が地域や社会福祉協議会にいたのがきっかけになった。紹介してもらい、いくつかのボランティアグループの活動に顔を出すようになった。学校を終えると社会福祉協議会へ出向いては、子どもの遊び相手になったり、地域のコンサート活動や祭りなどのイベントの手伝いをするなどした。

そこでさまざまな人と知り合った。ほとんどが昼間は仕事をしながらも、それ以外の時間や休日を利用して地域の活動に参加している人たちだった。

重度の脳性マヒを持つ男性とも出会った。施設を出て、初めてのひとり暮らしを始めた人だった。その男性の自宅にはボランティアをはじめさまざまな人が出入りしていた。浜本さんが住んでいた学校の寮と男性の自宅は自転車で行ける距離であり、頻繁に通った。浜本さんが介助するというわけでもなかったが、代わる代わる出入りする人たちと酒を飲みながら夜遅くまで話し込むことも多かった。

「いろいろな活動ややり方で地域に関わりがある人たちがいるんだなぁと思いました。それに、なによりみんな楽しそうに見えましたね」

なんとなく参加した経験から言えること

そうした経験をした活動先は今、浜本さんにとってどういう存在として残っているのだろうか？

「生まれ育ったところを除けば、1年間住んで人間関係を作って地域の人たちと一緒に活動できた、自分にとっての〝地域〟と感じられる場所はそこしかないですね」

では、浜本さんにとっての1年間ボランティアとは一体何だろうか？

「今感じているのは、1年間ボランティアは『人生のターニングポイント』だという点です。あの経験がなければ今の私はおそらくいないだろうと思うんです。そして、当時は予想だにしなかったことなんですけど、1年間ボランティアの経験が今の仕事の役に立っているんですよ」

浜本さんは自分とインターンたちの姿とを重ね合わせながらこう話してくれた。「受け取った経験が大きいと、どうやってその恩を返そうかと戸惑うインターンがいるんですね。人生の先輩たちが自分のために心を砕いてくれたり時間をとってくれたり、自分より暮らしがきつい人たちが自分たちにやさしくしてくれたことに対してどうやって返そうかって悩んだり、返せなくて申し訳ないみたいな気持ちになるんです」

浜本さんは続ける。「私の場合、かなり時間が経ってからですが、もらった人に返すんじゃなくて、自分がたまたまお手伝いすることになった人に返せばいいんじゃないか、地域で循環させるとか社会で循環させていけばいいんじゃないかって思ったんです」。だから、そのままでいいんだよ、肩に力を入れなくてもいいんだよ、浜本さんはそう言いたかったのかもしれない。

インターンの中には、将来の目標が明確に定まっている者もいれば、そうでない者、なんとなくと言って参加して来る若者もいる。その点について浜本さんはあまり細かく区別する必要はないと考えている。時間の経過によってどんな変化が生じるか、現時点では何も分からないからだ。

「目標が定まっている人がよくて、定まっていない人がいけないっていうことではなく、その1年間がどういう意味を持つ時間であるかは、そのあとのいろんな経験を織り交ぜて決まっていくと思うので、参加への意欲がきちんとあれば、今明確な目標を持っていない人でもいいんじゃないかって思うんです」

浜本さん自身は1年間ボランティアへの参加にあたり、積極的に何かを求めていたわけではなかった。しかし、結果的には人生の中で大きな割合を占めているという。「だからそういう参加の仕方があってもいいんじゃないかなと思うんです」。

終わってからがスタートなんだ

インターン修了生の中には、「終わってからがスタートだ」と話す若者もいるらしい。その言葉を聞くたびに浜本さんは、そうかもしれない、とうなずかされる。

「活動修了そのものは『よくやった！』ということではあるんですけど、そのあと、志を持って、自分の人生や社会について考えていくという観点に立つと、スタートラインについたかつかないかというところだと思うんです。だから、インターンでの経験をきっかけに社会の中で自分はどう生きていくのかを考えることの大切さに気付いて、自分らしい人生を探そうとする人たちが育っていけば素晴らしいなって思います」。そういう若者の姿が僕には、浜本さんが1年間ボランティアで出会った人たちと重なるような気がした。

実は僕も、「終わってからがスタートだ」ということを1年間ボランティアの研修で発言していた。しかしそのときは、ただなんとなくそう思ったから言ったに過ぎない。浜本さんの言葉を聞きながら僕は改めて考えてみた。

経験を活かすも活かさないもそれは自分次第だと思う。ただ、僕としては、何かを求めた1年間という時間をそれで終わらせてしまうことがもったいないとも思う。その一方で、実は終わらせることなんてできないのではないか?と思うのだ。お金を稼いで生活するためという就職とは違う。自分から求める姿勢があるなら、そのあとも何かへとつながっていく。僕はそう思っている。

「1年間ボランティアで出会った人たちは、経済的にということではなくてこころ豊かに生きている人たちだと思うんです。自分の意思で地域や地域の人のために活動している人たちでした。その活動を仕事としているわけでもないし、ニュースに取り上げられるわけでもない、何も目立ったところがないような人たちなんです。そんな普通の人たちが普通の暮らしの中で空いている時間を使って活動していた。その姿が本当に素敵だったんですよね」。そう感じられたことが私にとっての一番の収穫だと思うんです、と浜本さんは言った。

「その出会いの場を作ってくれたのが、1年間ボランティアというプログラムだった。そこで出会った人たちと共にした時間が私にとって何よりの経験だと思うんですよ。そしてそれはジワジワとではあるんですけど、今も私に影響を与え続けてくれていると思いますね」

浜本さん自身が今度は若者を送り出す立場になった。いつか時間が経ったとき、彼らはその体験をどのように振り返るのだろうか?

オフィスビルが所狭しと並ぶ東京大手町の事務所の一角で、今日も浜本さんは静かに机に向かう。一見フツウに見える人にもきっと志している何かがある。浜本さんはそう思っているのかもしれない。

▼浜本由里子（はまもと・ゆりこ）さん▲

1962年　広島県生まれ
1986年　大学卒業後、仕事情報誌を発行する出版社に勤務
1987年　1年間ボランティア〈9期〉に参加。福岡県の「西日本短期大学附属高等学校」にて活動
1988年　熱帯林保護団体に勤務
1989年　環境保護団体に勤務
1994年　地球環境問題をテーマとする国会議員の議員連盟の事務局に勤務
1999年　環境パートナーシップ推進のための情報センターに勤務
2002年　NPO法人市民社会創造ファンドに勤務

▼活動先およびボランティアの活動内容▲

西日本短期大学附属高等学校――国際性豊かな人間の育成を目指す

活動内容…寮生と起居を共にしての生活指導、学校業務に関する一般的な補助、授業補助、地域社会での社会教育活動などを行う。

所在地…〒834－0065福岡県八女市亀甲61

28

同じ窯の湯呑みで

おはなし ▶◀ 轟博さん

後輩に託すメッセージ

「どうしようもなくなったとき、この湯呑みを床に叩きつけて心を落ちつけてほしい」。短い手紙には、確かそんな言葉が綴られていたと思う。

僕がボランティアとして札幌に来て1カ月ほどした頃だっただろうか。その手紙と一緒に送られてきたのは、1年間ボランティアのOBが作ったという湯呑みだった。自分のせっかく作ったものを割ってほしい。僕はずっとその言葉が気になっていた。そこには一体どんな意味が込められているのか？　その湯呑みでお茶を飲むたびに、そんな疑問が浮かんでは消えていった。

「きっとどこかで関わっていたいっていうのがあるんでしょうね。今、自分がボランティアとかしてないけど、あの体験はいい体験だったから後輩を応援することで、その気持ちを自分も維持していきたい、何か今自分にできることをやってつなげている自分がいるのかなって思うんだよ」。健康的に日焼けした肌に、口ヒゲがよく似合う。贈り主の轟博さんはプレゼントする理由をそう語った。

轟さんは現在、東京都で会社員生活を送っているが、あるときから本格的に陶芸を始め、今では休みはもっぱら陶芸をして過ごすという。7年ほど前から、その年の1年間ボランティアの参加者に湯呑みをプレゼントすることにした。毎年、年が明けるとプレゼント用の湯呑みを作るためにろくろを轢く。ここ数年は、それが新年の儀式として定着した。

プレゼントする理由は、〝お返し〟の意味もある。「明確な目的っていうよりは、自分がしてもらったから後輩にしてあげてるっていう感じなんです」。

轟さんがボランティアに参加したときは先輩たちからエプロンをもらったという。

「エプロンをあげるっていう話はもうなくなってるってたまたま聞いたんです。じゃあ湯呑みでも贈って、同じ釜の飯を喰ってるという仲間意識を持ってもらうのもいいかなって思ったんですよ」

それに、最初に湯呑みをあげたときの後輩の顔が忘れられない。「もらってくれた人たちの顔を見て、あげてよかったっていう気持ちになったんです。逆にボランティアされたような感じがした。若い人を見て自分たちもそうだったなって思い出したんです。彼らの顔を見るだけでダブるんですよ、自分が参加したときと。どんな体験をするんだろうってドキドキしながら参加したときの、あの気持ちにしてくれたんです」と轟さんは語ってくれた。

実習のノリで

1年間ボランティアに参加する前、轟さんは北海道の牧場で働いていた。酪農に興味を持ったのは中学生のとき。1本の映画がきっかけだった。

「映画に出てくる馬に乗って牛を追いかけたりするシーンがとても印象的だった。あんな仕事だったら楽しそうだ、そんな生活してみたいなって、そんな憧れから牧場で仕事することにしたんです」

農業高校を卒業すると1年間の農業研修生活に入った。そして研修を終えると、知人に紹介された岩手の牧場で実習生として働くことになった。

その後、再び紹介された北海道の牧場に移った。1年間ボランティアを知ったのは、この牧場でのんびりとした生活を送っているときだった。

「牧場と言えばやっぱり北海道じゃないですか。北海道に行くっていうのは夢でもあったから、働いてみてとりあえず自分の中で満足したのね。そのまま北海道に根を下ろして生きていくことも考えました。でもこれで人生決めていいのかなっていうのもあった。

なんか違う他の世界も見てみたい、もっといろんな人と出会いたいという気持ちがあったね。1年間ボランティアを知ったのは、このまま牧場で働こうかどうしようかという時期だったですね、ちょうど」

ボランティアの記事を見たとき、畜産実習が思い起こされた。

「ボランティアも実習も、やることが違うだけで目的は同じなんだと思ったんです。それまでやってきた実習は、昔で言うところの丁稚奉公みたいなものですよね。お金は関係なく技術を習いに行くような感じ。

1年間ボランティアも同じように知らないことを学べるのかなって思った。三食喰えてなおかつ自分が育った場所ではない場所で生活できる、そこには確かに魅力を感じたよね。それがいいとか悪いとかは抜きにして、〝異文化〟を体験できるっていうのはすごく魅力だった」

本当に牧場や牛が好きかどうか……それを考える時間にもしたかった。「1年間考えてみて、やっぱりそれがいいと思えばまたやり直せるだろうしって思ったんですよ」

一冊の本よりひとりでも多くの人と

活動は長崎県の離島、大島町。社会福祉協議会に籍を置き活動した。活動は社会福祉協議会が主催する催し、たとえばゲートボール大会での手伝い、学童保育の指導補助など。他に中学・高校のボランティアクラブで生徒の相談役になったりもした。「でもその当時からひげもじゃだったから、みんな来やしなかった」と轟さんは苦笑いを浮かべた。

島では、住民みんながイキイキして生活していることが特に印象的だった。「何をするのも一生懸命だったんですよ。ゲートボールだってそんなに真剣にならなくてもいいのに、もう一生懸命なんですね。そういう姿ってなんかすごいなと思ったんです。実は、今の自分もそういう姿を追っているようなところがあると思うんです」。北海道にいるときは、その土地の広さに比べて付き合う人間の範囲は狭かった。しかし、この島は何かが違った。

島では福祉懇談会という会合が開かれていたという。福祉懇談会は当時としては先駆的な取り組みだったようで、近隣の社会福祉協議会からも視察に訪れていた。懇談会はそれぞれの集落の公民館を回って、社会福祉協議会への要望を聞いて歩くというものだった。轟さんも同行した。その懇談会に島民が一生懸命であることのヒントが隠されているような気がした、と轟さんは言う。

「みんなが元気にしている源には、言いたいことが言えて、それがちゃんと暮らしに反映されるようになっていることがあるのかなってすごく感じましたね」

印象深かったのは懇談会だけではなかった。長崎ならではの話も聞くようになった。

「じかに原爆の話を聞いたのは初めてだった。実際に被爆した人の話を聞いたり、きのこ雲を見たおじいちゃんの話を聞いたりした。すると原爆に対する怒りや嫌な思い出が次々と甦る。あぁやっぱり本当に悲惨だったんだなって、原爆に対しての認識が変わったよね」

「一冊の本を読むよりひとりでも多くの人と出会え、本ならいつでもどこでも読める。だけど長崎にお前は1年しかいない。ここにいるお年寄りたちはあと20年したら誰もいない。そういう人たちの話を聞く、それはひとりの人生を生きたかたちで学ぶことになる。お前が将来どんな人間になるか知らないけど、そうやって学んだことは絶対活きるから」。大島町の人から言われた言葉で印象に残っているものだ。そんな話をされてから、原爆の話を聞くようにもなったのだった。

「原爆の話を聞けただけでも行った甲斐があったんだなぁと思うよ。何もできなくても、そういう人たちに出会わせてくれた活動には感謝してるんです」

大好きな〝やきもの〟と出会ったのも大島町だった。学童保育が行われていた建物に陶芸教室の窯が置いてあった。轟さんは子どもの面倒を見ながら、時間を見ては素焼きのやすりがけをした。

「それまでは全然興味なかったんだけど、こんなドロが固くなるんだって。命が吹き込まれるんだって、そういうふうに思ったんですね」

「変わった」という自覚のもとに

ボランティア後、福祉施設や山村留学の施設で働いた。その後東京に戻った轟さんは現在の職場で働くようになった。

1年間ボランティアに参加して出会ったもの、それはひとつには陶芸。けれど、それだけではなかった。かけがえのない人との出会いももたらした。東京に戻ってから、公民館で開かれていた料理教室に通った。そこで妻と出会ったのだ。

ひとり暮らしをする者であれば誰しも、毎日の食費を少しでも抑えたい、バランスのとれた食事をしたいと考える。そう思った轟さんはチラシで見かけた料理教室に参加した。男性はわずか3人。女性陣から奇異な目で見られたのも無理はない。

「ボランティアに行った経験がなければ足を運ばないですよ。活動中に社会福祉協議会とか福祉懇談会とかにくっついて歩いていたから、自分の街でやっているものにも参加したいなと思ったというのもあるんです。参加前とは行動からして変わったよね」

「変わった」というのは自分で思っていたばかりではなかった。父親から「変わったな」と言われたり、友人から「目つきが変わった」とよく言われるようになったりした。「気持ちの持ち方自体変わったと思うんですよ」。

もし参加していなければ？と僕は聞いた。

「想像つかないけど、全然違う人生だったでしょうね。でも確かなことは、1年間ボランティアで出会ったわけじゃないけどそれを通して人間形成されたと思うから、今のカミさんも子どももいなかっただろうな、極端なこと言えば」

一方でこんなことも……。「でも家族に1年間ボランティアの話をしても伝わらない（笑）。だから、もう自分の心の宝物にしておこうって考えるようになったね」。

僕は轟さんが妻や子どもに一生懸命1年間ボランティアのことを話す様子を想像してみた。そして、きょとんとして不思議がる家族の姿も。でも、分かってもらえないくらいの何かがあるということは、決して哀しいことではない、と思ったりもした。

ひとつ窯での仲間意識

僕は最初に思った、「自分が贈った作品を割ってくれてもいいとは一体どういう意味なのか？」という疑問を投げかけてみた。

「自分もそうだったけど、途中で活動が嫌になることってあるよね。なんでこんなことやってるんだって、1年間ボランティアに疑問を持ち始めてしまったりして。実際に活動を中止した人もいるからね。そんな嫌なことばかりじゃないと思うんだけど、人間ってそういうふうに思うときってあるじゃない。心の浮き沈みがあったりするでしょ。

そういうときに、ひとつ窯で焼かれた湯呑みが手もとにあって、それを眺めて少しでも思いとどまって、活動を続けてもらいたいなっていう想いで作ってるんですよ。それでも消化できないことがあるなら、この湯呑みを割ってストレス発散して、それで一日でも長く活動してほしいっていう気持ちがあるんだよね」

「……活動だけじゃなくて将来のことも、ゆっくり考えていい時期なんだよって伝えたい。僕もゆっくり考えさせてもらったからさ」。なんとかして1年を乗り切ってほしい、せっかく自分が選んだことだから途中で投げ出さないでほしい、そういった想いが轟さんにはあるようだ。

「寝ていたって1年は過ぎていくんだからさ。何もできなくてもいいじゃんっていう気持ちだよね」。轟さんはそう言うが、僕はやっぱり何かを得られるような1年間にすべきだと思った。そのためには、自分から積極的に動いていくべきだとも思うのだが……。

「1年間ボランティアに参加してくる人って、それまでやっていたことも環境もみんな違うじゃないですか。そういう人たちと一緒にいることは刺激にもなったしね、面白く見えた。感動的な感じすらしたんだ。

　この活動に参加してなければ絶対僕はこの人と話してないだろうなという人とも話したし、いろんなつながりがあったりする。だから大事にしてもらいたいなっていう気持ちなんだ」

「……活動はたった1年で、同期とは一緒に机並べてたわけじゃないでしょ。それでも年齢も派遣された施設も違う人たちとの関わりがいまだに続いてるっていうことは、やっぱりそこから受けたインパクトが強いんだなって思うんですよ」。活動中だけが学べる場というわけではなく、同期という人とのつながりも、きっとのちのち活きてくる、そういうことを言いたかったのではないかと僕は思った。

10年分の濃縮ジュース

轟さんに話を聞いたのはあるギャラリーでだった。1年間ボランティア同士のつながりで共同展を開いたのだ。共同展の誘いは突然だった。趣味で絵画を描いていた1年間ボランティアの後輩から、スペースにゆとりもあるので一緒にどうかと誘われたのだ。

こんなときも轟さんは慌てない。いつも急な出来事に対処できるように準備を整えているからだ。「準備をしておけばいつかチャンスが巡ってくるはず。だから、何にでも対応できるように準備しておきたいんだよ」と轟さんは言う。それは1年間ボランティアのときに発見したことでもあった。「長崎の観光名物であるペイロン競争*に出させてもらったのも、介護ヘルパーさんの手伝いでやったお年寄りの入浴なんかにしてもそうだった。今思うと1年の間にしかできない経験をさせてもらったんだね」。だから、「今を大事にする」というのが轟さんのモットーだ。

「ここで共同展やっていることも今しかできないわけですよね。準備が間に合わなかったらここに来てないし、ここに来る人たちとも知り合えない。チャンスを無駄にしないっていうことを一番教わったんだと思う。教わったというより自分で感じた。チャンスのための準備をしておけっていうことだよね」

轟さんは1年間ボランティアのことをこう表現した。「1年間ボランティアは濃縮ジュースみたいなものじゃない。1年だったけど10年だったような感じがあるんだ。ふつう、記憶って薄れていくじゃない。だけどその1年の記憶は結構深いなっていう感じがありますよね。だから本当、濃縮ジュー

＊ペイロン（ペーロン）競争……長崎発祥の伝統的な木船のレース。1艘の木船（ペイロン）を20人程度で漕ぎタイムを競う。

スのようだよね」

　僕はもらった湯呑みを投げつけて壊すことはなかった。ただ、お茶をよく飲んだ記憶がある。だから茶渋がこびりついているんだな、と改めて気がついた。

「あのとき感じたことを忘れたくない！」、「後輩を応援したい！」、「1年間過ごしたときにきっと何かが見えてくる！」――轟さんが作った〝湯呑み〟にはそうした想いがたくさん込められているのだと思う。

▼轟博（とどろき・ひろし）さん▲

1960年　山梨県生まれ
1979年　農業高校を卒業後、東京で農業研修
1980年　岩手県の農場で農業実習生として働く
1983年　北海道の牧場に移る。その後1年間ボランティア〈6期〉に参加。長崎県大島町社会福祉協議会にて活動
1984年　身体障害者施設に就職
1985年　新潟県佐渡ヶ島で山村留学施設のスタッフになる
1989年　東京で会社員として勤務
2001年　1年間ボランティアに湯呑みのプレゼントを始める

▼活動先およびボランティアの活動内容▲

大島町社会福祉協議会――高齢者、子ども、障害者、母子問題など島内の社会福祉課題全般に取り組む

活動内容…小・中・高校生のボランティア活動の推進、高齢者と子どものふれあいゲートボールの企画・運営・調整、学童保育の指導援助、地区ごとの福祉懇談会への参加、機関紙の編集・発行などを行う。
所在地…〒851－3506長崎県西海市西海町黒口郷1477－1
その他…その後、周辺自治体が合併し、現在は「西海市社会福祉協議会」となっている。

29 四十からも面白く

おはなし ▶◀ 小野達也さん

扉の向こうへの好奇心

研究室のドアノブを握る僕の手は少し緊張していた。そしてその扉を開けた。大学院生の人だろうか?と最初、僕は思った。先生にしては少し若いと思ったからだ。それに大学の先生と聞いていて、年配の人を勝手に想像してしまっていた。「小野達也先生は?」と尋ねると、「ああ、僕ですよ」とその人は答えてくれた。

小野さんは大学で地域福祉などについて教えている。大阪にやってきたのはつい最近のこと。一時期大阪に住んでいたことがあったが、それは1年間ボランティア当時の話である。今から20年以上前のことだ。

「活動先の『喜望の家』のドアを開けたときの感覚は今でもよく覚えてる」。小野さんはそう言う。小野さんは1年間ボランティア後いろいろな場所を訪ね、自分の本当にやりたいことは何かを問い続けた。

「初めて行く場所のドアを開けるときの感覚って、初めてのはずなのに、あぁ『喜望の家』のときと同じだなって思う。僕はいろんなところで何回もそういう感覚を味わっているから、その感じがすごく自分の中に染み付いているんだ。その先には何があるか分からないから怖いけどさ、その感覚って僕は嫌じゃない」

かの大音楽家、ベートーヴェンが作曲した曲のひとつに交響曲第5番がある。日本では『運命』という名で知る人も多いだろう。冒頭の「ダダダダーン」というおなじみの部分は、ベートーヴェンが運命はこのように扉を叩くと考えて作曲したものだ。僕が研究室の扉を開けたとき緊張したのは、やっぱり最初はどんな人か分からないから、だと思う。だが、同時にどこかワクワクする部分もあったことも確かだ。

扉で隔てられた向こう側には、一体どんな人や世界が待っているのか、期待や好奇心から想像は膨らむ。その扉を開くことで運命が変わることだってある。ただ、運命の扉はそう簡単には開かない。何度も何度もチャレンジし続けることで見つけられるものなのかもしれない。

期待と不安が入り混じったその感覚。僕も嫌いじゃない。

生き方としての面白さを求めて

大学生の頃、やりたいことが分からないというのは周りの多くの学生と同じだった。学生はみんな無気力に見えた。激しかった学園闘争の反動で、キャンパスには政治や社会に対して無関心を装う空気が漂っていた。「もう少し後になると大学生活自体を楽しむ学生も増えてきたけど、当時は『そんなこと言ってもしょうがないよ』みたいな雰囲気が強かった。僕もそんな感じだった。大学来たけど別にやりたいことないなーって」。

しかし、3年生のとき、ひとりの先生と出会ったことから、少しずつ自分の中で何かが変わり始めた。いつもニコニコ笑っている人で、「面白いおっちゃん」といった感じがした。無気力な学生に対して、「なんかもっと面白いことあるんちゃうかなぁ?」「面白いと思ったらストレートに表現していいんちゃうかな?」、そんなふうに語りかけた。批判するのが学生の特権だと思っていた小野さんにとっては、《なぜそんな見方ができるんだろう?》といつも不思議だった。

何事にも決して否定的なものの見方をしないのがその先生の基本だった。「考え方とか姿勢とか、その出会いで変わりましたよね」。

卒業後の進路を考えるにあたっても、先生の影響が色濃く反映されている。先生は、地域や地域の政治について研究していた。小野さんも、「社会づくりや地域をテーマにしたことをやりたいとは思った。大学を出るときの感覚は、自分が好きなことをやるんだという感じで、会社勤めするというイメージじゃなかったな。少し時間をかけてやりたいことを探していこうと思った」。しかし、当時の社会の中でその想いに合致するような仕事はまだ少なかった。

そんなとき、ある講座*の存在を知り応募した。資料を見ると、学費もかからず、なおかつ手当ても

＊名称「勤労青少年指導者養成大学講座」……若年労働者のための余暇プログラムを開発する専門家を養成するための講座。現在は実施されていない。

支給されるという。「これは面白そうだ！　それにオイシイ！」と飛びついた。

「そういう仕事をしたいと思っていたわけじゃなくて、いろいろ力を付けたいと思っていた中にそのプログラムがあっただけなんです」。そして1年間、同世代の若者たちと座学やスキー、キャンプなどを通して学んだ。

プログラムが終わりに近づく頃、再び進むべき方向を思案した。偶然、その講座でJYVAの講義があり、1年間ボランティアを知った。1年間、日本のどこかでボランティアを通していろんな体験ができるという内容に惹かれた。「いろいろ探している中に、ちょうど1年間ボランティアがあったという感じだった。だから、ボランティアをやりたいとかいう感覚じゃなかったね」。

「……面白いことをやっていきたいと思ったし、面白くするためにどうしたらいいんだろうっていつも考えてた。自分のやりたいことはやっていけばいいんだという感覚をすごく持ってましたよね」。

僕は小野さんの言葉の中で何度か出てきた「面白い」という言葉が気になっていた。小野さんの言う面白さとはどういう意味なのだろうか？

「やっぱり生き方としての面白さだよね」

❖――釜ヶ崎での体験をきっかけに

派遣された先は、日雇い労働者の街、大阪・釜ヶ崎。アルコール依存症の人たちの更生施設「喜望の家」で活動した。

釜ヶ崎の第一印象は、くすんだ灰色の街。路上生活者と思しき人たちがあちこちに見られた。路上に倒れ込んでいる人も少なくなかった。道路や公園は焚き火のために至るところが煤けていた。「もう色がないんだよね。おじさんたちの格好も灰色っぽい服装だし。まだ日本にもこんな世界があるのか」と衝撃を受けた。

僕も一度だけ釜ヶ崎を訪れたことがある。確かに小野さんの言うように色がないと感じた。ただ、それは建物や着衣が汚れてくすんだ色をしている、ということだけではなかったように思えた。

小野さんは、学童保育・子ども会の手伝いにも携わった。たくさんの問題を抱えた地域だったが、子どもらしくケンカしたり、逆に互いに助け合う微笑ましい姿も目にした。子どもたちからは明日への希望を感じた。

釜ヶ崎という街は小野さんに考えるきっかけをいくつも与えた。あるシスターとひとりの男性の関わりを小野さんは話してくれた。

シスターと一緒に釜ヶ崎を歩いていると、ひとりの男性が倒れていたことがあった。シスターはその男性を病院に入れた。すると、その人は病院なんかにはいられないと言って、すぐに病院から逃げ出してしまった。シスターはまた病院に入れたが男性はまた出てきてしまう。何度も同じことが繰り返された。シスターの行動は問題を根本から解決しているものではないかもしれない。しかし何度も繰り返して支援できることは、「すごい」と思えた。と同時に、「自分にはこのやり方はとてもできない」とも思った。

釜ヶ崎では、冬になると、路上で生活する人たちに飲み物やおにぎり、毛布の差し入れをしながら、様子を見て回るパトロール活動があった。小野さんも何度かパトロールに歩いた。ある雪の降る晩のこと、真っ白になった公園の砂場に小山のようなものが見えた。次の瞬間、それが突然ムクッムクッ！っと動きだした。そこには路上で生活する人が寝ていたのだった。このとき、豊かな日本社会のもうひとつの側面を目にし、《この問題はずっと考えていかねば》と強く思ったという。ただ、「自分の場合、問題へのアプローチの仕方はもうちょっと違うんだろうな」という想いもあった。

肩書きのない人生もアリ

1年間ボランティア後も小野さんは、いろいろな経験を積んでいった。その体験を通して深まっていったのは、自らの生き方に対する考え方だった。

まず静岡県にあるボランティア協会で働くことになった。そこは、事務局長のバイタリティーに引っ張られ、「ものすごいエネルギーが溢れているところ」だったという。そういう熱気溢れる組織だったこともあり、3年ほどしか勤めていない小野さんでも自分の考えやアイデアを次々に行動に移していくことができた。障害のある人とともに上海で交流会を開いたり、ボランティアを通して知り合った地域住民とともにいろいろな企画を次々に実行していった。

その頃からだったか、《30歳くらいまでに進む道を決めればいいんじゃないか》と思うようになった。そう思ったときに、胸の中がスッキリしたという。

ボランティア協会の仕事は面白く、やりがいもあってどんどん世界が広がっていく感じがした。しかし、自分で設定したリミットが差し迫ってくるときに再び自問した。結局、自分は何をやりたいんだろう？――と。

出した結論は旅に出ること。いろんな人たちと出会い、いろんなことを経験する中で、本当に自分のしたいことを探そうと国内外を旅した。友人や1年間ボランティアの同期のところなどを転々としながらの生活だったという。

肩書きのない人生は不安だった。《自分は何もできないいんじゃないか?》、《このまま人生終わってしまうのか?》と焦った。しかし、一方では肩書きのない人生の良さも知った。

今小野さんは「大学の先生である小野さん」として紹介される。だが、人間は肩書きのない人生を歩いてもいいものなんだと小野さんは思う。

「いろんな現場に入っていくときに、肩書きがなければ『ただのおっちゃんでーす』っていうところから入っていくわけでしょ。素の自分で生きていくしかない。それはすごい怖いことでもあるけど、逆にそれしかないって開き直れる強さがあると思ったね」

結局、試行錯誤は30代の半ばまで続き、30歳までに好きなことを見つけようという目標は果たせなかった。ただ、方針は固まった。これまでの体験や考えたことを一度整理しておきたいと思うようになったのだ。そして35歳のとき大学院へ進学した。

20代前半から30代中盤までの自らの行動を振り返って小野さんはこう言う。

「やりたいことをはっきりさせたら、後は自分で責任取ればいいんじゃないかって思ったんだ。自分で決断して生きていくことが〝生き方〟といえるものじゃないかって。そう思えたときにすごく楽になった。だから自分の好きなようにやればいいんだって強く思ったんだよね」

小野さんは続ける。「逆に、生き方を誰かに委ねて自分で考えないのはもったいないんじゃないか？とかさ、そういうことは何回も考えたよね。それまでは、これから先はやったらいけないのかな、とかいろいろ考えたけど、そうじゃないよなって思ったね」。

大学院卒業後は大学の教員となった。40歳が目の前だった。大学教員であれば地域活動やNPOに関わる時間が多くとれるだろうと思った。それに、ネクタイを締めるのが苦手という理由もあった。

釜ヶ崎で1年間ボランティアとして活動して以来、20年ぶりに大阪に戻ってきたのは、今勤めている大学が地域福祉の研究で伝統があったという理由がある。この地で自ら追い求めている「地域」というテーマを究めてみたくなったのだ。

今、釜ヶ崎の変貌に思う

釜ヶ崎は再開発に伴い変貌を遂げていった。街に活気を与えていた子どもの数も激減したという。高齢化も進んでいるし、ホームレス問題もいろいろと言われているわりには解決していない。「僕にとっては今の釜ヶ崎の変わりようを見ているとものすごくショックだし、寂しい感じがするね」。

釜ヶ崎のことはいつも気にかけているが、今は大阪に来たばかりという状況もあって、具体的な取り組みをしているわけではない。ただ、ときには社会福祉協議会の勉強会などにも顔を出し語り合っているという。「本当だったらNPOなり、ボランティア活動なり、そういうことを具体的にやっていく中で、何か考えていった方が面白いのかもしれないけど、今はもう少しバックグラウンドとか社会の枠組みなんかを考えている状態なので、具体的な活動をやるという感じじゃないんだよね。もうちょっと理論的に整理したいなって思っているんです」。どうやらこれからのことはまだ思案中（？）

という感じのようだ。

「でも、もっともっとなんか面白いことがあるだろうと思ってはいるんです。これからも自分がやりたいと思える面白そうなことをやっぱり探していきたいと思う。だけど、まだ全然見えないよ」

人生を面白く変える力

新しいことに向き合うとき小野さんにはいつも、「喜望の家」のドアを開けたときの瞬間が甦る。そこにはある種の怖さもある。だが、それを飛び越えていくと面白いことに出会えるんじゃないかな、小野さんはそう言う。「人間が怖いって思うのは、分からないことなんかに向かっていくときじゃない。でも分からないことっていうのは、今までと違うことがあるわけでしょ。そういう想定を超えるようなことに出会えたときというのは面白い。だから、分からないことに出会ったときにひるむんじゃなくて、怖さを面白さに変えていけたら人生はきっと面白くなる」。

「……だけど人はどこかで自分をしばっちゃうんだね。さっき言ったようにここから先はやったらダメなのかなとかさ。

その縛りを解くひとつのカギが1年間ボランティアには確かにあるんだろうね。いろんな人との出会いの中で、それまでの常識や固定観念を超えられる感覚が身に付いたのは1年間ボランティアの賜物かな。あぁそんなのってアリなのか、こんなんでも生きられるんかっていうのを考えさせてもらったな。

僕の場合、考え方とか生き方への影響があったんだと思う。世界が広がるなっていう感じがしたもんね。1年間ボランティアだけとは言わないけど、僕が生き方とか考え方を培った出来事のひとつには間違いなくなっているんだろうな」
「……うん、すごく、すごくそう思います」。小野さんは深く納得したように呟いた。
《あの、扉を開けたときの感覚は嫌じゃない》
小野さんは、今もまだ未来への扉をノックし続けている最中だ。

▼小野達也（おの・たつや）さん▲

1958年　千葉県生まれ
1982年　大学卒業後、勤労青少年指導者養成大学講座に参加
1983年　1年間ボランティア〈5期〉に参加。大阪のドヤ街、釜ヶ崎にある「喜望の家」にて活動
1984年　静岡県ボランティア協会に就職
1987年　同協会を退職
1994年　大学院入学
1999年　熊本学園大学社会福祉学部に赴任
2005年　大阪府立大学人間社会学部に転任

▼活動先およびボランティアの活動内容▲

喜望の家――日雇い労働者の街・釜ヶ崎での社会福祉活動

活動内容…子どもセンターでの学童保育・子ども会活動として地域子ども文庫の運営、行事・催しの企画・運営、ボランティアのコーディネーションを行うほか、酒害防止活動としてアルコール症患者の自立更生援助活動に取り組む。

所在地…〒557－0004大阪府大阪市西成区萩之茶屋2―8―18

30 アイデンティティーの置き場所

おはなし ▶◀ 太田好泰さん

最年少にして最古参

僕が生まれた1980年。その年は1年間ボランティアの事業2年目にあたり、しかも初めて参加者の公募を行った年だった。参加者10人のうちに太田好泰さんはいた。

自分が生まれた年というと、「ものすごい昔」という感覚が僕にはある。その「ものすごい昔」から30年近くが経ったのであるから、僕は太田さんについてずいぶん年の離れた人というイメージを持ってしまった。実際は年の離れた兄弟というくらいの感じだった。それは、太田さんが最も古いOBであるとともに、18歳という最年少の年齢で参加したことによる。

最年少で参加して、そして最古参のOBにとっての〝1年間〟とは一体どんなものなのか？　僕は聞いてみたくなったのだ。

太田さんは現在、「エイブル・アート・ムーブメント」という運動を推進するＮＰＯで働いている。この言葉自体聞き慣れないが、ひらたく言うと障害のある人のアートを通して社会の変革を迫ろうとする運動である。

僕は、新聞やテレビで紹介されるような、たとえば展覧会を開くための経済的な支援などを指すのだろうかと思ったが、どうやらそれだけが目的ではないようだ。事実、マスコミには「障害者芸術支援をやっているＮＰＯ」と報道されるが、太田さんは「どうも収まりが悪いんだよなぁ」と言う。もちろんそうした支援もしているが、それだけが目的ではない。

具体的には、出版事業、映画の配給、シンポジウム、舞台芸術活動への助成事業などの活動を行っている。もちろんすべて障害のある人とアートに関する催しだ。それらの事業で働きかける相手は、本を読む人や映画や演劇を観る人、話を聞く人――つまり社会なのだ。アーティストと社会の間に立ち、橋渡しの役割を担っているのが「エイブル・アート・ムーブメント」ということなのだろう。

「だからうちはアート団体でもないし、チャリティー団体でもない。強いて言えば『文化活動』をしていると言うのかな」

アートを通じた意識の変革

太田さんたちはどういう社会を目指しているのだろうか？

「こういう生き方もあるんだとか、こういうことが普通にあったら生きやすいかもとか、そういう多様な存在と価値が認められる社会を考えているんですよ。周りと違うことが尊重される社会にしたいという想いがあるんです」。単一化・画一化された社会を変えたいということのようだ。

しかし、そもそもなぜ障害のある人の表現なのだろうか？

「障害のある人が表現できる環境を作っていくことが、あらゆる人が表現できる環境を作ることにもつながっていくと思う。それにやっぱり障害のある人は、常識や枠に収まらない表現をすることが多い。それが、この社会のシステム化されたものを崩す大きな力となると思うし、問題をあぶりだす可能性があると考えているんです」

社会を変えていくことはとても難しいことだと思う。太田さんも無力感ややりきれなさを感じるときもある。しかし、表現する人たちと接することはそれだけで面白いし、何より新しいものが生まれる場面に立ち会えたときだってうれしいんだよ、と太田さんは言う。

太田さんが多様な価値が認められる社会を目指すのは、もちろんそれを目指す組織で働いているせいもあるだろう。しかし、僕には単に働いているから同じ考えを持っている、とは思えなかった。「いろんな生き方があってもいい」、「こんなふうだったら生きやすいかも」というエイブル・アート・ジャパンの目指すものと、太田さんの1年間ボランティアでの体験にはどこか通じるものがあるような気がする。

モラトリアムな気分で

1年間ボランティアを知ったのは高校3年生のとき。新聞の記事だった。当時の高校生の進路は大学に行くか就職するかがほとんど。専門学校という選択肢もあったが、専門学校自体がまだ珍しい時代だった。

「要は消去法みたいなもんですよ。大学に行こうとは思っていたけど、ほとんど勉強していなくてこりゃ無理だなと思った。大学へ行く意思が強ければ浪人だってすればいいし、しゃかりきになって勉強すればいいんだけど、そこまで強い動機はなかった。

専門学校に行くにはやりたいことが全然明確に定まっていなかったし、まして就職する気などまったくなかった。それで、困ったもんだなと思っていたその年の秋ぐらいに記事を読んだんですね」

当時の太田さんには《遠くに行きたい》という願望もあった。埼玉県出身の太田さんには田舎がなかった。両親とも都内の出身。親戚などもすべて東京、神奈川、埼玉などの近隣に集まっていた。

「だから遠くに行きたいっていう気持ちと、体裁よく大学や就職といった問題から逃れたいっていう2つが重なって、これはいいかもと思ったんです」

僕は、1年間ボランティアの活動中に、なぜ自分はボランティアに参加したのだろう?とふと考えたことがあった。当時、簡単に書きまとめていたメモを引っ張り出してみた。——ボランティアをしていれば、フリーターとかでぶらぶらしているという世間からの批判をかわしつつ、社会と関わっていることができる。

僕は、体裁よく進学や就職から逃げられる、と思った太田さんと同じように考えていたようだ。

「モラトリアム」という言葉がちょうど流行り始めていた頃でもあったと太田さんは教えてくれた。

「自分になんか猶予が与えられるんじゃないかという、逃げられるという気持ちみたいなものもあったと思うんです」。

「……当時は、将来どうやって生きていこうか悩んでた。というより考えていなかったという方が正しいかな。だから、将来を考えられる時間が持てるかもって漠然と思ったのかもしれない。何をしたいのか分からない、そんな自分から少し距離を置きたかったのかもしれないですね。だから、何か問題意識があって1年間ボランティアに参加したというわけじゃないんですよ。直感ですね」

そして、18歳のとき太田さんは1年間ボランティアに参加した。

カルチャーショックと家族への思い

派遣先は岩手県川崎村（現・一関市）の教育委員会で、村の公民館に籍を置いた。子ども会活動の記録を中心に、図書の貸し出しの手続き、夏祭りやスポーツ大会の手伝いをしたりする仕事だった。

村の小学生たちは学校が終わると公民館に遊びにきた。そして、子どもたちが夕方帰宅すると公民館には太田さんと夜勤のおじいさんの2人だけが残された。特にすることもなく、夜は一緒にテレビを見て過ごす、ということぐらいしかなかった。

子どもと遊ぶのは楽しかったたし、仕事は充実していたが、どこか不安でもあり、孤独でもあった。

「何しろ1年間、最後まで同じ学年の人とはとうとうひとりしか出会わなかったんです。今までは同い年以外は接点がなかった。それがまったく逆転して、同い年なのは村役場に就職している者がひとりだけ。だから環境がすごい変わったなと思いましたよね」

秋になって村の青年会に出入りするようになってからガラリと生活が変わった。青年会の人たちと一緒になって、野球大会や祭りなどのイベントの手伝いはもとより、演劇や映画会などの文化的活動、草刈りや道路掃除、クリーンな選挙を呼びかける「白バラ運動」まで、なんでもやった。いつの間にか《この村に住んでいる》という意識が芽生えていた。

そこで出くわしたのは文化的な違いだった。「とにかく知らなかったことや想像もしなかったことが普通に起こっていたから、カルチャーショックはすごく大きかったですね。その土地の風習や文化的な違いとかがすごくよく分かったんです」。

一番印象に残っているのが、恋愛の場面だ。青年会の中心は30歳前後の男女。ちょうど結婚を意識する年齢でもあり、当然そこには恋も芽生える。ところが、村に残っているのは長男長女ばかり。村では長男と長女の結婚は好ましいものとされておらず、交際が判っただけで大騒ぎになった。実際に、交際していた男女が、本人たちの意思に反して結婚を断念する場面も目にした。18歳の青年にとっては到底納得しがたい現実に、ひとり息巻いて年上の彼らとぶつかることもあったという。

家や土地に対する意識の違いもカルチャーショックのひとつだった。それは太田さんの想像の域を超えていた。

青年会はもちろん、村の人に一番よく聞かれたのが「なぜ来たの?」ということだった。それは彼らにとっては考えられない行動だったのだ。「特に農家が多かったから、彼らには土地が付いて回るわけですよ。土地と家と墓は守るべきものなんですね」。太田さんの存在が奇異に見られた事情もそこにあるのだった。

「家を継ぐはずの長男の僕が家を出て川崎村に来ちゃったっていうことに、ものすごくみんなが驚いているんです。最初は何に驚いているのかわからなかったけど、後になって考えれば腑に落ちるわけです」

意識とのギャップは青年会でばかり感じたわけではなかった。あるとき、小学生の子が「僕は家督（相続者）だから」と言ったことがあった。はじめ太田さんは、その言葉の意味が分からなかった。「跡継ぎとして育っている子と、家を出て行くものとして育っている子がハッキリ区別された上で育てられていたんですね」

そうしたやりとりをしていく中で、太田さんが初めて気付いたことがある。家族のことだ。「そのぐらいの年の頃って親の身になって考えることってほとんどないじゃないですか。だけど、村に来てから、進学のことも何も言わず、1年間ボランティアに応募したときも何も言わずに送り出してくれた親の想いに初めて気がついたんです。家族である親やきょうだいのことを意識したんです」。

自分の生まれ育った街や環境というものについても考えさせられた。

「自分が育ってきたところってどういう場所だったのかなとか、そういうのは初めての経験だったと思います。自分を客観視できた部分があったんじゃないかな」

こうして太田さんは1年間の活動を終えた。

「とにかくいつも歓迎してもらいました。村の人たちに自分の存在を受け入れてもらったと思うんですよ。だから、充実感もあったし、地域に暮らしているっていう実感があった。村全部がフィールドだったことはすごいラッキーだったと思うんです」

周りとのつながりが感じられない

活動修了後は1年間ボランティア関係者の紹介で、奈良県にある障害者運動を展開する財団法人

「たんぽぽの家」で、フルタイムボランティアとして働くことになった。たんぽぽの家が主催する「わたぼうしコンサート」は、障害のある人が書いた詩に音楽を付け、全国を回ってコンサートを開くという企画だった。全国や海外を忙しく飛び回った。

その後は、「同級生が大学を出るまでは自分探しでもいいのかな」と思った太田さんは、とりあえず、何か手に職を付けようと専門学校に進学した。しかし「何か違うな」と感じて中退。次の年はいよいよ正念場との思いで、簿記の学校に通った。「とにかく就職しようとだけ考えていました」。そして、学校の紹介で流通業の会社に就職した。

その会社では、学校で学んだこととは関係なく、システムエンジニアとしてコンピューターのプログラム開発などにあたった。仕事そのものは楽しかったが、いつしか太田さんは何か物足りなさを感じるようになった。

「サラリーマンとして働くことに違和感がありましたね。仕事はそんなにつまんないわけじゃない。だけど社会とつながっていないというのかな。いろんな人たちに会って名刺はものすごく溜まるんだけど、それは仕事だけのお付き合いであって、別にその人の価値観とか生き方を知ることにはならないわけですよね」

空虚さを埋めるかのように、仕事の合間を見てボランティアとしての活動を再び始めた。たんぽぽの家から東京に新しいＮＰＯの事務局を作るので手伝ってみないかとの誘いがあったのは、そんなときだった。

それから1年後。エイブル・アート・ジャパンの前身になる団体ができるのと同時に、10年間勤めた会社を辞めた。

「都会で育ってきた僕の感覚とは一味違う生き方や見方があることを強く意識するようになったので、そういう意味で1年間ボランティアに参加したことは今の自分の原体験になっているのかなっていう気はしています。だから僕の場合、岩手での生活がすべてのスタートになっていて、今の生き方や考え方につながってると思うんですよ」

❖――もうひとりの自分が語りかける…

太田さんは1年間ボランティアが人生においての〝原点〟であることを、この機会に再確認したかのようにそう語った。

「活動した土地は、モノはない、ビルはない、便利じゃない。その土地特有の煩わしさだとか生きづらさもある。だけど、やっぱり自然も人の関係も豊かだったと思うんです。

この事務所がある中野には何万人っていう人が住んでいるけれど、でも互いに知らない者同士が集まっているだけ。そんな都会の空虚さに敏感になれることや、川崎村の人たちのような生き方をしている人の存在に思いを馳せることができるのは、貴重だと思うんです。社会は画一的じゃないしいろんな考え方や人がいるんだっていうことを知ったと思うんですよ」

普段、テレビなどで地方のニュースが流れるとふと川崎村を思い出したりするという。「特に農業とか過疎とか地方の問題に触れたときですね。あぁ川崎村ってこうだったなっていつも思い出すわけじゃないけど、何かに触発されて当時のことが甦ってくることはいっぱいあるな」。

当時のことを忘れたりはしないのだろうか？

「いやそれはないですね。その1年があったからこそ今があるので、全然忘れることはないんですよ」。30年も前のことを忘れることはない……という感覚は僕にはいまひとつ分からなかった。まだ20代半ばの僕にとって感覚として分かるのは、せいぜい20年ほどの時間でしかない。30年という時間の流れは僕にとってはやはり大きなものだった。

太田さんにとって川崎村という存在はどんなものなのだろうか？

「田舎や実家とはまた違う、自分を育ててくれた場所っていうのかな。自分の思考とか今ある自分を形成する上で欠かせない場所っていう意識があるんです」

僕は「場所」という言葉を「時間」に言い換えてみた。するとそれが、「1年間ボランティアとはあなたにとって一体何だったのか？」という問いへの回答ではないか？と思えるのだった。

「たった1年間だったけど、自分のアイデンティティーの置き場所であることは確実ですね」

それはどういう意味だろうか？

「何かを考えるときには、そこにもうひとりの自分がいるわけですよ。そのもうひとりの自分が、別の見方もあるんじゃないのかって語りかけてくるんです」

太田好泰（おおた・よしやす）さん

1961年　埼玉県生まれ
1980年　高校卒業後、1年間ボランティア〈2期〉に参加。岩手県川崎村（現・一関市）教育委員会で活動
1981年　奈良県にある「たんぽぽの家」にて活動
1982年　カイロプラクティックの専門学校へ進学
1983年　簿記専門学校に進学
1984年　流通会社に就職
1994年　日本障害者芸術文化協会（現、エイブル・アート・ジャパン）に転職

活動先およびボランティアの活動内容

川崎村公民館――地域の生涯学習を支援する

活動内容…子ども会活動の育成者に対する定期訪問指導の助手としての活動、生活文化の伝承活動の記録作業に取り組む。

所在地…〒029-0202岩手県一関市川崎町薄衣字諏訪前7-1

エピローグ――そして今の僕

僕は、「1年間ボランティアとは何か?」「その経験からどういった影響を受けたのか?」を聞いてきたわけだけれど、では〝僕〟はどうなのだろう?

取材の約束がとれると、僕はあらかじめ聞きたいことをメールや郵便で送った。質問項目は30近くもあった。その中でも聞いてみたい!と強く思ってぶつけていた問いに、今の僕ならどう答えるだろうか?

Q　活動中の苦しかったこと辛かったことは何ですか?
A　体調が悪かったこと。それが残念でならない。
Q　活動中の楽しかったこと嬉しかったことは何ですか?
A　YOSAKOIソーラン祭りに出られたこと。札幌という街を知ることができた。
Q　活動先や活動先のある土地は、今振り返るとどういう存在として残っていますか?
　第二のふるさとと表現する人も多いですが?
A　第二のふるさとという感じはしないが、いつかまた住んでみたいくらい好きになった。

それくらい気に入った街。

Q　1年間にタイトルをつけるとしたら何と表せるでしょうか？　その理由もお願いします。

A　参加前は、「カンフル剤」になればと思っていた。無気力な自分を変えてくれるのではないかという期待があった。現在の視点から言えば、「やりたいことを見つけるためのステップ」になっていると思う。

Q　今、振り返ると1年間は人生においてどんな意味を持っている、または持っていたと思いますか？

A　必要不可欠な1年間だったかもしれない。本当にやりたいこと（＝インタビュー）ができたのもV365のおかげだと思う。

Q　普段の生活の中で、当時を思い出すことはありますか？　あるとしたら、どんなときですか？

A　ニュースで札幌が映ったとき。天気予報では札幌の天気や気温をチェックすることもよくある。アンビシャスから会報が送られてきたとき。

Q　1年間は年月とともにどうなってゆきますか？

A　細かい部分は忘れていくが、ごくたまになんであんなに憤っていたのかな？と部分的に思い出す。

Q　1年間の活動や経験がその後、活かされたときはありますか？　あった場合、それはどんなときでしたか？
A　このインタビューができたということ。
Q　1年間ボランティアに参加していなかったら何をしていると思いますか？
A　考えるだけで怖くなる。
Q　1年間ボランティアについて、参加した当時は分からなかったけど、今なら分かることはありますか？
A　JYVA、活動先、活動先で生活する人たちがいなければ僕たちは参加できなかったこと。
Q　今後やってみたいことはありますか？
A　生きていることの意味と生きていくことの意味を考えたい。それを考えられるような取材と執筆を行っていきたい。
Q　生き方で大切にしていることはありますか？
A　やりたいことはやった方がいい。

こうしてみると、僕は「1年間ボランティア」の意味や残したものについて、少しずつ質問の角度を変えながら聞いていたのだ。

バイクで一度走った道を、今度はゆっくり歩いてみる。すると、道ばたの見落としたものが見える……。一度通ったはずの道なのに反対方向から歩いてみる。すると、まったく別の景色に見える……。思えば30人へのインタビューはそんな感じだった。

あらためて僕の1年間ボランティアとは、どんなものだったのだろうか——。

僕はシューカツ（就活）を回避し、その代わり「1年間ボランティア」に参加することにした。大学時代をうまく過ごせなかったことが、僕の「1年間ボランティア」参加の本当の理由ではないかという気がしている。

それだけじゃない。今思うのは、社会の要求するスピードと僕の進むテンポが違っていた……ちょっと社会の中で浮いちゃうんじゃないかという恐れはあったかもしれない。だから、ちょっと待って！　もうちょっと考えさせてほしい！というのが正直なところだったと思う。

だから1年間ボランティアは「カンフル剤」だった。

一方で、1年間ボランティアは僕の《やりたいこと》でもあった。どこか遠くへ行ける、というところが僕の冒険心をくすぐった。

しかし、一体《やりたいこと》って何だ？　僕はインタビューを通して、やりたいことが分からずに悩んだ、という話をたくさん聞いた。

でも、振り返ってみれば僕にも《やりたいこと》はあったんだ。それを思い出させてくれたのが、まさにこのインタビューだったのだ。

——取材を始めるかどうしようか迷っているとき、自分の能力をはるかに超える作業だという気がした。だいいちそんな経験もない……。だがその一方で、「どうしてもやってみたい!!」という気持ちがあった。インタビューを続ける中で、高校生の頃から文章を書く仕事に憧れていたことを何度も思い出していた。

原稿が出来上がり、取材の相手に見てもらうたびに、僕はまさにこういうことがしたかったんだと思った。やはり好きなことなんだ、そしてそれこそが《やりたいこと》なんだということを自覚していったのだ。

また、僕はよくこんなことを考えていた。「自分の中で何か気になっていることであれば、最後までやってみるべきなんじゃないか?」、「その先にはきっと何かあるはずだと信じてみよう」と。

もちろん、3年間順風満帆なときばかりではなかった。原稿が順調にはかどる日もあったし、泣きそうになるくらいほとんど書けない日もあった。また、終わりの見えない作業に、迷いや不安をいつになく募らせるときもあった。けれど、それは誰に分かってもらえるものでもなかった。

僕には、話を聞いている人のこれまでが、僕のこれからの参考になるのかもしれないという期待をもって臨んでいたところがあった。しかし、原稿が出来上がっていくうちに、それは〝やはり〟違うのかもしれないな、と思うようになっていった。

たしかに世の中には自分と似たような境遇の人はいるだろう。でも当然ちょっとずつどこかズレているはず。参考にはできても、完全に重なることはない。その人の人生を生きられるのは、世界中でその人ただひとりなんじゃないか? 自分の気持ちだとか悩み、状況は誰かに分かってもらえるというものではないんじゃないか……。そうだ、僕の人生を生きられるのは、〝僕〟しかいないんだ！

すべてを終えた〝僕〟。いま、どんな心境だろうか――。

正直、インタビューによって僕の中で劇的に何かが変わった、これからの道が切り拓《ひら》けたということはないように思う。

書いているあいだも、将来に対して何か道が拓けるという確証もなかったし、保証もなかった。だけど拓ける〝かもしれない〟という希望だけは忘れないでおこうと思っていた。うっすらとでも希望があることはやっぱり心強い。だから、これからもそういう姿勢で生きていきたい、と思うのだ。

それとともに、いま僕の中に残るのは、すがすがしさのようなものかもしれない。達成感とか充実感とかとはちょっと違う。どんな生き方をしていきたいか、どんな人間でありたいか、自分らしい生き方とは何か、それが少し分かったという、すがすがしさなのかもしれない。

そして、僕の〝これから〟は、この3年間の〝僕〟――それはまったく先が見えない状況の中でそれでもやってきた僕――を信じて歩いてみよう、そういう気持ちでいるのだ。

*　　*　　*

冬の寒さに十分さらされないときれいな花を咲かせない。さくらはそんな花だ。

4月——新しい年の1年間ボランティアたちが、東京での研修を終え、それぞれの活動先に派遣される季節でもある。6年前、僕もさくらが満開の街からこれから満開を迎える街へ送り出されたのだった。——当時、流行っていたのがSMAPの『世界に一つだけの花』だった。一番になるよりも、それぞれの個性で生きることの大切さを唄った歌詞が若者たちの心をとらえていた。歌は僕の背中をちょっと押してくれたように思う。

無我夢中で2カ月を過ごし、活動先での生活にも慣れた頃、YOSAKOIソーラン祭りの日がやってきた。歴史ある雪まつりを凌ぐ観光客で溢れる初夏の札幌。大通り公園や市内の特設ステージでは、300を超えるチームが数日にわたって演舞《えんぶ》を繰り広げる。手にはカスタネットのような鳴子《なるこ》、顔にはドーランを塗り、衣装はチームごとにオリジナルだ。

僕が加わったのは、参加チームで唯一の、障害のある人たちを中心に構成されたチームだった。地元の養護学校の生徒や保護者、そのほかに福祉施設の職員やその利用者が大勢参加していた。

祭りの当日、僕は大きなトラックの荷台にしつらえられたステージに上がり、チームの先頭に立ってかけ声をあげる役を任された。神輿の上に乗ったような感覚で、興奮のうちに祭りを終えたのを覚えている。

最初で最後の出場になるはずだった。でも、その次の年も出場した。そのまた次の年は、東京にいて出られなかった。でも、その次の年には、当日飛び入りで参加した。僕はただひたすらに全力で踊った。

祭りのあと、盛大な打ち上げがある。僕は普段ほとんど飲まない酒を、チームの皆と一緒に交わし、騒ぐのをいつも楽しみにしていた。去年いなかった説明も、今どこでどうしているかの説明をしなくても、ここでは何も聞かれない。

ドーランを塗られ、衣装を渡され、演舞場を確認して……慌しかった朝。そうして始まった一日はもうすぐ終わる。浮いちゃいなかったはずだ。そう、昨日までずっとこのチームにいたかのように僕はいまここに、いる。

——あれから3年。YOSAKOIの仲間たちは、今どうしているだろうか？　また、飛び入りで参加させてもらえるだろうか？　でも彼らならきっと、笑顔で迎えてくれそうな気がする。

1年間ボランティアを終えるにあたって、感想を求められたことがあった。僕はなぜか、「1年間ボランティアは終わらない」と書いた覚えがある。確たる思いがあったわけではなく、「そう思う……」というくらいのものだった。しかし、こうして当時のことを振り返ってみると、「1年間ボランティアは終わらない。今も続く……」、そう言わずにいられないのだ。

1年間ボランティア――ボランティア365について

社団法人日本青年奉仕協会（JYVA《ジバ》）

ボランティア365《さんろくご》というプログラムに参加し、その1年をどう過ごし、その後にどんな道を歩んでいるか、若者たち31人の風人《かぜびと》の物語、あなたはどのように受けとめたでしょうか。

いつの時代も、若者はこの社会の行く末、自分の将来について悩み、考えるものではないでしょうか。「何をしていいのかわからない」「将来に希望も夢も持てない」といったように、これからの生き方に、漠然とした不安や心配な気持ちになる時があると思います。

本書を手にしたあなたもそんな気持ちがあったのかもしれません。

若者が、意欲と情熱と行動力あふれる若い力を必要としている新しい土地で、青春の1年間、さまざまな人と出会い、そしてふれあい、そこから自分を、社会を見つめ直してこれからの生き方を考える――ボランティア365は、そんな1年を若者たちに提供し続けて30年になりました。

もう少し詳しく知りたいというあなたの疑問に答えていきます。

どんなプログラムなの　―1年間限定　青春の旅―

1979年に1名の派遣からはじまった「青年長期ボランティア計画」（当初は「1年間ボランティア計画」）は、若者の「貢献」と「学び」を事業コンセプトとして、2008年度で30年を迎え、参加者総数は1338名、ボランティアを派遣した累計活動先数は240カ所を超えています。

この事業を一言でいうと、18～30歳の若者が約1年間、全国各地の施設・団体に派遣され、その地に住み込んでフルタイムのボランティア活動に取り組むというものです。

ボランティア365が目指すものをキーワードでいうと「社会貢献」と「学び」です。「社会貢献」といってもそこはまだ若者です。取り組む活動はたいていの場合は未知のことで、即戦力というわけにはいきませんが、活動の経験を積んだ段階で力を発揮することになります。そのためにも自ら好奇心をもって学び、困難な道にもチャレンジしていくという気持ちが大切になります。

活動の成果も求めつつ、参加した人が多くの出会いと発見の中から学びを積み重ね、大きく成長を遂げることが私たちの願いなのです。

どんな人が参加しているの

参加している人の年齢は22～24歳が一番多く、男女比はほぼ1対2、参加前に学生だった人と働いていた人はほぼ半々です。

以前は休学が少なかったものの、近年は長期ボランティア活動等の推進団体が「積極的休学のススメ」キャンペーンを展開中で、休学制度が柔軟になったこともあり、なんとなく大学にいったものの自分をもう一度見つめたい人や、自分の職業選択で迷いのある人たち、社会の最前線の社会福祉施設や団体の活動に参加し、実体験したい人が参加するケースも増えてきています。

また90年代には、企業に勤めボランティア休職で参加した人たちがいましたが、近年はゼロです。企業風土がなかなか休職を認めにくくなっているのかもしれません。

応募の動機は人によってさまざまで、いくつもの動機があわさっています。「社会の役に立つ活動がしてみたかったから」「困っている人の手助けをしたかったから」という「世のため、人のため」といった動機よりは、「人間としての幅や視野を広げたいから」「自分のやりたいことを発見したかったから」「自分の可能性を試してみたかったから」「現住所を離れて生活してみたかったから」といったような「自分を磨くため」という思いが強い傾向がみうけられます。

ボランティア活動をメインとしての活動なので、自己中心の動機だけで参加することはできませんから注意してください。

何でボランティアを必要とするの

ボランティア365の活動分野および活動先はさまざまです。社会的にハンディをもっている人たちの生活自立を支援する自立支援プロジェクト、児童・高齢者の福祉の向上を支援する福祉支援プロジェクト、社会教育および学校教育の現場で青少年教育の支援に取り組む教育支援プロジェクト、離島や農山村で、地域振興の支援に取り組む地域支援プロジェクト、病院などで保健・医療の支援に取り組む保健・医療支援プロジェクトなどです。

私どもが活動先に対して望むのは、参加した青年が多くの出会いと発見の中から学びを重ね、大きく成長を遂げる場としての活動プログラムの提供です。だから人手不足でマンパワーを必要としているだけでは、この計画の活動先にはなれません。

活動先でも、即戦力・マンパワーだけを求めてはいないので、自分で考え、悩み、そこから何かを見出してボランティアとして新たな活動を生み出していくことを期待しています。

また、応募者が活動先を自ら選ぶという「自己選択・自己決定」で決めています。どこで何をするかを自分で決めることは、若者のボランタリー精神を促すことから、今後も尊重していきたいと考えています。

本書に登場している活動先で現在は活動先でないところもあります。近年増えてきているのは児童養護施設とニート・不登校などのフリースクールです。

活動先がボランティアを受け入れる理由は、多い順に「事業を活性化し、さまざまな刺激を受けたいから」「組織内を活性化するため」「若者に学習の場を与えるため」「活動の輪を広げるため」「人手不足だから」でした。

そして、約4分の3の活動先が、「受け入れてとてもよかったと思う」と回答しています。そんなことから活動先はボランティアに対して、「新風を吹き込む」【風】としての期待があります。だからボランティアを【風《かぜ》人《びと》】と呼ぶことがあります。

ひとりだけど　ひとりじゃない

ボランティア365ならではの特徴として、同時期に参加する仲間たちとの触れ合い、切磋琢磨があります。

同期のメンバーとは最低限、現地活動開始前の４月は事前研修、折り返し地点の９月の中間研修、２月末には総括研修を共に過ごします。

活動中も休みをやりくりして仲間の活動先を訪ね、ときにはそこの活動を体験させてもらうこともあります。それぞれの活動場所、活動内容は異なるものの、この1年間のチャレンジで自分を変えたい、成長させたいといった共通の思いをもって参加してくる同世代のメンバーはかけがえのない仲間となり、相互の交流は大きな刺激を与えあうものとなっています。

活動に行き詰まり、ときに落ち込んだり、活動をやめたいと思うようなことがあったとしても、仲間の励ましによって立ち直ることが多くみうけられます。まさに「同じ釜の飯を食った」同士として、本書に登場した31人の風人にも同期の仲間たちがいて、その後のお互いの生き様からも影響を受け・与え続けていくことにもなっています。

ＯＢ会的なものとしては、ボランティア３６５参加者有志の会「風人の会」があります。ボランティア３６５に参加した青年が、参加年度を越えた〝縦の交流〟と、活動を終えて地域に帰り〝点〟となった存在を〝線〟としてつなげ、それを発展させた広がりのある〝面〟としてのネットワークであり、主体的に動くＯＢや後輩、現役のボランティアを支える会です。

１９９５年1月「阪神・淡路大震災」が発生したときには、ＪＹＶＡでは大阪の団体と「阪神・淡路大震災被災地の人々を応援する市民の会」を結成し、94年度の参加者が総括研修を終えると直ちに、被災地で活動現場リーダーやボランティアコーディネーターを募り、被災地に計画的に派遣するとともに、同会に３名のＯＢ・ＯＧを専任駐在スタッフとして派遣しました。

彼らは予想以上の働きをしてくれました。１年間の実践による変貌のすごさと底力を改めて実感したことを覚えています。

ボランティアだけど参加費が必要

この事業は、スタートから２００２年度までは文部科学省の補助金を得ていましたが、補助金制度の見直し等を受け、補助金事業ではなくなり、募集広報の一部経費を委託金で担ってきました。

２００３年度はこの計画の大きな転換点でした。これまでに積み上げてきた成果を活かし、さらに多くの若者に参加の機会を提供していこうと、事業名称を「1年間ボランティア計画」から「青年長期ボランティア計画」に変更しました。

２００３年度からは活動先と参加者には一定の経費負担をお願いせざるを得なくなりました。さらに1つの活動先に複数名派遣を可能とし、6カ月以上1年間という期間の弾力化も図りました。

＊

最後に引用になりますが、ボランティア３６５ガイドブックからボランティア３６５のツボ（＝魅力）を紹介します。

①「やる気」があればＯＫ

この計画に参加するための条件は「18～30歳」でやる気があり、「活動に専念」できる人です。要するに、「やる気のある若者であればＯＫ」ということです。ここでの「やる気」とは「挑戦する意欲」を指します。

②「経験ナシ」大歓迎！
この計画では、ボランティア活動をやったことのない人も参加することができます。未経験だからこそ、新鮮な気持ちで活動に取り組むこともできます。わたしたちは「はじめての挑戦」を大歓迎します。
③誰も「知らない」
この計画では、「活動期間中は現住所を離れること」を原則としています。あなたが活動する地域では、あなたのことを誰も知りません。誰も知らないからこそ、思いっきり自分を試す機会となります。
④「ビンボーさん」になる
活動期間中は住居が提供され、生活費として毎月4万5千～6万円を支給します。暮らしていけるギリギリの金額ですが、節約と工夫で「ビンボーライフ」を楽しんでください。
⑤「刺激」を受ける
毎年、年齢や職歴の異なるさまざまな人たちが参加しています。参加する動機も、「目指す生き方へのステップにしたい」人から、「なんとなくやってみる」人までさまざまです。研修などで多くの仲間と出逢い、たくさんの刺激を受けることができます。
⑥しっかりと「悩む」
活動中は、決して楽しいことばかりではありません。活動に行き詰まりを感じることや、知らない土地での生活に寂しさを感じることもあるでしょう。でも、そのなかでしっかりと悩んで、自分の答えを導き出してください。悩んだことは、あなたの将来にとって決して無駄にはなりません。
⑦「旅」をする
参加者は、全国各地でそれぞれの活動をしています。仲間を訪ね、日本全国を旅するのもおもしろいもので

す。

⑧「答え」はひとつじゃない

参加することによって得られる「答え」は、決して1つではありません。参加者は、それぞれ「自分の答え」を持ち帰ります。場合によっては、活動が終わっても「答え」が出せないことだってあります。活動を通じて、また活動を終えて「自分の答え」をゆっくりと探してください。

これからも、1人でも多くの若者たちがこのボランティア365のツボにはまり、本書に登場する31人同様、それぞれの人生の物語を紡いでいただきたいと切に願っています。

※ボランティア365事業についての詳細は、日本青年奉仕協会のホームページ（http://www.jyva.or.jp/）をご覧ください。応募にあたっては、年度ごとに定められる募集要項を協会までご請求いただくか、あるいは上記ホームページにて確認してください。

あとがき――31人目のきみへ

本書は、僕の20代半ばを費やして書いたものだった。振り返ってみれば、これほど苦しく、だが、自分らしいなぁと思ったことはなかった。本当に、最後の最後まで、一冊の本になることが信じられなかった。

すぐにへたり込んでしまう僕だったから、何かにすがりたい思いはいつもあった。

そんな僕を励ましてくれたのは「言葉」だった。オリンピック金メダリストの「あせらず　あわてず　あきらめず」や、ふいにテレビで耳にした「明けない夜はない！」、自分で思い至った「どんな事にも出来ないという先入観を持つな」といった言葉を紙に書いては部屋の壁に貼っていた。それらの言葉とともに、春も、夏も、秋も、冬も、僕は、書き続けた。

出来上がった原稿は、社団法人日本青年奉仕協会のメールマガジンおよび、ホームページ上に「風がきこえる」と題して2005年秋から連載された。本書はそれらの原稿に何人かの追加取材を加え、また、すでに掲載されていた原稿については大幅に加筆修正の上、いまここにある。

30人のOB・OGに会ってきたが、これは、時間や原稿の分量などの条件を考えて決まった人数であった。しかし、それはあくまで各期・各年代を代表した30人にすぎない。僕は、誰に会おうかいつも頭を悩ませていた。今回出会えなかった、OB・OGの方々のそれぞれの物語も聞いてみたかった、僕はいまそう思っている。

最後に、本書に登場された30人の方々へ、あらためてお礼を申し上げたい。それぞれ生活や仕事がありながら、忙しい合間を縫ってお話をいただいた。また、最初の読者として原稿を読むことにも快く応じてくださった。ありがとうございました。

取材に行った先で、宿や食事のお世話をいただいた方々もいた。

そして、海のものとも、山のものとも分からない僕の原稿と向き合っていただいた、はる書房・佐久間章仁さんにもお礼を申し上げたい。ひとりの若者の考えを尊重してくださった。

また、JYVAの齋藤信夫さんには、本書の1年間ボランティア（現在は「青年長期ボランティア計画」）について解説をいただいた。松尾索さんには、まだ企画の段階からいろいろと助言を仰いだだけでなく、メールマガジンやホームページへの掲載、さらには本書の活動先紹介文においてもお世話になった。石川隆博さん、浅沼義孝さんに何度となく相談に乗っていただいたことも、ありがたかった。

改めて多くの人がこの本に関わっていたこと、そして僕自身、何かと助けられたなぁという思いがそれぞれの顔とともに思い返される。本当にありがとうございました。

生きる手ごたえと自分らしさを求める31人目は〝僕〟でもあるし、そして、この本を読んでくださった読者の方々でもあると思う。このメッセージが届くことがあれば、この3年余りも報われる。

２００９年　春の始まりに　　　　　　　　三原　聡

著　者

三原　聡（みはら・さとし）

1980年（昭和55年）島根県生まれ。2003年、島根大学法文学部卒業後、社団法人日本青年奉仕協会の主催する、「青年長期ボランティア計画（旧名称・1年間ボランティア計画）第25期」に参加。札幌市の社会福祉法人アンビシャスで活動。2005年から、1年間ボランティアOB・OGへのインタビューを始める。

協　力

社団法人日本青年奉仕協会（JYVA：Japan Youth Volunteers Association）

1967年（昭和42年）文部省（現・文部科学省）所管の社団法人として設立。1979年より、核となる事業「1年間ボランティア計画（現名称・青年長期ボランティア計画）」を開始。

設立以来、国内外のボランティアグループや団体、学校、企業、研究機関と幅広いネットワークを形成。ボランティアに関する情報提供、出版活動、研究・交流の場づくり、国際交流などを行う。

〒151－0052　東京都渋谷区代々木神園町3－1

国立オリンピック記念青少年総合センター内

TEL：03－3460－0211　FAX：03－3460－0386

E-mail：info@jyva.or.jp

URL・http://www.jyva.or.jp/

1年間のボランティア
――そんな人生の寄り道もある――V365 若者たちの物語

二〇〇九年四月二〇日　初版第一刷発行

著　者　三原　聡

発行所　株式会社はる書房
〒一〇一－〇〇五一　東京都千代田区神田神保町一－四四　駿河台ビル
電話・〇三－三二九三－八五四九　FAX・〇三－三二九三－八五五八
http://www.harushobo.jp/

協　力　社団法人日本青年奉仕協会（JYVA）
装　幀　言水制作室（挿画：おおの麻里）
組　版　閏月社
印刷・製本　中央精版印刷

ISBN 978-4-89984-101-2　C 0036